中学班主任的
72个临场应变技巧

刘令军　方庆　著

中国轻工业出版社

图书在版编目（CIP）数据

中学班主任的72个临场应变技巧/刘令军，方庆著. —
北京：中国轻工业出版社，2012.1（2021.12重印）
　　ISBN 978-7-5019-8463-3

　　Ⅰ.①中⋯　Ⅱ.①刘⋯ ②方⋯　Ⅲ.①中学-班主任
工作　Ⅳ.①G635.1

　　中国版本图书馆CIP数据核字（2011）第198833号

总 策 划：石　铁
策划编辑：吴　红　　　　　　责任终审：杜文勇
责任编辑：吴　红　　　　　　责任监印：刘志颖

出版发行：中国轻工业出版社（北京东长安街6号，邮编：100740）
印　　刷：三河市鑫金马印装有限公司
经　　销：各地新华书店
版　　次：2021年12月第1版第7次印刷
开　　本：710×1000　1/16　印张：18.00
字　　数：164千字
印　　数：15001—17000
书　　号：ISBN 978-7-5019-8463-3　定价：34.00元
读者热线：010-65181109，65262933
发行电话：010-85119832　传真：010-85113293
网　　址：http://www.chlip.com.cn　http://www.wqedu.com
电子信箱：1012305542@qq.com
如发现图书残缺请与我社联系调换
111184Y1X101ZBW

前　言

在班级管理中，总会遇到一些突发的事情，有的还很棘手。怎么灵活机智地应对这些问题，化解矛盾，解决问题，化危机为契机，这是很多一线班主任所期望的。

我们对此有长期的思考和探索，找到了一些临场应变的有效策略。而且，我们发现，因为我们处理的是教育问题，最终还是要回到怎么教育好学生这个原初目的上来，所以很多问题的思路有其共通性。你们在阅读本书中的应变案例和思路分析的时候，会感觉到这一点：临场应变急智的产生，往往是基于事先准备好了思路。

我们的思路主要有两个。

一、根据目标找方法

当班主任遇到问题的时候，有些老师总是在追问：遇到这种情况我该怎么办？

这是一种"情绪化"得非常严重的思考方式，妨碍我们的成长。这样的思考方式将会使我们变得像无头苍蝇一样，在一个狭小的圈子里转来转去，结果研讨出来的东西价值甚微，我们的专业能力成长也有限。

成功是对简单道理的深刻理解和有效运用。"根据目标找方法"是一个非常简单的道理，但能达到深刻理解并有效运用的境界，还必须要经过一个艰难的学习过程。

根据目标找方法，是一种数学思维。

一个数学教师要"修炼"到优秀的境界，他就必须要有这种本领：拿到一本教材，稍加分析以后，他就能明白这节课要教什么。

举一个例子："圆与圆的位置关系"，这节课要教什么？

教"比较"。

教给学生比较的思维和方法。我们"用教材教"的目的是什么，是培养学生的数学素养。而数学素养怎么培养？它需要"舟车"，需要"载体"，我们要通过比较"两圆的圆心距"与"两圆半径之间的关系"，教给学生"比较"的思维和方法。这才是这节课的教学重点。

我就曾经听过一个数学老师讲"圆与圆的位置关系"这节课，这位老师反反复复讲圆与圆有六种位置关系，就是不讲"比较"的数学思维和方法，我当时坐在下面很着急。这位老师在讲台上神采飞扬，课堂气氛也很好。到最后练习解题的时候，学生出现了很多困难。因为教师并没有培养学生"比较"的思维和方法，他们只知道圆与圆有六种位置关系，当习题需要他们用"比较"的思维来解决问题的时候，他们就傻眼了。当然其中还是有部分理解能力强的学生自己领悟了"比较"思维，解题比较顺利。

下课后，这位数学老师一脸自信地请我多提"宝贵意见"，但我只能苦笑，我问他："您找到大部分学生最后解题出现困难的原因了吗？"这位数学老师回答说："学生基础太差。"我说："作为诤友，我不得不跟您指出，您还没有理解教材编写者的意图，教学目标还没有找到。"

开设文化课程的目的是什么？

开设文化课程的目的是训练学生的思维，培养学生的能力。

我们以数学为例来探讨这个问题。

据调查，一个人将来会从事与数学有关的职业的可能性是2%，而这2%的人中将来可能用到三角函数的可能性又是2%，而根据人的遗忘规律，十年后还能记得初中时学的数学知识的只有2%。如此几个2%下来，说明咱们这个社会中的绝大部分人，是不会用在中学"辛辛苦苦"学的三角函数来"安身立命"的。

但是不是开设数学课就没有意义了呢？

不对！首先，我们谁也不是从未来活到现在，因此谁也无法预测将来自己是属于那98%里的人还是2%里的人。其次，所有的数学知识只是一种思维的载体，人在学习数学的时候，获益更多的是数学的思想、数学的逻辑、数学的方法。因为在学习数学知识的时候，你学会了用归纳的方式总结问题，学会了用统筹的方式安排自己的生活。你善于推理，善于计算，善于统计，善于论证，这才是你学习了数学的最大好处。

所以，教师要明白一点：所有的课程都是为了培养学生的能力而设置的。从学生的终身发展着想，教师应该给学生具有终身价值的数学素养。这种教学方式也许见效慢一点，但一旦学生学会了主动探究，激发出来的热情和能量可能是你意想不到的。

啰啰嗦嗦说这么多，是想说明一个观点：教给学生知识不是我们的终极目标，通过"教知识"进行思维和方法的训练才是我们教学的终极目标。

同样，对于班级管理而言，解决眼前的问题不是我们的终极目标，帮助人、教育人、激励人、引导人才是我们的终极目标。

因此，我们认为：教育也需要根据目标找方法。很多一线教师，之所以临场时表现得手足无措，其中一个最关键的问题就是看不清目标在哪里，没有目标就没有方向，没有思路，临场采取的措施，都是一种"被动迎战"，胡乱抓药。

在任何一个教育现场，教师如果能迅速找到教育目标在哪里，然后再根据目标找方法，就能一步步走出一条教育的康庄大道。

比如，一个孩子在寝室里喝酒了，我打电话请来家长，没想到，这个孩子在家长到来的那一刻突然爆发："刘令军，我受不了你啦，我不读书了！"然后他摔门而去。

对于这个事例，目标不同，方法就不同。

第一种情况，没有目标。老师也不知道自己到底要怎么做，所以就只能走一步看一步，如果家长反复求情，学生在家长的胁迫下也道歉了，那就算了；至于以后会不会出现类似的情况，那是下次的事了。

第二种情况，有自己的个人目标，一定要维护好个人颜面。学生直呼其名，顶撞老师，这还了得！立即上报学校政教处，一定要给学生一个处分，这样的老师有报复心态，正所谓"冤冤相报何时了"，师生之间的对抗就永远也不会终结了。

第三种情况，有"帮助学生成长"的目标。学生虽然顶撞我了，但这是一个难得的教育契机，我如果抓住这个契机，说不定就能转化这个学生。因此，有了这个目标，老师就会放下个人颜面，主动跟学生和家长进行沟通，了解学生为什么喝酒，哪些方面"受不了"老师，等等。反思自己的教育，既帮助学生成长，也使自己在处理问题中获得成长。

由于目标的区别，导致我们的行动思路就截然不同，效果也截然不同。

前面两种教育思路，不但学生不能获得成长，教师自身的专业能力也不能获得成长。因为问题并没有从根本上得到解决，只是暂时把问题"掩盖"了起来。学生不满意：老师对我太严苛，心中的怨气还在，遇到类似的问题还会爆发。老师不满意：现在的学生怎么这样？竟然当众直呼其名，顶撞老师；心中的成见还在。家长也不满意：孩子太不争气，老师也缺少方法，两头受气。这样，三方都在互相埋怨、互相猜忌，在这样的教育氛围中，矛盾并没有化解，而是在酝酿、发酵，再次爆发会更加惊人。

而第三种思路，班主任在帮助学生"真实成长"的过程中，自身的专业能力也得到了较好的成长。学生满意：老师以德报怨，我确实做错了，以后再遇到类似的问题要冷静，采取正确的处理方式。老师满意：

学生在我的教育下，提高了道德素养，这是我教育的成功。家长也满意：老师宁可自己颜面受损也要教育孩子且教育有方，以后要积极配合老师的教育。这样，三方相互信任、相互激励，教育的合力在和谐的氛围之中悄然形成。

很多一线班主任一见面，就是埋怨如今的学生不好管，不好教，骂不得、打不得、批评不得、教育不得，好像都是学生的错。班主任从没进行过自我反思，自己的教育方法是不是有问题。

根据目标找方法，就能帮助我们在行动之前，理清思路，找到正确的方法。

二、运用"第二序改变"

要了解第二序改变的理论，先听一个故事。

怎样将鸡关进笼子里？

令汤姆烦恼不已的是他的邻居布劳斯太太家的鸡。自从布劳斯太太搬到汤姆家的隔壁，汤姆家花园里的花儿和青草便遭了殃，因为随布劳斯太太一起来的还有一群鸡。不要说汤姆每天上班不在家，就是他在家休息时，布劳斯太太家的鸡也会旁若无人地进入他家的花园，去糟蹋他家的花儿和青草。

汤姆已经跟布劳斯太太说过多次了，让她请工匠做一个鸡笼，只要将鸡关进笼子，他家花园里的花儿和青草就不会遭到鸡的破坏了。布劳斯太太总是说，等她的丈夫有时间了就会亲自做一个鸡笼的。可是转眼过去了好几个月，布劳斯太太依然没有将鸡笼做好。每天，汤姆都会对着上天祈祷一番：请赐给布劳斯太太的丈夫一天时间吧，让他将他们家的鸡笼做好！

突然有一天，汤姆发现，布劳斯太太居然将鸡笼做好了。汤姆跟妻子安娜说："上天终于赐给布劳斯太太的丈夫时间了，他把鸡笼做好了。现在他们家的鸡都关进了笼子，不会再来烦我们了。"

安娜对汤姆说:"你说得不对,不是上天赐给了布劳斯太太的丈夫时间,让他做好了鸡笼,而是我让他做的鸡笼。"

汤姆睁大了双眼问:"你是怎么做到的呢?"

安娜说:"我每天早上都会在咱们家的花园里放上几个从市场上买回来的鸡蛋,然后晚上又当着布劳斯太太的面把鸡蛋捡回来。这样过了几天后,布劳斯太太的丈夫便有时间做鸡笼了。"

【摘自:沈湘.怎样将鸡关进笼子里? [J].当代文萃,2007(10).】

在这个故事里,安娜就是成功地运用了第二序改变的方法,将鸡关进了笼子。

"第二序改变"是相对于"第一序改变"来说的,先前汤姆的做法都是第一序改变。他先前跟布劳斯太太说过多次,让她请工匠做一个鸡笼,只要将鸡关进了笼子,他家花园里的花儿和青草就不会遭到鸡的破坏了。布劳斯太太总是说,等她的丈夫有时间了就会亲自做一个鸡笼的。可是转眼过去了好几个月,布劳斯太太依然没有将鸡笼做好。

在某种境况下,第一序改变根本不能"改变"什么问题。

后来,安娜换了一种"改变"的思路,每天早上她都会在自己家的花园里放上几个从市场上买回来的鸡蛋,然后晚上又当着布劳斯太太的面把鸡蛋捡回来。这样过了几天后,布劳斯太太的丈夫便有时间做鸡笼了。这就是"第二序改变",而且产生了实质性效果。

有的学生,老师批评他、骂他、惩罚他、处分他,都无法使之改变,教育陷入困境。

有的家庭,丈夫以酗酒的方式应对妻子的唠叨,妻子以更多的唠叨应对丈夫的酗酒。这样就发生了恶性循环。事实上,我们很多家庭都有某种意义上的恶性循环,以猜忌对猜忌,以争吵对争吵……

第二序改变思考的正是这种"不合逻辑"、"匪夷所思"的变化。它探讨的是常规教育下无法发生的改变。"第二序改变"的理论出自《改变——问题形成和解决的原则》一书,作者是美国的三位资深心理咨询师：保罗·瓦茨拉维克、约翰·威克兰德、理查德·菲什。

学生迟到了，一批评就改正了，这是合乎逻辑的改变，是能够在第一序里发生的改变。第二序改变探讨的是第一序里无法发生的改变。

第二序改变思考的是我们怎么应对我们一般情况下改变不了的问题。

"你这个孩子，我批评你多少次了，你怎么还这样？"

"我为你费了多少心血，你怎么还没有什么改变？"

"这个学生，我越请家长，他越调皮！"

……

这样的话，我们经常听到。这都是在第一序里边转。还在拼命做量的积累，渴望有一天会发生质变。当然，量变在一定条件下会发生质变，假以时日，这个孩子终于被感化。但这样做似乎效率太低。而有时候，在囚徒困境里，在第一序里是无法形成质变的——前面的量变都是徒费精力。

下面是运用第二序改变实施教育的一个案例：

有一群顽皮学生，每天放学以后路过一个橘园，由于顽皮，他们每天都要随手捡起路边的一些石块丢到橘园里。看园人每次发现孩子们顽皮，就出来追赶。结果一无所获，孩子们鬼灵精怪，早跑了个无影无踪。但等到看园人回到橘园，乱石又会不断飞进来。

后来橘园主人改变了办法，他守在橘园边，看到孩子们都过来了，他说："我们来进行一次投石块比赛吧，每人投10次，谁如果打中了树上的橘子，就奖励10元钱。"孩子们兴致很高，纷纷到路边寻找石块，果然有人领走了10元钱奖金。过了几天，看园人说："奖金太高了，今天只能奖5元。"5元也不错，还是有人领走了5元奖金。又过了几天，看园人说："5元还是太多了，只能奖2元。"到最后，没有奖金了。那些顽皮的学生经过橘园的时候，再也不丢石块了。有人问他们为什么不丢了，学生说："没有奖金，谁还干那样无聊的事？"

（刘令军摘）

看园人最初的驱赶、警告是"第一序改变",这种改变能解决教育中的一部分问题,不需要特别的技巧。比如学生不做作业,老师和家长就督促他做作业,甚至抽出时间来陪着他做作业。第一序改变发生在某一个系统之内,而系统本身维持不变,它只能改变系统内的"困难"。如果原因在系统之外,它就无能为力了。

在上面的例子中,孩子扔石块玩,是一种内在动机,因为他们想玩爱玩。看园人的驱赶、警告,就是试图阻止孩子玩,改变孩子的内在动机,动机和改变都在"玩"这一个系统内。

但后来看园人的办法跳出了"玩"这个系统,进入到"比赛"系统,成功地将学生的内在动机转化成了外在动机,打中橘子可以获得现金奖励,孩子"玩"的动机转化成了"获得奖金"的动机,而当奖金不存在的时候,其动机也就没有了。

在这个故事里看园人成功地进行了身份换框。原先是"驱逐者",试图用驱赶的方法来制止孩子们丢石块,结果没有一点效果。后来身份变换,看园人成了一种游戏的"组织者",当他不再组织游戏的时候,游戏就结束了。

在我们的教育实践中,经常可以看到一些老师发现学生的数学成绩很差,就努力帮助学生"补短",结果学生老是不上进,越补越短。但后来老师忽然发现这个学生的作文写得很好,马上改变教育思路,从"补短"转变为"扬长",经常表扬这个学生的作文写得好,这个学生因此信心大增,当学生有一天突然发现,自己如果不把数学成绩提高,就会影响到自己人生目标实现的时候,他就开始了"自觉补短",数学成绩很快就上来了。

"补短"是第一序改变,"动机"和"改变"都在"短"这个系统内,后来,老师实施的"扬长"则是"第二序改变",跳出了"短"这个系统,进入到另一个系统——"扬长"。老师成功地将学生的外在动机转换成了内在动机。

在第一序里很难解决的问题,跳出来,进入第二序之后,改变就容易多了。

第二序改变有一项很重要的操作技术：重新框定。它是指将人们赖以理解或体验某种情境的概念与情绪的假设或观点，改变成另一组同样也能"符合事实"（甚至更好）的设定，经过这一转换，该情境对于人们的意义已全然改变。

重新框定一般有四种：意义重新框定、二者兼得法、环境重新框定、身份重新框定。

1. 意义重新框定

所有事情本身都没有意义，所有的意义都是人加上去的。既然意义是人加上去的，那么一件事：

（1）可以有其他的意义，也可以有更多的意义。

（2）可以有不好的意义，也可以有好的意义。

前两年，我接手了一个普通班，显然，成绩好的学生都归好班了。我当然没有什么值得高兴的。但是，既来之，则安之，我学着与普通班的学生友好相处，并试图在该班突破应试教育，推行素质教育。这样一来，我教这个普通班不仅没有失落感，反而找到了事业感，我赋予我的教育新的意义。

那么，我该怎样实现换框呢？

方法是：变果为因。

例如：我当了普通班班主任，我比较郁闷。

那么，我可以这么想：我当了普通班班主任，对实现我的教育理想有什么益处？

其实益处很多：

（1）各色学生都是进行教育研究的好材料。

（2）基础差的班，压力小，领导没那么关注，我可以在这个薄弱环节进行教育实验，即使失败了，领导也不会太在意。

2. 二者兼得法

我们常说,"鱼和熊掌,二者不可兼得"。由于有了这种思维的局限,我们放弃了可以做出的努力。二者兼得,我们如何才能做到?"

举一个例子:某几天,我们班的学生一直在讨论聚会的问题。我基本上只围观,不发言。经过讨论,他们想出两个方案,要求二选一:吃饭+K歌;南澳两天游。

当时讨论时,就有一个女同学提出,交10块钱就差不多了,不要太费钱。我就提醒他们做方案时要照顾这些学生。同时,想去南澳玩的也不少,甚至会占多数。

我给做方案的学生提了一个建议:可不可以大家都去吃饭,然后想回家的回家,有事的去办事,想去南澳的一起去南澳?也就是吃饭是必答题,去南澳是选答题,把两个方案整合起来。这就是二者兼得法。

3. 环境重新框定

同一件东西或同一种情况,在不同环境中含有的价值会有所不同。找出有利的环境,便能改变这件东西或这种情况的价值,从而改变有关信念。

一个慢性失眠患者,每天靠药物入睡。前些天,从报纸上看了几则改善睡眠的药物广告后,失眠更严重了。每天入睡时,广告上的语句便浮现于眼前:"失眠会引起内分泌紊乱,血压升高,甚至引起精神分裂和心脑血管疾病……"愈想愈害怕,愈害怕愈睡不着,只好加倍服用安眠药。无奈,到精神病院找到心理医生进行咨询。

失眠者说,我每天只能入睡四五个小时。

医生回答说,够了,不少了。盖世英雄拿破仑,每天只睡4个小时,他领导了法国的资产阶级革命;发明大王爱迪生,每天只睡4~5个小时,他一生取得了1000多项发明专利……

失眠者说,我中午躺在床上,就不合眼。

医生回答说，欧洲人和美国人中午从不睡午觉，人和人需要的睡眠时间是有差异的，有的人只需要三四个小时，有的人则需要七八个小时，伟大的科学家爱因斯坦每天要睡10个小时。

心理医生的话，对失眠者起到了极大的治疗作用，当天晚上的睡眠便有了好转。中午躺在床上看书，决心不睡午觉，想不到反而睡着了。

（刘令军摘）

在这里，心理医生巧妙地进行了环境换框，帮助失眠者破除心理障碍，重新获得信心。我们可以对此进行一个简单的分析：

第一，前些天为什么失眠加重？原因是改善睡眠广告中的吓人词句制造了一个情境：失眠要得精神分裂和心脑血管疾病啊，于是愈想愈睡不着。

第二，这些天睡眠为何有了改善？是心理医生的渊博知识，为失眠者重新框定了一个环境：睡多睡少，因人而异，不能要求人人都睡8小时。精神放松了，于是睡眠有了好转。

4. 身份重新框定

同样的人，同样的活动，当教育者用一种身份去实施改变无效的时候，换一种身份去做，往往会收到意想不到的效果。

说话带刺的瑜

高二刚接班时，瑜总是用带有敌意的眼光看我，说话的口吻也是咄咄逼人，话中带刺。我关心她，无效；我批评她，无效。有一阵子，我拿她没办法。

有一天，她眼睛发红，我带她去校医室，校医说可能是结膜炎。结膜炎是传染病，但我没有躲避，而是借电话让她打给父母，并带她去医院检查，经确诊是结膜炎，于是她请假回家了。

后来，她再回校上课，再跟我说话，语气中没"刺"了。

（方庆提供）

老师和学生是一个系统。不知道出于什么原因，瑜对老师只有恶意，没有好感，刚和她接触，她就明显显示出敌意。在这个系统里，老师批评她是"加深阶级仇恨"，老师关心她是"拉拢腐蚀，企图收买"，她一律报以怨怼。这就是第一序。

当瑜生病时，老师陪她去看医生，身份发生了改变：她是病人，老师是照顾者。照顾她是病情所需，老师并没有教育她，在这种身份下，她接纳了老师，并体会到了老师是一个人，而不只是老师。这就使她跳出了师生关系的定势，跳出了第一序，进入了第二序——进入了病人和照顾者的关系，暂时解除了防线，并体会到了改变的好处。

本书正是在这样两种基本思想的指导下，展开思路，寻找临场应变的策略。希望我们的努力能给一线教师提供一些借鉴。

刘令军　方庆

2011 年 8 月

目 录

第一章 班级管理中的棘手事件……………………………………1

1. 学生在迟到时间上发生争执怎么办？——服从裁判……………2
2. 学生劳动时开溜了怎么办？——明确责任………………………5
3. 正面教育的班会成了反面教材怎么办？——帮助学生真实地成长……9
4. 学生指出老师的奖惩决定不公正怎么办？——支持学生批评质疑……13
5. 学生要联名向校长提建议怎么办？——集体签名不如分批进言……16
6. 理科学生想转文科怎么办？——将模糊问题明确化……………18
7. 女生要将室友赶出宿舍怎么办？——把"小团体"拆开…………21
8. 学生不承认报复怎么办？——维护班级的管理秩序……………24
9. 值日班长提出辞职怎么办？——扶上马，还要送一程…………29
10. 学生不让老师张贴成绩单怎么办？——成长比成绩更有价值……33
11. 教室里有一盆臭水无人倒怎么办？——亲自动手，做好示范……36
12. 班长与班主任对立怎么办？——调整班长的情绪和状态………39

第二章 课堂教学中的尴尬…………………………………………43

13. 学生在课堂上起哄男女生"配对"怎么办？——有效防止起哄效应……44

14. 学生在课堂上剪同学的头发怎么办？——你有营业执照没………… 47
15. 学生在课堂上嚷嚷怎么办？——给他一个展现平台………………… 50
16. 学生在课堂上看课外书怎么办？——先褒扬后建议……………… 54
17. 学生不让老师没收手机怎么办？——退一步海阔天空…………… 57
18. 学生在课堂上睡觉怎么办？——个别对待，寻找根源…………… 61
19. 高考前学生们坐立不安怎么办？——帮他们"看"清现在与未来… 64
20. 课堂上学生要班主任讲恋爱经历怎么办？——勇敢地说出来…… 67
21. 课堂上发生师生冲突怎么办？——退出冲突……………………… 70
22. 学生在课堂上敲击桌子怎么办？——维护班级的管理秩序……… 74
23. 课堂上突然闯进一只蝴蝶怎么办？——亲爱的，你快点飞……… 77

第三章　班级中的意外事故……………………………………………… 81

24. 学生联合罢免班主任怎么办？——开班会沟通…………………… 82
25. 学生串联罢免班长怎么办？——用"软批评"断其"左膀右臂"… 87
26. 班主任扯断了学生的耳机怎么办？——身教重于言教…………… 91
27. 学生发生械斗怎么办？——隔离双方……………………………… 94
28. 学生自残怎么办？——速至现场救人……………………………… 96
29. 学生要放弃高考怎么办？——尊重选择，明确责任…………… 100
30. 校外看见男女生手拉手走怎么办？——选择最佳时机教育…… 103
31. 学校安排班级干脏活累活怎么办？——给劳动赋予新的意义… 105
32. 学生晕倒了怎么办？——先救学生，再保自己………………… 108
33. 发现班长抄作业怎么办？——呵护尊严比解决问题更重要…… 111
34. 学生准备用暴力报复老师怎么办？——周密安排，确保安全… 114
35. 被任课老师体罚的学生要上告校长怎么办？——让学生去告… 118
36. 学生邀我去放孔明灯怎么办？——为学生保驾护航…………… 121

第四章　家校关系的协调………………………………………………… 125

37. 学生在校出走，家长扬言曝光、上告怎么办？——帮助找人… 126

38．遭遇亲情不够钱来补的家长怎么办？——跟错误的生活方式决裂…………130

39．学生在校摔伤，家长索赔怎么办？——搁置争议，治病要紧…………134

40．家长跪求你收下他的孩子怎么办？——有条件地接收这个学生…………138

41．家长不准处罚学生怎么办？——帮学生确立规则意识…………142

42．家长给班主任送礼怎么办？——拒收的同时给家长留面子…………147

43．家长不承认给了假钱怎么办？——打"110"报警…………149

44．接手乱班遇到不管孩子的家长怎么办？——先管好面，再考虑点…………152

45．家长不同意犯错的孩子回家反省怎么办？——教育不在一时…………156

46．学生考了23分，任课老师要请家长怎么办？
　　——批评学生就是在打家长的脸…………160

47．家长愤怒地指责班主任怎么办？——让家长发泄…………163

第五章　学生危机的化解…………167

48．学生纠缠着一定要买手机怎么办？
　　——立即结束这种毫无意义的"游戏"…………168

49．学生对班级荣誉冷嘲热讽怎么办？——防止学生在演唱中故意捣乱…………171

50．不讲诚信的学生又想借钱怎么办？
　　——社会规则的学习比借钱本身更重要…………175

51．学生不承认"偷窃"怎么办？——为塑造美丽的灵魂做出个人努力…………178

52．学生不做作业怎么办？——采用"得寸进尺作业训练法"…………184

53．学生将课本一页页撕毁怎么办？——对学生实施必要的心理疏导…………189

54．学生酒后辱骂班主任怎么办？——抓住难得的教育契机…………193

55．性情孤僻的学生不想读书了怎么办？——尊重其选择…………197

56．学生以治病的名义外出上网怎么办？——辅导矫正训练…………201

57．遇到打架了还满不在乎的学生怎么办？——帮助学生观察自己…………205

58．遇到想学韩寒不想听讲的学生怎么办？——点燃学生的激情和梦想…………208

59．"招安"的副班长极不称职怎么办？——"育人"才是教育的根本…………212

60．学生用自残的方式威胁老师怎么办？

——谨慎智慧地实施教育转化计划·················216
61．学生用极端手段欺负弱小怎么办？——用制度制衡强者，保护弱者·······222
62．学生向老师表达爱意怎么办？——让学生将情感转化················226

第六章　同事关系协调·················231

63．校长要我改变教学模式怎么办？——无法换校长就适应校长·············232
64．政教处领导小题大做怎么办？——提出自己的质疑·················234
65．校长要我"改行"怎么办？——对"改行"的意义进行重新框定···········238
66．学生对抗年级组长的教育怎么办？——先平息学生的愤怒情绪············241
67．遇到了暴力的任课老师怎么办？——慎重稳妥地施加自己的影响···········244
68．学生与门卫发生冲突怎么办？——控制现场，避免事态扩大·············248
69．任课老师埋怨学生的评教分数不高怎么办？——引导其反省自己···········251
70．任课老师对学生过于苛刻怎么办？——改变恶性教育模式··············254
71．任课老师不满班主任占用她的时间怎么办？——上课优先，首重合力········258
72．任课老师罢课怎么办？——指导学生自己解决问题·················261

第一章

班级管理中的棘手事件

管理是组织中维持集体协作行为延续发展的有意识的协调行为（引自"百度百科"）。它的直接目的是实现控制——对集体和个体的控制，手段一般是协调。

但是，班级教育管理明显有自己的特点。它对集体的协调和控制是为了个体之发展。因此，班级教育管理不只是把事做好，更在于促进学生的成长。

对于班级管理中的棘手事件，我们首先要有目标和思路。思路比方法重要。只要找准了思路，方法就会有很多很多种。而思路的"起点"就是"目标"，因此，为了标示我们思路的起源，我们针对每一个个案提出的临场应变策略都是以目标为起点，然后再去寻找一条途径，通达我们目前所处的位置。

这是一种逆向思维，但这种思维确实帮助我们找到了很多方法。

1. 学生在迟到时间上发生争执怎么办?
——服从裁判

**教育现场**

3分钟还是5分钟?

我们班的刘明喜欢打篮球,吃过午饭以后,离午自习还有一点时间,就是这会儿他都要到球场上活动活动。所以他经常午自习迟到。

这不,他又迟到了,监管自习课纪律的谢子娟报告,刘明午自习迟到5分钟,根据班规要写500字的说明书。

但刘明坚持说自己只迟到了3分钟,所以只需写300字的说明书,两个人就这个问题发生了争执,最后两个人都到了我这里。

谢子娟说:"我的表是标准时间,你确实是迟到了5分钟。"

刘明说:"我也带了表,我的表显示只有3分钟。"

老师们,遇到这种情况该怎么办呀? 5分钟和3分钟都有可能呀,但学生就是较上劲了,我该采信3分钟还是5分钟呢?

(刘令军提供)

临场应变

目标:迅速做出裁定,采信谁的时间。

应变策略:服从裁判。

"公说公有理,婆说婆有理"。5分钟还是3分钟?我能断清吗?不能。我们都知道,手表可能会有误差,因此,可能是谢子娟的表有误差,也可能是刘明的表有误差，还有可能是两个人的表都存在误差。

那么，我该怎么办？两个人都在等待我迅速做出结论，而且这个结论还不能偏向任何一个学生，也就是说，我下的这个结论必须要双方都能接受。

我急速地在头脑中思考对策，忽然瞥见了刘明手中的篮球，我头脑中灵光一闪，马上有了对策,拍拍刘明的肩膀说："小伙子,请服从裁判！"

刘明一听，不再辩驳，"好，刘老师，我服从裁判，接受处罚。"

一场争执到此结束。

这样的争执实际上在赛场上出现过很多次，大家想一想，在赛场上出现了争执，总裁判长是怎么处理的？比如一场篮球赛，裁判判某个队员犯规，而队员不承认犯规。双方会在赛场上发生争执吗？不会，因为此时有一条解决此类纠纷的规则——服从裁判。

刘明喜欢打篮球，对这条规则他很熟悉，而且经过篮球场上的锻炼，他早已习得了这样一种处理方式。这个赛场上的规则，被我无意中借来一用，双方都能接受。

刘明接受处罚以后，问我："刘老师，如果真是谢子娟误判了怎么办？"

我反问："赛场上发生了误判怎么办？"

刘明说："赛场上出现了误判，要追究误判者的责任。赛场有一套完整的误判追究制度，但是我们班没有。"

我点点头："你这个建议很好，所以我们班也必须制定一个误判的追究制度。"

我立即在全班组织了一次深入研讨，制定了一条误判的追究制度，针对值日干部徇私舞弊怎么监督、怎么处罚，做了详细的规定。在赛场上，裁判既有要求运动员服从裁判的权利，同时也要承担误判的责任，服从裁判只是为了避免临场争执而采取的应变策略。

在这个案例中，查清楚时间是不是工作的目的？

显然不是，追究迟到的原因并对刘明进行教育才是班主任的真正

目的。

如果我们在处理问题的时候，不直奔目标，而在半路上转了弯，那么走得越久，就会离目标越远，花费的时间也就越多，教育管理的效率也就越低。

刘明打篮球这件事，我一旦在"3分钟还是5分钟"这个问题上与学生纠缠不清，就会在无意识中转移视线，等到我把时间弄清楚了，刘明已经对迟到没有负疚感了，如果他赢了，他可能还会有"胜利"的感觉。

这样一来，整个事件的性质都变了，成了对时间的调查和核实了，而原来的本意——对自习课迟到的追究，就在无意之中被忽视了。

刘明接受处罚以后，对刘明的教育才刚刚开始。我还在思考一个深层次的问题：刘明明知吃完饭与午自习之间的时间很短，他为什么还要利用这段时间去打球？这说明班规中写500字说明书的处罚，对他根本就没有起到杜绝迟到的作用？

根据我的观察，刘明酷爱打篮球，所以他才会见缝插针，连午饭后的休息时间都要争分夺秒地利用起来。一旦到了篮球场上，他就不记得时间了，进入了一种"忘我"的状态。

后来，我跟刘明就打篮球的事进行了一番有效的沟通：

（1）肯定他的篮球技术。他在篮球场上表现出来的机智、果断、顽强，是一种体育运动智能，老师非常佩服。而且，班级的男子篮球队经常为班级争得荣誉，刘明作为主力，一直是班级的骄傲。

（2）午饭后打篮球不妥当。第一是影响健康，从医学的角度来讲，吃完饭马上打篮球，会给人的身体健康造成伤害。第二是影响学习，他满头大汗地走进教室，十分钟之内都很难静下心来学习。

（3）要科学规划自己的活动时间。什么时间打篮球，什么时间做作业，什么时间看书，每天都要做好规划，做到劳逸结合，有条不紊，这样才能提高学习效率。

刘明听从了我的建议，将放学后晚餐前的40分钟规划为打篮球的时间。从此以后，他再也没有出现过午自习迟到的现象了。

 **案例反思**

在教育实践中,班主任工作目标不明确就容易犯一个错误:与学生在细节上纠缠。管理工作本身的性质,决定了它不能像精细化的技术工作一样,能精确到零点零零几。在不能精确的情况下,如果班主任一味去追求精确,就会浪费很多时间和精力,降低管理效率,造成教育管理无的放矢。班主任一旦与学生在细节上纠缠,就会被细节问题转移视线,导致本该管的事情没有管,而不该管的事情却纠缠不清。我很庆幸自己没有被眼前的现象蒙蔽,避开了对细节的纠缠,直奔教育目标。

2. 学生劳动时开溜了怎么办?
——明确责任

 **教育现场**

爱开溜的谢文

作为一名班主任,我经常为班级的劳动卫生安排"消得人憔悴"。

我们班有十多个男生,参加班级劳动都是属于那种"老油条"型的学生,让我毫无办法。

比如今天早晨的公区卫生打扫,轮到了谢文等几个男生。快要上早自习了,我心里总有些忐忑,就派了劳动委员陈扬浪过去看看,很快,陈扬浪就跑回来了:"刘老师,谢文他们几个,根本就没有打扫卫生,都打篮球去了。"

我气不打一处来,丢下手中的课本,就往前坪跑。大概还相隔100米时,谢文就发现了我,马上丢掉手中的篮球,捡起地上的扫把,装模作样地扫起地来。

我怒气冲冲地质问:"谢文,你为什么在劳动时间打篮球?"

谢文一脸无辜:"我们就是扫地扫累了,休息一下,打打篮球。"

我越发愤怒,音量不知不觉间提高了八度:"你这叫休息一下吗?你看看你们,过去这么长时间了,任务还完成不到十分之一;你再看看其他班的同学,任务早就快结束了。"

谢文自知理亏,埋头扫地。

我守了大约3分钟的样子,看他们也还勤勉的样子,就对谢文说:"给你们5分钟时间,将这里打扫完,不准再三心二意。"

谢文连连点头:"刘老师,您放心,保证不再三心二意。"

10分钟后,早自习铃声响了,谢文他们还没有进教室。我挥手叫陈扬浪过来:"你去前坪看看谢文他们打扫得怎么样了。"很快,陈扬浪风风火火地跑回来了:"刘老师,前坪的任务还有一大半没有完成,谢文又打球去了!"

(刘令军提供)

 临场应变

目标:提高学生的劳动效率。

应变策略:将劳动任务进行"拆分",责任到人。然后召开班级会议,重新制定劳动制度。

我赶到前坪,立即将剩下的劳动任务进行了划分,每个人都有自己的"责任区"。当天下午,我召开班级会议,对劳动制度进行修订。

我跟学生们说:"对于今天我们班劳动任务的完成情况,老师很不满意,老是有人开溜,为此,老师想修改一下班级的劳动制度,先把设想跟大家说一下,等一下进行讨论,最后表决。如果有三分之二以上的同学同意,我们就从这次会后执行新的劳动制度。"

学生们都很期待，"老师，快说说您的设想。"

我微微一笑，瞥了一眼谢文。谢文大概已经估计到这是专门针对他的，有点不自在。"这次劳动制度修改的指导思想是对劳动任务进行拆分，责任到人。以后如果再有劳动任务，都采用这种思路。今天先修订我们班的公区卫生打扫制度，我们班每天是5个同学打扫公区卫生，老师准备将咱们班的公区划分为五个板块，以后打扫卫生，每个人负责一个板块，谁也别攀比谁，谁也别指望谁，你干完自己的活就OK了。"

有学生问："老师，您的分配是否公平、公正、公开呢？要是您分配不公，对于谁扫哪一板块，我们要抓阄吗？"

我说："分配是不公平的，而且我们也用不着抓阄，第一板块最小，然后依次递增，第五板块最大。"

学生们皆一头雾水："老师，谁来扫第五块呀？"

我微微一笑："咱们是文明社会的高素质公民，任何事情都必须讲究公共秩序，因此最早来的同学就享有了优先选择权，后来的同学还有有限选择权，最后来的同学呢？当然就没有了选择权。那个来得最早的人，一看自己的任务量这么小，他就会想，还是早一点好呀，下次更早一点，说不定还能捡着从天上掉下来的馅饼呢？而最后来的那个同学，你们说，他来得最迟，咱们是不是应该给他一点下次争取最早来的动力呢？"

"如果有人没有在规定的时间内完成自己的任务怎么办？"

我说："召开这次会议的一个目的，就是要制定一个相应的处罚制度，以前，由于我们班一直没有一个完整的劳动制度，所以才导致我们班劳动效率特别低。今天，老师想改变这种状况，因此需要集中大家的智慧。"

同学们都大笑。大家很快制定出一个新的劳动制度。最后举手表决，56个人，48个人同意，制度通过。

之后就很少有人来找我汇报劳动情况了，因为每一个同学都知道如何根据自己到岗的时间，来确定自己的选择范围，这个制度，将班级公区卫生打扫的责任具体化了，每一个学生都有了自己的责任。

学生劳动一再开溜，实质上是老师的教育无效，需要第二序改变。

谢文为什么会一再劳动开溜？

我经过反思，找到两个原因：

第一，责任不明确。

心理学上有一个责任分散效应。

责任分散效应也称为旁观者效应，是指对某一件事来说，如果是单个个体被要求单独完成任务，责任感就会很强，会做出积极的反应。但如果是要求一个群体共同完成任务，群体中的每个个体的责任感就会很弱，面对困难或遇到责任往往会退缩。因为前者独立承担责任，后者期望别人多承担点儿责任。责任分散的实质就是人多不负责，责任不落实。

责任分散效应可以解释我们班级管理中的很多现象，上面的例子就是对这种效应最好的解释。

我之前安排几个人一起去打扫，这几个人都没有具体的打扫任务，反正就是大家一起把整个坪打扫完。我少打扫一点，也没有人知道，也不会有人来追究，因此，谢文就会想方设法逃避，如果其中有一个人丢了扫把，其他人都会"不甘示弱"：本来是五个人的任务，凭什么叫我一个人来"任劳任怨"？由此可见，当大家都认为别人会承担某种责任的时候，恰恰会没人承担责任。

当一个人单独完成一项任务的时候，他必须担当起所有的责任。但当大家组成一个团队，集体完成任务的时候，责任就被扩大化了。大家都有这样的思想：如果出了问题，责任是大家的，不是我一个人的。

第二，奖罚不分明。

由于我没有制定有效的劳动制度，因此就不能对这种一再开溜的行为进行有效的制约。劳动制度必须像法律条文，有规范的结构：假定、指示和法律后果。谢文没有扫地，只是挨批评，这种教育已经无效。他应该承担相应的后果，第二次不扫，应该承担更严重的后果。

 **案例反思**

我先前在班级做的劳动安排，反映的是一种"人治"思维，我把自己变成了一个"监工"。这样的制度要落实，完全依赖班主任的亲历亲为，学生内心敬畏的是"监工"这个人，如果"监工"不在场，学生就会想方设法开溜。修改后的劳动制度体现了"法治"思维，班级依赖制度进行管理，学生内心敬畏的是制度。这个案例提醒我：完善的管理制度，是一个班级提高管理效率的有效保障。"法治"之路既是民主之路，也是高效之路。

3. 正面教育的班会成了反面教材怎么办？
——帮助学生真实地成长

 **教育现场**

AB 情景剧

有一段时间，我发现我班学生的凝聚力不强，内部经常"拆台"，于是就想开一个"团结就是力量"的班会。原先设计的是一个虚拟情境的AB剧，剧本都写好了。

剧本是这样的：

在一个寺庙里，有两个平时很爱斗气、势不两立的小和尚。于是，他们的师父在一天中午用斋的时候，给每人发了一双1米长的筷子，让他们在极其狭小的房间里一起吃饭。

A剧：由于空间的限制，这两个小和尚都吃不到各自的食物，而且这个时候两个小和尚还相互攻击。结果这两个小和尚无论怎么努力都吃不到饭，饿得精疲力竭，再也无力斗嘴斗武了。

B剧：两个小和尚团结协作，互相用自己的长筷子给对方喂饭。他们不但吃饱了饭，而且一改常态，和睦相处，互帮互助。

在排练的过程中，我发现参加演出的学生根本就没有理解"团结就是力量"这个主题，排练节目都不能齐心协力，说好了放学后排练，结果谢伟和臧浩放学后直接到了篮球场，说好了谢娇带MP4，结果她说她妈妈不准带来。我当时就想，这个太具有讽刺意义了，"团结就是力量"的主题班会，连演出的学生都不能团结一致，一个原本用来进行正面教育的班会，竟成了反面教材。

现在我真是骑虎难下，这个班会是继续开还是中途放弃？继续开，参演的学生都这样不团结；中途放弃的话，实在有些心不甘，毕竟我已经花费了大量的精力。

（刘令军提供）

 临场应变

目标：提高班会的教育实效。

应变策略：将虚拟情境的班会改为真实情境的班会。

我思考了10分钟之后，最后做出决定：半途而废，放弃这个方案；改用真实教育情境的班会——班级篮球赛，为了让学生体验到真实的外在压力，我有意选择同年级实力最强的男子篮球队作为对手。

根据我的观察，要使班集体内部团结紧密，必须具有以下三个特征：

（1）有一定的外部压力存在，同学之间必须要联合力量，才能对抗压力。

（2）有共同的奋斗目标。

（3）班级内部分工明确。

第一章　班级管理中的棘手事件

篮球赛刚好使班级具有了上述三个特征。

第一，班级面临一定的压力。我之所以挑选实力比自己班级强一点的球队，就是给班级一定的压力。比赛之前我做了有效动员："我们的对手是我们学校实力比较强的一支球队，他们的队长已经多次向我提出申请，想和我们班打一场友谊赛。我一直在犹豫，担心我们班篮球队的实力不如人家。"

教室里的那帮男生们听我这么一说，一个个都摩拳擦掌、跃跃欲试，"我们一定能赢"、"加油"的声音喊得地动山摇，而且当场约定，如果我们班输了，队员们甘愿为对手打扫三天的公区卫生。

第二，有共同的奋斗目标。我给学生鼓劲："虽然我们技术上与人家有一定的差距，但我认为我们不一定会输给他们，因为我们班的每一个人都具有迎难而上的品格，我们敢于迎接挑战，并且我们非常自信能够战胜对手。"

我的激励给了学生们很大的信心，教室里掌声雷动，经久不息。

第三，班级内部分工明确。

根据学生的自愿报名，体育委员谢伟迅速拟出了一份工作安排表。

上场队员：谢伟　臧浩　张诚　谢羽　陈杨浪

候补队员：王海波　付永超

茶　　水：蔡欢　贺巧　贺配

记　　录：贺珺　何艳

啦啦队长：刘海思

啦啦队员：全班不上场的同学

在比赛的过程中，平时那些喜欢相互拆台的学生，一个个都变得"肝胆相照"了：负责茶水的蔡欢，中场休息的时候，为上场队员递水、递毛巾，格外周到，好像自己多付出一点，队员们在球场上就会更努力一点。啦啦队长刘海思把喉咙都喊哑了，队员每进一个球，都会引发一片欢呼声，而对手每进一个球，都会引发一片"捶胸顿足"。比赛的结果在我的预料之中,我们班输得很惨。回到教室的时候,蔡欢和刘海思都哭了。

比赛虽然输了,班级内部却出现了空前的团结。这种真实的比赛,让学生真实地体验到:胜利了,班级荣誉就是个人的荣誉;失败了,班级荣誉的损害也是个人荣誉的损害。

而之前我设计的"AB情景剧"的班会,看上去独具匠心,却在排练的过程中就成了反面教材,原因就是虚拟的教育情境并没有让学生实现真实的成长。

作为一名班主任,我有很多的教育思想要渗透给我的学生,又不好用"填鸭式"的方法告诉他们,因此就绞尽脑汁找到一些载体:比如情景剧,AB剧,故事,辩论,语言,等等。虚拟再现某一事件或事物发生与发展的环境、过程,让受教育者理解教育内容,进而在较短时间内提高认知水平。

但是,在教育实践中,我们经常看到这样的现象:班主任刚刚开完"提高个人文明素养"的班会,学生走出教室就把手中的垃圾袋随手扔在了地上;班级当天开完孝敬父母的班会,学生放学回到家就对母亲恶语相向。

虚拟情境的教育效果不能让人满意,我认为主要有两个原因:

第一,由于情境是虚拟的,学生也都知道它不是真实的,与自己的切身利益没有太大的关系,所以学生也就不会去进行反思、对比、抉择,学生的思想也就没有真实的触动。这就好比司机的"酒驾",其实每个司机都知道酒驾的危害,但是那些没有切肤之痛的司机总是有侥幸心理,认为自己不会出问题。但当这个司机经历过一场真实的酒驾事故之后,或者遭遇一次真实的交警处罚之后,他就有了警觉意识。

第二,虚拟的情境加载的是教育者的教育思想,教育者的教育思想不一定能引起受教育者的共鸣。比如,有些合作意识强的学生会认为:团结确实很重要,团结可以帮助自己完成一个人完成不了的任务。而有些经常被老师和同班同学"忽视"的学生则会主观地认为:我凭什么要配合你们?你们又不重视我。

案例反思

看了我的这篇文章以后,有同事提出了质疑:是不是所有生活、经验都具有较高的思想教育价值?采用虚拟情境的班会是不是就没有了教育价值?同事的质疑提醒我,在教育实践中的任何一种方法,可能都有利有弊,不能用自己方法的"利"去比他人方法的"弊",这种比较容易使自己陷入偏激。经过反思,我对自己的观点进行了完善和补充:第一,只有那些来自于解决真实生活中道德冲突的实践和经验,才有可能促进学生的思想发展。第二,对于虚拟情境的班会,我们也不能因为其教育效果没有那么明显就断然否定它的价值,有些教育内容可能就必须采用虚拟的教育情境,用真实的情境你根本就无法实施。所以说,最合适的才是最好的。

4. 学生指出老师的奖惩决定不公正怎么办?
——支持学生批评质疑

教育现场

老师,我觉得不公平

第10周运动会的时候,我班大量学生请假,我连续召开两次班会,希望家长不要打电话来给孩子请假了。可是还是不断有人请假,我把手机关了,他们打到年级组长那里去,打到德育主任那里去,造成了一次请假狂潮。

第11周星期一,在班会课上,我对运动会进行总结和点评,在表扬我们班的运动健儿为我们班夺得高中团体第五名后,我开始批评请假现象:"运动会正是需要大家出力的时候,却有十几个学生请假,搞得连啦啦队都没人,服务也跟不上,我关机之后还有家长打电话给年级组长、德育主任,对我们班级的荣誉造成了不良影响,这对在运动场上拼搏的学生来说是一种不公平。因此,我决定,运动会期间,凡是请假的,年终都不能评优。"

下面很多学生点头微笑,但也有一些学生交头接耳,向我射来鄙夷和不屑的眼光。这时文敏站起来大声说:"老师,我觉得不公平。我平时都是热心班务、遵守纪律、认真学习的,我的量化总分全班第二,你可以自己去看,这是我集攒下来的分数,是我一个学期以来的表现。但你不能用一次运动会的不良表现否定我这一学期的良好表现。我承认运动会期间我是不该请假,我愿意接受批评和合理的惩罚,但是,你在运动会前没有说明如果请假就要取消年终评优,我向你请假是你同意了的。现在你却要取消评优,我觉得不公平。"

她说得有道理,我遇到了真实的挑战,对手是我自己。

(方庆提供)

 临场应变

目标:维护学生的权益。

应变策略:支持学生的合理质疑,收回临时决定。

当文敏条分缕析地把她的理由在班上说出来的时候,她是冷静的、合理的,而我是尴尬的、难受的。我的决定受到了挑战!我昨晚没有想到这一层,只想着怎么促进班级发展。

但在难受的同时,内心的声音在质问我:"你是不是很注重你的面子?你是不是在维护你的面子?学生的质疑有没有道理?如果有道理,你为何不从善如流?你不是一直宣称支持学生维权吗?"

是的,我支持学生维权,但维权维到自己头上的时候,我却不那么清醒了。

当我直面内心时,我知道自己该干什么了。

我做了一个艰难的决策:收回我的临时决定。

面对全班同学,我缓慢地说:"在我做出处罚决定时,学生应该有申诉权。文敏有维护自己利益的权利。维权是正确的。每个人都有申诉、控告、检举、揭发的权利。我们应该尊重维权行动。我宁可牺牲自己的颜面,也要支持、培养你们的维权意识。对于文敏同学的意见,我想明白了两点:

第一,法无明文不为罪。我们的班规没有规定'运动会请假就取消文明标兵评选的资格'。我在她请假之前也没有规定不要请假。我强调了两次,都是在她走之后强调的。

第二,我不能否定她一个学期努力的结果,尽管她在某个时候做得不是很好。这个'文明标兵'她选不上就是否定了她的德育总成绩。

但是,班上那么多人请假对整个班级是不利的。我们班有54人,最后剩下不到40人。请假的人都有自己很重要的理由,那些不能为班级出力的同学连陪伴一下运动员同学都做不到,接二连三地让家里打电话来请假,我感到这对于坚持留在这里的同学来说不公平。像萍,她妈妈生病在床,想回家照顾妈妈,我一直都没批她的假。像辉,他一直想提前走,但是他考虑到自己的项目,考虑到4×100米接力的班级总成绩,他没有走。这样吧,该不该处罚,由你们投票决定。"

于是,全班投票。结果,13票反对处罚,4票支持处罚,27票弃权。文敏和其他人不再因此事受处罚了。

 **案例反思**

后来,我在网上看到一个事件:因为打架,被"全班学生投票"停课一周,孟津一初二女生选择了跳渠自杀。我突然惊觉,简单地把是否对一个学生进行惩罚交给班级投票决定是非常危险的。学生犯错后不适

合在公开场合批评教育,最好进行个别教育。前苏联教育家苏霍姆林斯基告诉我们,不要在公共场合批评孩子,不要发动全班舆论谴责孩子,这对孩子的伤害最大。

5. 学生要联名向校长提建议怎么办?
——集体签名不如分批进言

 **教育现场**

我们要给校长提建议!

星期四下午我走进教室的时候,有些学生表情神秘,显然有情况!

我抓住一个就问:"你们在策划什么事?"他环顾一下周围的同学之后,大胆地说出了真相:"我们要给校长提建议!"

我心里一惊,但随即冷静下来,平和地问:"因为什么事呢?"

他说:"每次星期五放假,按学校的要求,都必须5:30才能走人。而我们高中生大多家离学校很远,坐车差不多要两三个小时,这么晚回家,天早就黑了,也错过晚饭了。我们要联名给校长提建议,我们正准备集体签名。"

我明白了,学校规定必须5:30才准走,学生要自习40分钟,他们归心似箭却必须死守40分钟!现在6点多就天黑,学生怎么不难受?!

我问过原因,年级组长解释说,5:30之前是学生在校时间,早点放他们出去了,万一路上出了什么事,谁负责?

但我也心存顾虑,学生去找校长,万一校长不高兴,怪罪下来怎么办?

(方庆提供)

目标：指导学生用合理的方式表达诉求。

应变策略：支持学生向校长提建议，但要转换一下方式，分批次跟校长面谈。

站在教室里，我没有马上表态，内心冲突得厉害：

校长当然希望天下太平，如果我们班学生闹到校长那里去，校长肯定会对我这个班主任有想法。

但是，我又在反问自己：学生的做法到底有没有道理，你是否缺乏勇气？

是学生去提建议，又不是我去，我为何那么胆小？我不是一直想做一个富有正义感的人吗？

我战胜了怯懦。我决定支持学生。同时，我想到了心理学上的一个策略，于是，我对学生说："你们敢于维权，很好！其实，上个星期我就打算和校长讨论这个事情，可惜，我打了两次电话他都没接，我只好放弃了。但你们采用集体联名的方式，声势太浩大，会形成一种威压，校长即使答应，心里肯定会觉得憋屈，毕竟谁都不愿意被要挟。我有一个建议：分批去。心理学认为，一个人连续三次被他人否定的时候，他的信念就会动摇。我建议你们一拨一拨地去，每次两三个人去，分三四批，这样陆续不断地建议，校长最终很有可能改变主意。当第一批学生来提建议的时候，校长可能还不为之动摇；第二批来了，又是提这个建议，校长就会有些怀疑自己了；当第三批学生又来了，还是提这个建议，甚至提供了新论据，这样反复敲打，就会撼动校长的思想观念。校长就会觉得既然那么多人都认为要改时间，那么，固守时间的制度看样子就不合适了，校长就很有可能决定改变放学时间。"

学生们本来是怕我反对，偷偷摸摸在做这件事，看到我支持他们，他们高兴地相约而去。

中学班主任的72个临场应变技巧

第六节课的时候,我们的年级组长发出通知,今天提前放学,不上第八节课了。办公室里的老师们非常振奋。

我马上到班上宣布,全班一片欢腾,还有两位女生击掌相庆!

我回到办公室,在QQ上跟高一的一位老师讲了,他不信,去问高一的年级组长,高一的年级组长也不信。结果,到了第七节下课,高一也接到了通知:全校提前放学。

 **案例反思**

如果班主任制止学生提建议,那么,学生就不会去找校长了,校长也不会发现问题,不会发现这个班的学生和老师有意见,自然也不会怪罪班主任。但是,问题有没有得到解决呢?没有。学生是不是没有意见了呢?有。有意见怎么办呢?因为向校长提意见的渠道被堵塞,学生只好求助于其他渠道。还有哪些渠道?破坏公物发泄,向家长抱怨,捅到报社去曝光……结果会造成破坏和不良社会影响。这是校长希望看到的吗?自然不是。所以,班主任支持并鼓励学生提建议是理性选择,是有利于整个学校的选择。

6. 理科学生想转文科怎么办?
——将模糊问题明确化

 **教育现场**

老师,我有个情况想征求您的意见

晚自习时,我在办公室看书,一个女生走过来跟我说:"老师,我

第一章 班级管理中的棘手事件

有个情况想征求您的意见。"

我说:"好的,你说吧。"

她说:"我是高二(2)班的学生,上学期,我选择读理科,可是,我一直没有找到读理科的感觉,成绩总上不来,我觉得还是读文科好一些。我小学就很喜欢语文,初中历史也学得很好,我觉得自己读文科更容易考上大学。我想转到您的班上来。"

我问她:"你知道今年文科生和理科生的比例吗?你知道大学招生时哪些专业录取文科生,哪些专业录取理科生吗?"

她摇摇头,作为一个学生,她对报考和招生的宏观情况自然不会太了解。

我问她:"你有这个想法多久了?"

她说:"很久了,分科时我就很犹豫,不知道选哪一科好,后来终于决定选了理科。在理科班学习的时候,我感觉很不对劲,数学和物理一直上不来,在班上的排名也很靠后,我心里感到很不安,这个学期转班的想法越来越强烈,所以,我下定决心面对这个问题,转班后将全心投入到学习中去。"

尽管她貌似坚定,但其语气中仍有很多的犹豫和疑问。

(方庆提供)

 **临场应变**

目标:将模糊问题明确化。

应变策略:和学生探讨具体的问题——她什么时候产生的这种感觉?是哪一科有障碍?哪一部分内容有障碍?有什么障碍?

帮助这个学生有两条思路。

首选思路,具体分为两步:

第一步,明确问题。

心理学认为，一个人对一件事情有整体看法的时候，他总是很情绪化的。这种情绪往往是从某一个具体的挫折引起，然后泛化，把某一种情绪带到其他事情上，让整个事情变得云山雾罩，这样循环强化，最终导致问题无解。

这就像一个人在树林里迷路了，他试着走呀走，总是转不出去，这个时候，旁观者就要告诉她：你是从哪里开始的？你要回到原地，面对目标，换一种方式走一走。

让这个学生回到原地，重新观察，辨识出问题所在。找到问题，才好解决问题。在情绪里转，是走不出去的。

第二步，解决问题。

如果这个孩子是由于某一个具体的问题而引起不良情绪，比如说无法理解电磁场，那么，就可以重新设计学习思路，看能不能把这个具体的问题学懂，如果能够成功，那么问题的根源就除掉了。如果不行，我们还要继续寻找问题的根源在哪里。

第二条思路是倾听内心的召唤。

当一个人迷惘的时候，往往是外在的事物对他造成了巨大的干扰。其实，对于一个人的发展方向，无论是巨大的荣誉还是巨大的谴责都不应成为决定性的力量，这都是暂时的、易逝的，只有一个人的内心向往才会回到他的本真，才会形成持久的动力。

对于决定一个学生人生方向的事情，应该听从其内心的召唤。因此，可以问问这个女生："你的内心到底需要什么？向往什么？"

历史中有很多人在一条道路上走了很久之后才发现不是自己所需要的方向，于是重新选择，比如说鲁迅，先学医后从文。文科、理科的选择，不是高考进哪个考场的问题，而是人生朝哪个方向发展的问题。如果这个女生不是很清楚自己的理想，老师可以帮助她细化，比如：你的兴趣爱好是什么？兴趣是最好的老师，它将无形中指引你走得更远、更好。如果你学了不感兴趣的专业，你不会深入持久地喜欢它、研究它，这样，也就难以达到优秀和卓越。

第一章 班级管理中的棘手事件　21

 **案例反思**

无论发生了什么事情，教师都不能忘记自己的教育目的：促进学生成长。

没有人能够代替学生成长，教师不应简单地要学生向左还是向右。学生的困惑、学生的艰难抉择都是成长的契机，我们要透过事件本身洞穿成长的本质，时时不忘教育的目的，丰富学生的选择，大胆地让学生自己去选择，让他自己承担选择的后果，在选择中学会选择。

7．女生要将室友赶出宿舍怎么办？
——把"小团体"拆开

 **教育现场**

女生放言要把室友的被子丢出去

还有几分钟就周末放假了，两个女生神色紧张地走到讲台边对我说："老师，请出来一下，我们有话对您说。"

在教室外面，两个女生简短地告诉我，305寝室的三个女生正逼迫小璇换寝室。

我顿时就明白了，那三个女生是形影不离的好朋友，吃饭在一起，上课在一起，玩也在一起，其中两个比较强势，三个凑到一起，形成了更大的势力，尽管她们并没有造成班级的什么事故，但是三个人抱成团，同进退，无形中把同寝室的小璇变成了孤家寡人。她们同进同出，小璇就只好形影相吊，有时候只能到别的寝室去聊天。她们三个上个月还向我投诉，说小璇晚上睡觉打鼾，吵得她们睡不着，要我把她换走。我说离高考就只有两个月了,将就一下。这边,我要小璇去医院检查一下,看有什么病。后来,小璇真的去医院检查了,并拿了药吃,情况似乎好了些,没想到离高考只有一两个星期的时候冲突又起。

两个女生气愤地说:"我们之所以这么着急来告诉您,是因为她们三个放了话,下个星期天返校,如果小璇还在她们寝室,她们就把小璇的被子丢出去!"

(方庆提供)

 临场应变

目标:把"小团体"拆开。

应变策略:马上进教室对全班学生说:"换寝室由学校和班主任来决定,谁也不能私自逼迫他人换寝室,高考就只有一两个星期了,谁动手谁负责。"

这三个女生本来胆子都不是很大,聚在一起就成了一个"小团体",就形成了某种意义上的势力,胆子也就特别大了,相互借着胆,就会干出一个人干不出的事情来。

在这里,班主任必须要看清楚,这个小团体是因为"抱成团"才有"力量"的,所以当务之急是把这个"小团体"拆开。

怎么拆?

她们的好友关系是无法拆开的,作为班主任,你总不能用《三国演义》里的谋略,采用离间的方法去拆开她们。教育是光明磊落的事业,不需要玩阴谋。

第一,她们的责任可以拆开。

谁干的事由谁来单独承担,而不是由一个团体来承担,这样她们就没那么胆大了。

人们心中经常有"法不治众"的观念,我混在人群中、团体中干点坏事，一是你找不到我，不知道是谁干的，责任模糊；二是，要处罚就都要给予处罚，容易引起众怒，你怎么处罚？球场上经常会有一些球迷闹事，像谩骂、扔水瓶、丢石子等，如果看台上只有几个人，他们就不会这么干，人一多，无法分辨是谁干的，他们的胆子就大了。明确个人责任，指出这个群体事件的后果将由谁承担，这样就驱除了"法不治众"的观念。

另外，人处在汹涌的群体中，也容易迷失自己，失去对自我的觉察，一个文质彬彬的人也可能变得野蛮和放纵。这时候，你把他单独拎出来，他就会意识到自己在干什么，会恢复正常。这三个女生习惯抱成团，形成一个整体，其中两个人比较强势，那么"强势"就会传染给第三个人，这个群体在整体上会表现出更大的强势。在这种情况下即使一个成员做了一件大部分人都反对的事情，其他人也会倾向于仿效她。而这个时候她们却意识不到自身行为的性质和后果。

所以，处理这个事件的第一步就是明确个人责任，谁动手谁负责。口头说说无凭无据，若真的有人把铺盖丢出来，那就要承担首要责任，就会受到批评、处分，这会影响到一个星期后的高考。

第二，她们的位置可以适当拆开。

明确责任后，事态就会得到控制，但是这个带有"强势"特点的群体依然存在，她们惹麻烦的可能性依然存在。第二步就是采取一些办法让这个群体松散些，比如高考如果要出去考，就不让她们坐同一辆车，如果住宿就不让她们住同一个房间，削弱她们的强势性。

这是处理这个事件的大体策略，但高考临近，我们老师还是要注意稳定学生的情绪，化干戈为玉帛。下个星期，老师可以安排这个宿舍的4个人坐到一起沟通交流，让她们换位思考，加强理解，彼此体谅。同时，提醒她们要看清时势，以大局为重，好好过完这一段为时不多的重要日子。有机会的话，安排4个人一起完成某项任务，在完成任务的活动中使其感受团结互助的必要性，增进融洽感。

 **案例反思**

班级也是一个小社会,我们可以用所学的社会心理学知识来审视班集体中的一些行为、现象和心理活动,探析这个事件背后的心理原因。

遇到上述问题,我们不能简单地批评学生道德低下,或者给她们贴上"帮派"的标签。如果这样,那会让这三个女孩有"我是坏人"的感觉,她们可能会更加放纵自己的行为,更不利于矛盾的化解。

8．学生不承认报复怎么办？
——维护班级的管理秩序

 **教育现场**

学生不承认报复

我走进办公室,天宇哭丧着脸走了进来,"刘老师,有人实施打击报复,将我的床铺木板抽掉了一块,我的被窝还被踹了两脚,晚上我睡不成了。"

天宇负责班级纪律监管,很可能是他"铁面无私",又"得罪"人了。

"今天晚上,你将就一下,"我对天宇说,"有谁威胁过你吗?"

"在学生宿舍楼的走廊上,小聪威胁过我:'天宇,你害得我要写500字的说明书,今天晚上我要你睡不成觉。'"

晚自习的上课铃声响了,我拿着试卷走进了教室。

我站在讲台上,语言里的温度降到了冰点,"同学们,今天,我们班又发生了一件很不应该发生的事情。我希望那些犯错者敢做敢当,在今天晚自习的时间里主动到办公室来承认错误,写一份说明书,向天宇同学道一个歉。"

说完这番话,我很"愤怒"地走出了教室,在办公室里静等犯错者前来认错。这是我的心理战术,我深信,没有人能扛住这种来自心理的压力。

果然,我前脚刚进办公室,小伟后脚就跟了进来。"刘老师,是我'借'了天宇的床板,我向他道歉。"

"什么?是你'借'走了天宇的床板?你这是'借'吗?强词夺理!"

小伟不敢再反驳了,双手贴近裤缝,站得笔直,一副诚惶诚恐的样子。

我继续坐在办公桌前静等,但没有人再进来。怎么回事?小聪至少也应该是当事人之一呀,他怎么不进来?我中途进了一趟教室,低声嘱咐坐在教室后面的欧阳兴,在老师离开教室以后,将东张西望或者偷偷与人交流的同学的名字记下来。

第一节晚自习下课,我走进教室:"请每一组的最后一名同学将本组的试卷收上来。"

欧阳兴交上来三个人的名字:小聪、小春、小浩。小聪的试卷只写了一个名字,连选择题、填空题都没有做一个,在写名字的地方,用笔胡乱地画了一个圆圈,点了无数个点,显然他心神不宁,根本就静不下心来做题。

看完试卷,我已心中有数。

我实施的是一个心理测谎实验,一个心中有愧的人,他解题的时候肯定静不下心来,会左顾右盼,以至忘了解题。

第二天,直到早自习下课,小聪都没有进来。

时间一节课一节课地过去了,怎么办?总不能就这样不了了之吧。

(刘令军提供)

 临场应变

目标：维护班级的管理秩序。

应变策略：停止追查，为"执法者"、"守法者"和"立法者"提供支持和帮助。

我已经无计可施，不得不停止追查。我把这个案例写成文字材料，在办公室里跟同事们交流，政教主任问我："既然你已经确定你的管理目标是维护班级的管理秩序，那么，你可曾想过，哪些人在为维护班级管理秩序做出努力？"

这一句话提醒了我，使我的思路豁然开朗。哪些人在为维护班级管理秩序做出努力？显然，班级的管理秩序，不是靠某一个人，而是由一个"系统"在支撑。这个系统至少包括这样三类人员："执法者"、"守法者"和"立法者"。因此这个大目标又可以分解为三个小目标：

第一，"执法者"怎样维护班级的管理秩序？

第二，"守法者"怎样维护班级的管理秩序？

第三，"立法者"怎样维护班级的管理秩序？

心中有了这样三个目标以后，我就知道怎么入手了。

第一，"执法者"怎样维护班级的管理秩序？

学生为什么会实施报复？现代心理学认为：报复是学生的一种自我保护行为，是学生的一种情绪表达。当学生遭受委屈，或者说理说不清楚，没有人倾听的时候，他们就会采用这种方式来保护自己。也就是说，小聪和小伟必然是在诉求得不到重视的前提下，才实施了报复。谁来重视他们的诉求？显然，首先是"执法者"天宇，其次是我。

我问天宇："小聪和小伟在知道你登记了他们的违纪情况以后，有没有找你说过什么？"天宇说："他们问我违纪原因，我没有跟他们做任何解释，只说了一句'原因你们自己心里清楚'，就再也没有搭理他们。"

我说："同学找你核实原因，我们不但要跟他们解释清楚，在什么

第一章 班级管理中的棘手事件 27

时间什么环节违纪了,而且要给他们申诉的机会,认真倾听他们内心的感受。如果违纪的同学找不到说话的地方,那么他们就只能用报复来表达他们的情绪了。"

我继续说:"在班级管理中,教训是与经验同等重要的人生经历,老师一直在反思自己,只是把任务交给你以后,没有想办法提高你的管理能力,这是老师的失误,今后一段时间,我们应该多进行反思和研究,探讨怎么用合理的方式来维护班级的管理秩序。你说呢?"

天宇很认真地点头,"刘老师,我明白了,在这件事情上我也有错,不该那么粗暴地对待小聪和小伟的询问,以后我会改进的。"

"嗯,这就好,老师相信你一定会把班级纪律监管好的。"我高兴地拍了拍天宇的肩膀。

第二,"守法者"怎样维护班级的管理秩序?

如果"守法者"不明白自己肩负着维护班级管理秩序的责任和义务,那么报复就会不可避免地再度发生。因此,我的教育还有一个很重要的目标,就是提高"守法者"的认识,让他们自觉守法。如果这个目标不实现,那么一切努力都没有价值。

请想一想,最先"投诚"的那个小伟,他在心里已经认识到自己是班级的一分子,并认识到维护班级管理秩序的重要性和必要性了吗?没有!只怕他内心的怨恨更多了,以后"做事"会更隐蔽了。再假设一下,就算小聪主动承认了错误,又能防止他下次不再报复吗?恐怕还是不容易做到。

要让"守法者"遵守班级的管理制度,看上去"破案"是必需的,但是"破案"绝不是这个案例中班主任的工作重点,更不是工作的全部。对"守法者"进行教育并提供必要的帮助才是工作重点。

我运用了三种理论对"守法者"实施教育和帮助。

(1)发泄理论:破坏源于不满。破坏人心存不满,为什么不满?他自身存在什么问题?一贯表现怎么样?可能会有哪些具体原因?我后来找了一个时间,把小聪和小伟叫来,请他们坐下,请他们谈谈被天宇"处罚"的内心感受。等他们把内心的怨气发泄完了，我再对他们进行引导："我们班级要不要设置这样的一个岗位？如果要设置这样一个岗位，那么你们觉得纪律监督员应该怎样履行自己的职责？"小聪和小伟敞开心扉，谈了很多。在沟通中，"守法者"提高了认识，对纪律监督员这个岗位有了更多的认同。

（2）体验理论：让"守法者"体验纪律监督员的难处。我采用了角色转换的方式，让小伟、小聪当一周的纪律监督员。

（3）自我观察理论：让"守法者"站在"第二位置"来观察自己的行为，反思自己。我用的是模拟表演法，将整个报复事件，改编为一个情景剧，然后再请学生观察自己的行为是否合适。这种自我观察让观察者跳出"自我"，站在"旁观者"的位置来观察自己，所以叫"第二位置法"，小聪和小伟看了这个情景剧以后，有了更深刻的反思。

第三，"立法者"怎样维护班级的管理秩序？

当初制定这个制度的时候，并没有经过民主程序，当时就是在班级直接宣布了这个制度，没有经过民主讨论和表决。我发现这个制度的缺陷以后，在班级组织了一次讨论，进行了一些必要的修订，主要是处罚办法方面的。在得到三分之二以上同学的同意以后，我们班开始执行新的制度。

 **案例反思**

反思这个案例，我们就会发现，如果教育没有目标，教育就会失去方向。本来一件非常简单的事情，却被弄得如此复杂。班主任完全没有必要如此"煞费苦心"，首先是"心理战术"，"心理战术"不成，转而又进行"心理测谎"，结果"心理测谎"还是没有实现目标。转来转去，结果什么事都没有做成。

9．值日班长提出辞职怎么办？
——扶上马，还要送一程

 **教育现场**

值日班长的困惑

各位老师，下面是我的值日班长写给我的辞职信，作为班主任，碰到这个棘手问题，我该何去何从呢？希望老师们支招。

老师：您好！

通过这几个月，我深深明白当一个值日班长不容易。我认为自己没有这个能力管好初一(3)班。所以我向您提出辞去值日班长一职的请求，因为我真的感到很累很累！

每星期一就轮到我值日。早上，我会按时去检查卫生打扫。总是看到他们几个打扫的人在聊天。特别是徐彤彤，每一次她都说打扫好了，但我每一次去看时，都还是挺脏，有时还需要我去帮她扫地。该做眼保健操了，我让他们闭上眼做，但总是会有人睁开眼拿书本，我让他们先做完再拿，他们却说一日常规检查的志愿者还没来，又不会扣分。每当班级扣了分，我就是最倒霉的一个，扣的分是别人的几倍，其实这一天我做得最多、最认真。

今天晚上的两节课，老师您不在办公室，而另一位任课老师在批改作业，我身为当天的值日班长，有责任去看管好本班同学。"别讲话了！"我说了以后，教室里说话的声音稍微小了一点，可1分钟都没过，教室里又炸开了锅。一开始，我都没扣分，可是说了几次都没人理我，我一生气连扣几人的分数，并且告诉他们不许再说话了。我看见小王（班委）几次都在说话，我就让他去老师的办公室，他只当没听见，可能由于太激动，我就对他们说："你们对我有什么不满，可以向老师提出来，反正我也不想当值日班长，但请你们尊重我。"说到这里，我一肚子的委屈都涌了出来，眼泪哗哗地流了出来。

我认为我话都说到这份儿上了，应该没人再敢说话了，可出乎我的意料，还有不少人说话，直到有人说我哭了，才有部分人安静下来。

辞去值日班长，老师我想向您提出一条建议：

让每一位同学轮流当值日班长，让他们去感受一下当值日班长有多辛苦、多累。同时让他们也感受一下，当别人都不听自己的话时，自己心中做何感想。

希望通过这种方法，可以让班级秩序得到改善！

我真诚地向老师说："对不起！"

您的学生：小慧

晚22:00

（教育预案草根研究QQ群　周永发）

 临场应变

目标：提高班长的管理能力。

应变策略：此时班主任不要忙着表态——允许或不允许值日班长辞职。必须要先进行调研，了解值日班长提供的情况是否属实。班主任立即与值日班长进行一次有效沟通，罗列一下目前班级主要存在的问题，哪些是重点、难点问题，这样做是"正视困难"。面对这些困难，问值日班长有没有信心跟班主任一起来解决这些问题，如果她还有信心，那么她就可以留任；如果她实在不愿意再当值日班长，班主任也不要勉强。

值日班长为什么会写这封辞职信？我们认为，可能会有下面几个原因：

（1）宣泄。并不是真正想辞职，借此宣泄一下心中的"块垒"。在同班同学那里受尽了委屈,吃力不讨好,学生心里有怨气,想借此宣泄一下。

(2)寻求支持。并不是真正想辞职,想用这种方式引起班主任的重视。可能这个学生已经多次向班主任提起班级的管理问题了,但一直没有得到班主任很好的回应,迫不得已,就只好用最后一招了,这叫"破釜沉舟",最后一搏。希望由此引起班主任的重视,从班主任哪里获得支持和帮助。

(3)厌倦。真想辞职,内心已经非常厌倦这个工作,没有成功的体验和愉悦,只有疲倦不堪的应付和劳累,实在已经承受不起。"每当班级扣了分,我就是最倒霉的一个,扣的分是别人的几倍,其实这一天我做得最多、最认真。"班主任的这种管理方式可能是让值日班长辞职的一个重要原因。

如果是第一、二种情况,说明值日班长虽然做得并不快乐,但仍有强烈的完美追求,这样的班干部非常难得,班主任必须及时出手,提供必要的帮助。如果是第三种情况,班主任应允许其辞职,而且辞职的方式要进行设计,让其体面地离任,并且要感谢她前一段时间为班级殚精竭虑,无怨无悔地付出。

临场处理之后,班主任接下来要做的工作还很多,主要集中在以下几个方面:

(1)改变管理方法。班主任不能靠无限增加班干部责任的方法来加强班级管理,这种管理的力度越大,措施越多,对班级的伤害越大。案例中的班级,值日班长的工作无助,很大程度上来自同班同学的消极反应,大家都不配合、不服从她的管理,而学生这种群体性麻木、迟钝的精神状态,与班级缺乏精神支柱有关。因此,班主任要从根本上解决班级内部人心涣散的问题,就必须为班级找到一个精神支柱,并以此为旗帜,凝聚人心。

(2)制订班级的发展目标。让学生看到奋斗的前途和方向在哪里。在现实生活中,我们很多一线教师漫无目的,做一天和尚撞一天钟,这与我们目标缺失有关,因为大家都看到,自己再怎么努力,也就是这个样子,所以就不思上进,得过且过。班主任要旗帜鲜明地提出班级建设目标,并以此为动力,鼓舞全班学生朝着这个目标前进。

(3)加强班干部培养。班主任要爱护班干部,"扶上马,还要送一程"。在一个班级里,并不是每个人都适合做班长,轮流值日制度,也不是说全班每个同学都是班长,班主任也没有必要把每一个同学都培养成班长。对于班干部,老师要定期对他们进行培训,提高他们的管理能力。单纯地让学生做值日班长检查判分,不提高他的思想认识和精神状态,给过多的任务,制订过高的目标,必然会使学生产生自卑和工作无助感。

(4)培养班级核心。一项事业要不断发展创新,必须要有一些痴爱这项事业的执著者、追求者。班级的每一项建设都可以看成是这样的"一项事业"。培养班级核心,就是培养这样的执著者和追求者。班主任应根据班级的发展需要,把那些能够在班级产生积极影响的学生挖掘出来,把他们的优势发挥出来,通过核心的带动作用,培养学生的团队意识和团队精神。

案例反思

管理班级如做人。做人是需要有一种精神的:自信满满,浑身充满活力。一个班级也需要一种精神:互相激励,蓬勃向上。而人的精神生长,不能靠说教,只能靠培育,因此班主任自己就必须有活力、有激情,以实实在在的"身教"感染和带动学生。仅仅依靠无限增加班干部责任的方法,显然是不能达到我们的目标的。

10. 学生不让老师张贴成绩单怎么办？
——成长比成绩更有价值

 **教育现场**

  成绩单可不可以不贴出来？

  接了一个高二文科班，是年级里的普通班，班上基本上没有尖子生，成绩靠后的一大把。

  一个多月后，年级进行了一次模拟考试，我将学生的成绩整理好，准备公布出来。

  我走到教室后面，准备将成绩单贴在黑板报上，当时，我随便问了一个坐在最后一排的同学："你觉得这个成绩单贴在哪儿好？"

  那个同学把成绩单拿去看了一下，犹豫半响——他的成绩是班上最后几名。最后，他对我说："老师，成绩单可不可以不贴出来？"

  不贴出来？我有些为难。

（方庆提供）

 **临场应变**

  目标：着眼于学生的成长，保护其自尊心。

  应变策略：不贴出来，改成小纸条分发，每个人只知道自己的成绩和在班上的名次。

  为了不伤学生的颜面和自尊心，我们可以采用相对合理的方式让学生知晓自己的分数，比如说把成绩单打印出来，每个人的成绩剪成一小条一小条，分发到每个学生手中。

无论是成绩好的，还是成绩差的，都有自尊心。自尊心是一个学生做好人的愿望，是他想取得好成绩、获取成功的动力源泉。苏霍姆林斯基说："请记住：促使儿童学习，激发他的学习兴趣，使他刻苦顽强地用功学习的最强大的力量，是他对自己的信心和自尊感。当儿童心里有这股力量的时候，你就是教育的能手，你就会受到儿童的敬重。"

不能取得学习上的成功的因素林林总总，不一而足，但是，做好人的愿望每个人都是有的，没有哪个学生希望自己的成绩不好，在这个主要领域，孩子没有取得成功，他是很沮丧的，觉得很没面子。也许有的老师会说，我看到成绩差的孩子，对成绩满不在乎，一副"厚颜无耻"的样子，内心就有一种冲动，一定要让他在众人面前"难堪"一回。这种心理，通常就是我们老师公布成绩的初衷。老师们会说，我"羞辱"他，其实是"爱"他、"帮助"他。理论根据就是中国的一句古话——知耻而后勇，因此老师们都坚信每一个学生，都能在遭受"羞辱"之后，从此发愤图强，卧薪尝胆，下一次就能考出自己所期望的分数。其实这是一种错误的认识，在羞辱面前，不是人人都能做到知耻而后勇的。一个学生，如果无法获得家长和老师期望的分数，他一般的选择是回避或者无视自己的成绩，以保护自己的心灵免受深重的创伤。一旦孩子的成绩有了切实的提高，他倒是很乐意谈论自己的成绩，而且愿意面对知识上的缺陷。

本来孩子就不愿意面对低分，如果老师还张榜公布，使其成绩置于众目睽睽之下，孩子会感到更加羞辱。集体的压力和社会的舆论会加重他的罪恶感，影响到他的人格品质，这种羞辱感和罪恶感会伴随他很长时间。

如何让评分发挥最佳作用？苏霍姆林斯基提出一条原则：学生没有取得进步就不评分。也就是说，尽量让孩子在取得进步的时候给予评分，他没取得进步就不要急于评分。当一个孩子犯错误的时候，要低调，当这个孩子有优秀表现的时候，可大加表扬。

为什么要这样做？这是为了实现良好的教育循环。当一个孩子做得好，感到成功的时候，老师出现了，用表扬和奖励进行正强化，这个时候他就会有更大的热情去挑战新的高度。

当一个孩子持续不断地在学习上获得进步时，他的信心就会建立起来，他学习的动力和意志会增强。老师的表扬和奖励，对于学生来讲，是学习的外在动机，学生内心焕发出的热情，则是学习的内在动机，老师一旦成功地将学生的外在动机转化为学生的内在动机，学生由此爆发出来的力量就是惊人的。

相反，一个学生总是遭遇挫折，学习上不断失败，他就会产生习得性无助，不再尝试，放弃学习。人们常说的"破罐子破摔"，就是这种心理。所以，在学生进步时予以评分，能将评分的效果最大化，使评分的副作用最小化。

案例反思

我们常常忽视后进生的自尊心。自尊心谁都有。但是让人痛心的是，在教育中，有的学生因为没有掌握好知识，不断地受到评分的打击，严重地伤害了他的进取之心，如果我们慎用评分，那么他们受到的伤害就会减轻一些。

11. 教室里有一盆臭水无人倒怎么办？
——亲自动手，做好示范

 **教育现场**

教室里有一盆臭水

夏天已经在不知不觉中来临了，天气变得越来越热。每个人身上都散发着一种汗臭味，教室里坐着50多个学生，如果教室的卫生搞得不好，那么教室里那种难闻的酸臭味足以熏倒一头牛。

学习如逆水行舟，不进则退。班级管理也大概如此。

今天上午我在教室的时候，臣臣指着教室前面的一盆水向我抱怨说："老师，这盆水都臭了，可难闻了。"其实我走进教室的时候也闻到了阵阵的臭味，只是不知道那种气味的来源。这盆水在我外出以前好像就已经在教室里待了好久了。大概是以前下雨的时候接的雨水，有大半盆水，水面上飘着几个塑料瓶。

这盆脏水，它就像一面镜子，它很讽刺地反映出了一些同学的心理状态。这盆臭水的存在，不只是水臭，我们的思想也有些问题了。

我该怎么处理这盆臭水呢？

（K12论坛网友 大山里的石头）

 **临场应变**

目标：培养学生的责任心。

应变策略：老师把水倒掉，做好行为示范。

这盆臭水反映的实质是责任心或者责任感的问题。"责任心"的心理学解释是：能自觉地承担自己行为的后果。这种自觉是一种内动力。对学生责任心的培养需要外动力的引导，但最终还是需要内动力起作用。责任心的培养需要外动力，同时又要尽力摆脱外动力。

面对这盆臭水，可以采取以下措施：

（1）强制。比如说，规定某个人去倒，否则扣分或体罚。

（2）言语诱导。跟学生讲责任心的道理，引导他们履行自己的职责。

（3）行动引领。班主任得知水臭了，毫不犹豫地去把水倒掉，这就意味着，这既是别人的义务，也是我的责任，因为我也是这个班级中的一员。

第一种做法显然无法将外动力转化为内动力。第三种做法是隐形的引领，这种示范作用没有显性说教和指引，可以很好地引导孩子们学习榜样，这样转化为内动力的效率比较高。第二种做法有一定的效果，但很难深入学生的内心。

让我们看看华盛顿碰到类似的情况是怎么做的：

有一天，华盛顿身穿没膝的大衣，独自一人走出营房。他所遇到的士兵，没一个认出他，在一处，他看到一个下士领着手下的士兵在筑街垒。

"加把劲，"那个下士对抬着巨大石块的士兵们喊着，"一，二，加把劲！"但是，那个下士自己的双手连石块碰都不碰一下。因为石块很重，士兵们一直没能把它放到合适的位置上。下士又喊："一，二，加把劲！"但是士兵们还是不能把石块放好。他们的力气几乎用尽，石块就要滚落下来。

这时，华盛顿已经疾步跑到跟前，用他强有力的臂膀顶住石块。这一援助很及时，石块终于放到了合适的位置上。士兵们转过身，拥抱华盛顿，表示感谢。

"你为什么光喊'加把劲'而把自己的手放在衣袋里呢？"华盛顿问那个下士。

"你问我？！难道你看不出我是这里的下士吗？"

"哦，这倒是真的！"华盛顿边说边解开大衣的纽扣，向这位鼻孔朝天、背绞双手的下士露出他的军服。"从衣服来看，我是上将。不过，下次再抬重东西时，你们可以叫上我！"

【摘自：刘云喜，译．上将与下士[J]．青年文摘，1993（2）.】

华盛顿如果也站在旁边指责那个下士，同样无法起到榜样作用。这位老师的千言万语不如自己的一个行动，孩子们的潜意识也许在说："你自己呢？"

言语诱导还可以分为两类：

(1) 肯定好的行为。

(2) 否定差的行为。

当一个人的好行为得到肯定的时候，他的行为就被正强化了，以后更有干劲去做这件事，与此同时伴随着愉悦和希望。当一个人的不良行为被指出的时候，他会改正，但与此同时他会郁闷和反感，这些都会被写进其情感意识当中。我们都喜欢愉悦的情绪，因此，人们更多地选择做伴随着愉悦情绪的行为。

在集体教育中更要注意这一点，因为不良行为不是每个人都具有的。苏霍姆林斯基说："假如你认为同集体进行教育性谈话的意义仅在于谴责不良行为，那就根本谈不上任何教育。"这盆臭水的问题，并不能说明所有学生都缺乏责任心，老师在班上这么谴责是不公平的，因为，有的学生可能认为，这是专门负责搞卫生的人干的；有的学生可能没有意识到水臭了。

其实，指出不良行为可以有更多的选择。比如说，班上有点吵闹，班主任可以表扬安静的那一组或者那一块；吵闹的班上有学生在维持纪律，老师可以表扬维持纪律的同学。同样，班级中有一盆臭水，但肯定也有干净的地方，有负责的学生，班主任可以指出好的一面，表扬做得好的有责任心的学生。

 **案例反思**

是学生的问题,还是老师的问题?这还真是一个问题。

老师喜欢把造成问题的原因指向学生,但是很多时候,原因恰恰在于老师自身。

当老师发现自身可能是造成问题的原因时,视野就会一片开阔。

12. 班长与班主任对立怎么办?
——调整班长的情绪和状态

 **教育现场**

班长语气很"冲"

我到班长那里要班级日记,看到昨天的人数是46人,实际上昨天应该是45人,李从昨天上午到晚上一直不在教室,在医院打点滴。

我问班长:"昨天缺了一个人,你怎么不知道?"

班长眼睛一翻,说:"又没人告诉我!"

我有点生气,说:"一天的时间,你怎么连班级缺一个人都不知道,你叫谁告诉你?"

我继续看班级日记,只见"晚自习"这一行里记着"晚自习纪律不好"。我说:"这样记太笼统,不好。"

她的脸色马上开始变得很难看,头也不抬地说了一句:"我一个个地记,我怎么记得下?"意思是本子上记不下。

听她说完,我什么也没说,回到讲台那里看书。

7点准时到来,值周班来检查。检查完毕后,依然没看到班长的动作。

她应该在7点前对全班同学进行一次校徽检查，要求没有佩带校徽的同学佩带。

7点10分，我起身，请她到办公室里来一趟。

我在她身边等了一会儿，她没有起身的意思，我就走了。当时想，如果她不来呢？走出前门，我用眼睛的余光看到，后面有一个人跟了过来。

到了办公室里，我请她到最里面的凳子上坐下，我想坐在她的对面，她却没有给我机会，我们基本上是朝同一个方向坐着，我看不到她，她也看不到我。

我首先问她有什么想法。

她说："什么想法？我能有什么想法？！"这种非常激烈的语气，超乎我的想象。

（"教育在线"班主任论坛网友　江南秋）

临场应变

目标：调整班长的情绪和状态。

应变策略：肯定她的业绩，详细陈述每件事该怎么做。

班主任给班长倒一杯水，先和她聊聊别的事情，比如班长曾经成功处理的事务，她为班级做的贡献和努力等，这样，可让班长缓解对立情绪，在闲聊中减轻她的防卫意识。然后，班主任再详细指导她在每件事的具体细节上该怎么做，这样，她就能听得进去了。

可以肯定的是，班长一定有自身的挫败感，班主任可以把这种挫败感引出来，比如说："班级这么大，老师放手让你管，一定很辛苦吧？"这样一说，她就会大倒苦水，把自己的委屈和艰难说出来。在倾诉和倾听中，双方会对事情了解得更加全面、深入，双方的抑郁和焦虑情绪得到发泄之后，自然就会慢慢地进入理性的思考，这时，两人再一起探讨班级问题，就非常有效了。

同时，班主任要思考班长为什么会有对立情绪。

这大概有两个方面的原因，外因是班主任不会说话，内因是班长不会反省。

班主任说话都用的是否定式。"昨天缺了一个人，你怎么不知道？""这样记太笼统，不好。"这两句话，都是指责批评班长的，给班长的感觉是班主任在否定她的努力，质疑她的工作能力。人们在被否定的时候会产生不愉快的内心体验，这种体验在缺乏反省意识的人身上会弥漫开来，进而形成对立情绪。班长在被班主任批评后，不愉快的情绪控制了她，有了这样的开始，就无法形成有效的沟通，后面的谈话注定会变得艰难。这是外因。

这个班长可能有一定的能力，但缺乏反省意识。这种人在面对错误时，喜欢归因于外在，而不是从自身去寻找原因。"又没人告诉我！""我一个个地记，我怎么记得下？""什么想法？我能有什么想法？！"这些表达反映了她的习惯性思维模式——归因于外在。这种思维模式是自动自发的，她自身很难察觉。

解决这对师生问题的办法是客观描述事件，在细节描述和与规则的对比中引导学生发现自身的问题。

比如说，当班主任发现班长记载有误的时候，可以这么说："昨天，李在医院打了一天的点滴。"不用指责她，直接描述她的疏漏就可以了。班主任的指责和批评，让她觉得记载缺勤情况是班主任的事情。而如果班主任只是补充信息的话，那么缺勤登记就是班长自己的事情，班主任不做评价，自己的事情该由她自己去完善。

还有，晚自习纪律不好，班主任看到这样的记载时可以这样说："如果能把说话最多、嗓门最大的人登记下来就好了，这样，我就可以抓几个典型来处理，下次晚自习纪律就会好一些。"从解决问题的角度提供关于细节的建议，也没有用否定式，这样，班主任的话语关注点就是直接指向班级问题的解决，而不是质疑班长的能力了。

这是临场应变策略，后面要对班长进行进一步的培养，还需做好两个方面的工作：

一方面是引导班长对自我进行观察，学会反思。班主任可以查阅一些资料，找到一些有利于个人反思的"镜子"，与她分享，让她看清自己那种自动自发的模式的表现和缺陷。我觉得用书信的方式比较好。在对话时，她很难观察自己。

另一方面是指导班长学会管理。班长是一班之长，既要宏观管理整个班级，又要处理好细节性的事务。这个女生可能是那种比较大气或者大大咧咧的人，班主任可以让她管宏观一些，整体一些，细节性的事务可以让其他班干部去处理，也可以配两个副班长，弥补她的短处。如果需要班长管理细节性的事务，班主任要交代清楚，最好用书面的形式，良好的操作性会让她学会细致，避免粗疏。

 **案例反思**

师生的良好沟通是形成班级管理合力的前提。关于沟通的技巧，可以看一些网站上的帖子，在《班主任之友》论坛和K12论坛都有专门谈沟通的帖子，这些帖子都提供了具体的教育案例和沟通理念。此外，也可以看看相关的教育管理书籍，比如《中学课堂管理》、《你必须去学校，因为你是教师——250条使你的工作变得轻松愉悦的课堂管理策略》、《班主任如何说话》等图书，一些心理咨询方面的图书也可以看看。

第二章

课堂教学中的尴尬

学生的思维天空，无拘无束，没有桎梏，也没有成年人那么内敛，他们想到了就会说，想到了就会做。因此，课堂上随时都可能出现一些超出老师预料，或者与教材无关的内容，使教学陷入尴尬的境地。

课堂的目标直指教学。所有临场应变的处理都是为了使班级教学顺利进行。从这个角度来讲，临场应变的主要策略是"息事宁人"，让大家把注意力集中到教学上来。这跟第一章有所不同，第一章对学生的成长、对班级制度的完善更为关注。

这需要老师有清醒的临场意识，能够高屋建瓴地把握全局，知道自己、问题焦点以及班级注意三者各处于什么位置，相互之间有什么作用，从而冷静控制，巧妙化解。"化腐朽为神奇"，使这些突发事件朝着有利于自己的教学方向行进，或者说让这些尴尬的场面成为教学的亮点，从而使课堂上的一次次意外转变为教学中的一次次精彩。

13. 学生在课堂上起哄男女生"配对"怎么办？
——有效防止起哄效应

得意弟子王鹏早恋了

在一节数学概率课上，我像一个优雅的魔术师，在学生座位间的过道里穿行。从事先准备好的布口袋里一个接一个地往外掏乒乓球，我瞅准那些聚精会神看我表演的"观众"，出其不意地将一个乒乓球递到他的面前，然后叮嘱他写上自己的名字。

看似无序，其实我已暗中做了精心安排，四个黄色的乒乓球和四个白色的乒乓球，分别递给了四名男生和四名女生。

然后我将八个乒乓球重新装入口袋，请王鹏上台来做摸球实验。

王鹏刚才正为我没有将球递给他而懊恼，这会儿发现有上台的机会不免有些洋洋得意。

他伸手在口袋里摸索，全班同学都屏住呼吸，几十双眼睛像探照灯一样"打"过来，教室里的气氛有点紧张。

我故作神秘地问："大家猜猜看，王鹏会摸出'谁'来呢？"

教室里静极了，王鹏终于摸出一个球来，他看了那个名字一眼，欲言又止。

预设的教学高潮马上就要到了，我有些兴奋地命令道："王鹏，请大声告诉全班同学你手中乒乓球上的名字！"

"思雨！"

哈哈哈……

底下东倒西歪，笑倒一大片。

幸灾乐祸？！意味深长？！心照不宣？！总之，笑声很诡异。

我有点莫名其妙。厉声呵斥："哎哎哎！我们班个别同学，思想不纯洁哦！"

我抬眼看坐在最后一排的思雨，她已满脸绯红。

（刘令军提供）

 **临场应变**

目标：有效防止起哄效应。

应变策略：佯装不知，布置学生练习或向学生提问，迅速将学生的注意力转移。

什么是"起哄效应"呢？

有这样一个故事：

一人A旅游至深山，遇一山洞，拟进探险，然未知洞内深浅，且不晓虎狼盘踞否，犹豫再三，终因感觉无助与害怕，遂止步，打道回府，生活之光继续燃烧。

又一日，A携另二人B和C再至此山洞前，A说明前次未进缘由，B猎奇心突起，极力主张入洞探险，C从来都是B的拥护者，也跃跃欲试，言："何惧之有？我们有三人！"A虽心存疑虑，但终因抵不过二人之劝，遂三人结伴入洞探险……久，不再见三人复出。

起哄效应，让那些胆小的人也加入了冒险者的行列，这多多少少是舆论渲染和互相刺激的结果。故事中的A就是在B和C的鼓动下进了洞，最终丢了小命。

在现实生活中，"起哄"如果被有心机的人利用了，就会成为一种助推剂。

我就曾亲眼目睹一个男生利用"起哄效应"追到了一个女孩，那个男孩本来很普通，而女孩很优秀，男孩在这一点上有自知之明，所以就力邀身边的朋友起哄将他们俩"配对"，男生又是请客，又是献花什么的，最后如愿以偿。

由此可见，同伴之间的"起哄"有着多么大的作用，它能将原本不想恋爱的两个人"弄假成真"。

我当然不希望王鹏和思雨在同学们的起哄"配对"中弄假成真，因此我最重要的事情，就是设法防止起哄效应的发生。

(1) 将独特行为"普遍化"。

我在班级进行了一项秘密调查：王鹏和思雨之间有什么"独特行为"导致了学生起哄？有学生悄悄告诉我，王鹏在元旦的那天，送给思雨一条丝巾，之后同班同学就开始起哄。为了使独特行为"普遍化"，我发动全班的男生都给女生送一件小礼物，这样一来，原本是属于这两个同学之间的"独特行为"，就变成全班同学都有的"普遍行为"了。后来，我又发现，王鹏和思雨经常在一起讨论学习问题，我立即在班级安排男女学生组成学习小组。就这样，这两个学生之间一旦出现"独特行为"，我立即就让其"普遍化"，一段时间以后，就没有人起哄了。

(2) 不公开调查。

班主任没有公开学生隐私的权力，也没有调查学生隐私的权力。有一些班主任对早恋是"嫉恶如仇"，"爱恨分明"，搜查学生的抽屉，派人暗中跟踪"可疑对象"的行踪，等等，弄得自己像个侦探似的。

这样做老师是出于一片好心，殊不知这样的好心常常办了坏事。班主任一公开调查，就会给其他同学留下口实，学生在私下里就会"起哄"。

就算是有人来向我举报王鹏和思雨有早恋的苗头，我都极力"辟谣"，否认早恋的存在，这样就避免了学生在私下里猜测，淡化凑热闹者的兴致，逐步减少同伴之间的关注。

(3) 不公开打击。

中学生对异性存在好感，是非常正常的现象，到了这个年龄，不对任何异性产生好感，倒是不正常的。有些在学校里循规蹈矩的学生，到了该恋爱的年纪却不会恋爱,这也是一种教育的不足。我认为,只要学生不是"恋"得太出格,如没有出现在教室里拥抱、亲吻等现象,班主任在公众场合都应该尽量视而不见,要批评要教育,都应该单独进行。

 **案例反思**

我之所以能成功制止学生起哄,精彩之处,就是将独特行为"普遍化"。这是一种"疏"的方法。老师们常说:"堵"不如"疏",为什么"堵"不如"疏"呢?每一位老师可能都有自己的解释,但我认为:"堵"最大的弊端,就是容易导致禁果效应的出现。在班级管理中,禁果效应是普遍存在的,班级越是禁止的事情,有些学生越是要做。比如班级禁止学生看不健康书籍,学生就是要看。班主任不说明理由就禁止学生谈恋爱,反而会让部分学生觉得恋爱很神秘,对男女的交往充满各种幻想,一见到男女同学之间稍微有一点亲密的举动,就会很敏感,从而起哄,而两个原本彼此对对方没有什么感觉的学生,却极有可能在同学们的起哄中真的恋爱。

14. 学生在课堂上剪同学的头发怎么办?
——你有营业执照没?

 **教育现场**

我理发是免费的

我是一个数学老师,学校安排我教两个班的数学。初中数学的数理逻辑渐渐让一些学生吃不消。尽管每次上课之前我都是精心备课,有时候上一节课要花两节课甚至更多的时间去备课，但总是有个别基础比较差的学生跟不上教学进度。班上有一个女生小璐，特别爱笑，是一个非常阳光的女孩，课后总是有很多话要跟我说。可惜她的数学成绩很差，每次上课都无所事事，经常破坏课堂纪律，我好多次想在课堂上发火，但都忍住了，心想她也是实在无事可干，没想到我的容忍竟然使她得寸进尺，今天第一节数学课，她竟然在课堂上大大方方地拿出一把剪刀，去剪前桌男同学的头发，而且更气人的是，她还故意弄出很大的动静，把全班同学的目光都吸引了过去。我走过去问她："你在干什么？"没想到她竟然一脸嬉笑："老师，我在帮他理发。"我笑着说："理发就去理发店，这里是教室。"她毫不畏惧："老师，我给他理发是免费的。要不，我给您也理一理？"

（刘令军提供）

 临场应变

目标：化解学生的"挑衅"。

应变策略：以"嬉哈"对"嬉哈"。

我在心中暗笑："小兔崽子，跟我叫板！"这样的事情，我以前经历过多次，心中早已有成熟的预案。

我不慌不忙，微笑着对小璐说："好呀，老师还真没有想到，我们班还真是藏龙卧虎，还藏着一位理发师呢。大家看看，这样多好，又可以节省一笔费用了，不过我总是有点不放心，人们常说一分钱一分货，你理发免费，我却有点担心你的理发技术。如果你技术太臭的话，那我宁愿花钱去理发。"

全班同学都开心地笑了。我心想，正好，放松放松一下，偶尔来一点插曲，调剂一下课堂气氛也未尝不是一件好事。

没想到，小璐居然一点都不识趣，继续嬉哈："老师，我的技术很

第二章 课堂教学中的尴尬 49

好呢！要不，现在就试试？"

我表情有点严肃："你有营业执照没？没有营业执照的话，工商部门查究起来是要罚款的。小璐同学，老师希望你在未取得营业执照之前，不要再在课堂上谈论理发的问题，耽误大家的时间，因为还有很多同学在等着老师上课呢！"

然后我继续上课，小璐总算知趣，不再捣乱。

在下课之后，我每次见到小璐都紧追不放："理发大师，你什么时候能拿到营业执照，我的头发真的要理了。"这样调侃几次，小璐终于有一天向我求饶："刘老师，您别说了，我知道您的厉害了，以后我再也不敢那么做了。"

我呵呵一笑："知道就好，谢谢合作哦。"

我后来总结这次突发事件的应变经验，得到四个字：以"柔"治"柔"。

学生一脸嬉笑，她深知伸手不打笑脸人的道理，因此这时候老师发怒是最失策的，发怒是"刚性"的，而"嬉笑"是"柔性"的，"柔"之所以能克"刚"，关键是"柔"有"势"。我们都知道，水是最"柔"的东西，但水一旦"蓄势"，就能摧枯拉朽，席卷一切至刚至硬的东西。所以我们老师不要用"刚"去应对"柔"，而应学会借"势"，以"柔"治"柔"。

小璐的"势"就是教室里的学生们以及他们的舆论导向。

如果明白学生"柔"术的"势"在哪里，我们就可以将学生的"势"转化成自己的"势"。

一开始的时候，"势"在学生的手里——"老师,我给他理发是免费的。要不，我给您也理一理？"数学课太枯燥了，学生们都想调剂一下，因此巴不得有一个人站出来让大家"放松"一下。这个学生一说,正好,嗨！好戏开场了，等着看热闹吧。

"你在未取得营业执照之前，不要再在课堂上谈论理发的问题，耽误大家的时间。"我这样一说，"势"就转移了，舆论马上就会转向我这一边，小璐的"嘻哈"是无理取闹，如果她再不收敛的话，就会被自己的同学从感情上"孤立"。

小璐还算机敏,所以她就主动退却了。

案例反思

对于初中的孩子来说,上课剪别人的头发、拉别人的头发这些现象时有发生。虽然说现在的孩子早熟了点,但是发点小孩子脾气也是常理。对于这样的学生,老师没必要在课堂上对其进行严厉批评,在课堂上弄得面红耳赤的,不但影响教学进度,而且影响师生感情。但是,老师又不能不闻不问,必须设法让违纪学生主动退却。所以我采用了"嘻哈"对"嘻哈"的策略,当小璐觉得自己根本不是我的对手时,她就主动撤退了。后来,我一直在想,假如老师临场"嘻哈"制伏不了学生,怎么办?这个问题值得深思,老师一定要多准备几种预案。

15. 学生在课堂上嚷嚷怎么办?
——给他一个展现平台

教育现场

爱嚷嚷的牛小光

随着期末的临近,还有春节年味的诱惑,加上试卷讲评课的枯燥,八(14)班的几大"金刚"在课堂上慢慢地不安分起来。一开始,我一个善意的眼神,就能使他们安静下来;接着,我有意无意地走近他们,也能使他们暂时闭上嘴巴;然后,我突然停止讲课的声音,也能够使他们及时停下小动作……渐渐地,他们开始放肆起来,尤其是牛小光,更是肆无忌惮,一会儿拉拉前面女同学的头发,一会儿又和旁边的同学比划武术。当我第三次停下讲课时，牛小光和小东还在大声嚷嚷。在这寂静的教室里，他们的嚷嚷声显得特别刺耳。此时，我怒火中烧，忍耐也到了极点。

"嘣"，我一拳捶在讲台上，"牛小光！"我一声大喊。

随着这一捶一喊，我意识到了自己的失态，叫"小东"时声音已柔和了不少。

两人站了起来。我冷冷地看着他们，稳定了一下情绪。

"精彩的课堂谁都不愿意错过，但要在学习上取得好成绩，走得更远，主要取决于你们在枯燥的课堂上能认真多久、坚持多久。虽然你们此次考试的成绩还不错，但也应该认真听讲！"

我定了定神，感觉多说无益，看看其他同学无辜的样子，转过身又在黑板上写了起来。

转过身来，他们已经坐了下来，牛小光还是左顾右盼，一副无所谓的样子。刚刚平息的怒火又在我心中腾腾升起。

我看着他们，说："我并没有叫你们坐下。"

他们又站了起来。

我转移了一下视线，盯着讲台，边拿粉笔边说："当然，我也没有叫你们站起来。"

"哈哈……"全班同学都笑了起来，除了他们两个。

"笑什么笑，有什么好笑的。"牛小光冲着其他同学凶了起来。

"牛小光，搞搞清楚：是你对不起大家，还是大家对不起你？你的行为已经严重影响到同学们听课。为处理你们的问题，我又耽误了一分多钟，全班同学加起来就是一个多小时。"

牛小光低下了头，不再说什么，但我明显感觉到他的不服气。

课堂上的气氛真尴尬，我该怎么办？

(教育预案草根研究QQ群　邱林)

 **临场应变**

目标：唤醒牛小光的学习愿望。

应变策略：临时增设一个教学环节，让牛小光上黑板板书他做得最好的那道题。

从案例中可以看出，牛小光的数学成绩并不差，这次考试他肯定有做得好的题目，老师在他讲小话正起劲的时候，走近他，略停片刻，待他感觉不妙开始收敛的时候，拿起他的试卷，找出他做得好的题目，大声地表扬他，鼓励他上台板书解题过程。

很多时候，老师只能看到课堂的表面，不能思及内在的、根本的原因，于是，课堂管理浮于表面，头痛医头，脚痛医脚，学生反反复复，老师疲惫不堪。学生之所以"不安定"，"小动作"屡禁不止，甚至"大声嚷嚷"，其实就是对老师讲课的否定。如果知识能够吸引学生，他们的注意力就会集中在知识的探究上；如果知识没有吸引力，学生的注意力就会转移。这是课堂上浮躁学生讲小话的根本原因。

有了这个思路，老师自然要从优化教学设计上寻找解决办法，通过创设平台，开展活动，把有智力挑战的内容和活泼有趣的形式结合起来，这样学生就能融入学习。

牛小光的课堂表现就很典型，他智力不差，学习能力也不差，但是课堂对于他缺乏足够的吸引力。基于孩子天生的活力与兴趣，他只能自己去寻找"新鲜"刺激。哗众取宠，展现自己的"武术"特长就成为他自然的选择。

当学生在学习中有发现、有收获、有进步时，他就会以更大的热情投入到学习之中去，他们的注意力就不会在男同学的"武术"和女同学的头发上了。

那么，为什么要让一个犯错误的孩子上讲台并获得荣耀呢？请看苏霍姆林斯基是怎么说的："促使儿童学习，激发他的学习兴趣，使他刻苦顽强地用功学习的最强大的力量，是他对自己的信心和自尊感。当儿童心里有这股力量的时候，你就是教育的能手，你就会受到儿童的敬重。而一旦这种不能以任何东西相比拟的精神力量的火花熄灭之时，你就变得无能为力了，即使有影响儿童心灵的最英明、最精细的手段，它们都会成为死的东西。"牛小光在课堂上受到压制和批评的时候，他的自尊心受到伤害，结果与老师渐行渐远，形同陌路了，这就是问题的根源所在。

造成死结的原因在此，解决问题的办法亦在此。要让牛小光减少对学习之外事情的关注，要让他产生对学习的兴趣并热爱学习，就要从唤醒他的自尊心开始，当他受到肯定，走上讲台，写下自己的优秀一页的时候，"我要好好学习的愿望"就被唤醒了，良好的教育循环也就会因此开始。

 **案例反思**

每个人的思路都有其惯性，我们要辨识出自己思路的问题所在。如果思路错误，解决问题的效率就会大打折扣。我们经常看到为了管理而管理的教育现象发生，这种教育还是没有深入到课堂本身，即学习本身。

面对一个厌学的学生，其他解决的方法和思路永远只是旁枝末节的，只有激发该学生的学习兴趣，使其获取学习成功这个思路才是根本的。苏霍姆林斯基在《对教师的建议》中有详尽的阐述和具体的案例，大家可以研读之。

16. 学生在课堂上看课外书怎么办？
——先褒扬后建议

 **教育现场**

学生在英语课堂上看课外书

英语课上，班主任兼英语教师张老师讲完课，布置学生做课堂作业，然后，他走下讲台在组间巡走。

走到晴文边上的时候，张老师发现晴文正低着头看课外书，他一伸手就把这本书拿到了手中，原来是一本《格言》。

张老师开始批评晴文："你为什么要看课外书？"

晴文有些迟疑："我——头有些痛，不想听课。"

张老师："我的课就那么不好听吗？"

晴文："不是。"

张老师："那你为什么要看这本《格言》？有那么好看吗？高考会考《格言》吗？"

晴文脸红了。

张老师："英语书呢？还没拿出来？上次考试考那么点分数，你好意思吗？你对得起供你养你的父母吗？"

晴文羞愧极了，她默默地拿出了英语书。

张老师拿着《格言》走了。晴文心想，这不算什么，再买一本还给同学就是。可是，她拿着英语书，什么都看不进去。

怎么教育晴文才有效果呢？

（深圳市光明新区心理健康教育C证培训案例）

目标:引导学生合理地安排自己的时间。

应变策略:先褒扬后提建议,用同理心取得晴文的好感后,指导晴文合理安排时间。

同理心,俗称换位思考,是指能够体会他人的情绪和想法,理解他人的立场和感受,并站在他人的角度思考和处理问题的能力。老师运用同理心进行教育,首先是对学生的一种接纳。但孩子被接纳的时候,师生关系并没有被破坏,孩子会保持对老师的信任。

学生对老师的认可和信任是有效教育的前提,在认可和信任的情况下,学生才听得进老师的建议。

面对晴文看《格言》一事,英语老师可以这样和她谈话:

老师:"在看《格言》啊,看样子你很喜欢它,是吗?"

学生:"……"

老师:"你觉得里面有什么内容好呢?"

学生:"……"

老师:"哦,能启发你对人生的思考吧?对写作文也很有帮助吧?"

学生:"……"

老师:"可现在是英语课哦。"

学生:"……"

老师:"在英语学习上你有什么困难吗?"

学生:"……"

老师讲解,然后说:"懂了吗?英语学习总会遇到困难的,《格言》总是有吸引力的,以后,你打算怎么处理这一对矛盾呢?"

在上面的谈话里,老师首先是用同理心取得学生的好感和认同。在这里,和晴文一起讨论阅读《格言》的好处,就会让她觉得老师很体谅人,是从她的角度出发的,是理解她的。

在这个基础上,老师再给予学生实在的帮助,解决学生在学习英语上的困难。

最后,老师启发学生思考阅读课外书和学习英语这对矛盾。这时,对于老师的建议,学生是会认真考虑的。

在这里,老师没有直接批评学生,没有羞辱学生,没有给学生施加压力,没有直接要求学生以后怎么做,而是肯定学生看课外书的良好动机,直接给予学生学习上的帮助,并让学生自己思考以后怎么处理矛盾,这样,学生会对老师产生感激之情,认可老师的教育,并且自己在思考中学会处理学习中的矛盾。

俗话说,"己所不欲,勿施于人。"缺乏同理心,不能站在学生的角度去思考学生的问题,会导致老师大量的精力无效耗费,甚至导致严重后果。

我们常常看到有的班主任花了很多心思,做了很多努力,却没有得到学生的认可,导致事倍功半,原因就在于此。老师一旦失去学生的信任,大部分的教育就无法深入学生的内心,学生大多只是畏于老师的批评羞辱和学校的处分而在外在行为上有所收敛,一旦离开学校的环境,或者学校和老师失去对学生的控制,学生的种种不良行为就会显现出来。

2008年湖北省枝江市的一个高二女生,在上课看课外书被班主任批评后跳湖自杀了。这是最为显著而恶劣的后果,而我们平常看不到上面的教育方式到底有什么不良后果——学生的反感、不满和愤怒都藏在心底。

一个人受到批评后,他的内心是听不进对方的任何建议的——他在潜意识里反对着。要让一个人听从建议,首先要取得他的认可,而取得认可的方式是肯定他。他的行为是不被我们认可的,但是他行为背后的动机一般是好的。

案例反思

怎样做到有同理心？在考虑教育问题的时候，我们可以这么想：

我怎么对待别人，别人就怎么对待我。我批评学生，学生会在内心批评我；我肯定学生，学生会在内心肯定我。

想他人理解我，就要首先理解他人。我想让学生理解我的想法和观点，首先我要理解孩子的处境和想法。

我信任学生，学生就信任我；我真诚地关爱学生，学生对我报以真诚；我坦白内心，学生就会向我说出他内心的秘密；我尊重学生的出发点，学生就会尊重我的建议。

17. 学生不让老师没收手机怎么办？
——退一步海阔天空

教育现场

班长不想交手机

有一个晚上，我去洗手间经过教室时，随便从窗户里看了一下我的班。不得了，班长小薇和一个男生同桌每人手上拿着一个手机在玩，像"斗机"——他们可能是用蓝牙在传什么东西。按照班规，上课和自习玩手机，老师要将手机暂扣，两周后归还。

我把他们两个叫出来，要他们把手机交给我。男生交了，小薇竟然不肯交！这出乎我的意料。她在那里低着头，一言不发，用脚后跟磨地。那个男生劝她交，可她还是不交。我跟她有很好的交情，彼此信任。她为什么不交呢？我问她，可她不告诉我。

现在想来,她决然不交手机并没有引起我足够的重视,我当时也缺乏引导的技术,致使我当时没有找到深层的原因。凭着习惯,我开始语重心长地进行教育:"你知道'响鼓不用重槌敲'这句话吗?你是班长,应当是一面响鼓,轻轻一敲就会响,所以,有几次我看见你和同桌听课时谈笑,我委婉地暗示了你。今天,你又玩手机,现在离高考只有一个多月了,你不能再执迷不悟了,没收你的手机就是让你梦醒,你怎么还看不清这一点?"

可是,她依然沉默。我们的关系是良好的、稳固的,她也许被什么困住了。

我很为难。硬收吧,又怕有损她对我的支持和信任;不收吧,又觉得不公平,这条班规将从她这里开始被废除。

我该怎么办?

(方庆提供)

**临场应变**

目标:保护师生之间的信任,教育小薇好好学习。

应变策略:我想了一下,对她说:"你再考虑一下吧,明天把手机交给我。"

沉思之际,我考虑了三个问题。

第一个问题:这次教育的目的是什么?

没收手机是不是我的根本目的?

我想明白了,没收手机只是手段,通过没收手机让小薇心无旁骛地投入到学习中去才是目的。

而现在,如果我对手机志在必得,那么,小薇的心思就全纠缠在手机上不上交上了,她不会考虑自己的学习问题。最后,我拿到手机了,教育效果却没有了。

第二个问题：当场解决问题重要还是师生关系重要？

如果我巧取豪夺，真的拿到了手机，小薇有什么感受？

当我拿到手机，一脸得意，呈胜利者状，她还会像以前那样信任我吗？我这么做，就像一场战争，成功制伏了对方，胜者为老师，败者为学生。师生因此而转变为对立的双方。小薇将远离我，战争将会继续。

第三个问题：教育个别学生重要还是管理整个班级重要？

这是我最大的内心冲突，如果连班长的手机都不能没收，那么其他同学也可以在上课或晚自习时玩手机，此条班规就废了。为了教育这个学生，可能导致整个班级教育的混乱。

一方面，集体主义会引导我们重视集体利益，进而推动集体的前进和发展，但我们常常会看到它的弊端，那就是对人性的践踏、对个人的不尊重。另一方面，我们有时会过于保护个人，因保护个人而动用甚至损坏了整个集体的巨大利益。

这个矛盾该怎么应对？

我想到了苏霍姆林斯基的一句话：没有抽象的学生。

多年的高三经验告诉我，高三学生的主要精力、注意力几乎全部集中在学习上，他们很辛苦，也很脆弱，强大的学习负荷让他们难以承受。一声严厉的呵斥，一次粗暴的剥夺，都有可能成为"最后一根稻草"，使其崩溃。

我们的教育，需要从学生的状态和身心出发，从即将到来的高考出发，顾全大局。

当然，教室里有人玩手机，对其他人还是有诱惑力、有影响的，如果不没收，负面影响是会存在的。

思前想后，左右衡量，最后，我还是选择了一种较为和缓的方式：让小薇考虑一下，明天再交来。让她在夜深人静的时候，好好想一想：我在做什么，我该做什么……

他们两个回教室去了。

第二天早上，我在办公室，小薇和另外一个女生进来了，小薇把手机送到我面前说:"给你。"

我微微一笑:"想通了啊。"她羞赧一笑,和同学跑出去了。

没有战争,没有后遗症。

高考查分的那一天,小薇和三个同学来我家玩,她主动炒菜,让我歇着。高考分数出来了,她的分数比平时还要高。我跟她提起没收手机的事,她说:"老师,高考前两个月我完全迷失了,我做了很多努力,都无法从泥潭中拔出来,幸好你多次提醒我,没有打击我,要不然,我会考得很惨。"

 **案例反思**

从具体的教育事件中走出来,看清教育的目标,这是这件事处理的成功之处。这是教育本质所需要的高度和境界。

我们要学会从师生冲突中走出来,让学生自己去教育自己。苏霍姆林斯基说:"一个少年,只有当他学会了不仅仔细地研究周围世界,而且仔细地研究自己本身的时候,只有当他不仅努力认识周围的事物和现象,而且努力认识自己的内心世界的时候,只有当他的精神力量用来使自己变得更好、更完善的时候,他才能成为一个真正的人。这里说的就是学生在精神生活的一切领域里的自我教育。"

18. 学生在课堂上睡觉怎么办？
——个别对待，寻找根源

 **教育现场**

居然有14个人在睡觉

我们学校比较偏远，生源不太好。学生学习热情不高，成绩中等偏下，一个班一般只能考上几个本科。

我带的是高二普通班，学生比较复杂，不同层次的学生都有，管理上有一定的困难。

有一天，上第二节课的时候，年级组长巡查了一圈，过来跟我说："怎么搞的，你们班睡觉的好多？！"

我赶忙来到教室外面，隔着窗户看，是语文老师在讲课，果然睡倒一大片。我数了一下，60个人的班，竟然有14个人趴在桌上。

我看了非常难受，这个班太难带了！学生那么不给力，老师要求也不严，那么多睡觉的，搞得整个班级形象好差。

我想叫醒睡觉的学生，又怕语文老师不满，不叫醒吧，跟年级组长不好交代。我在走廊上犹豫徘徊，不知所措。

（方庆提供）

 **临场应变**

目标：改善学生的听课状态。

应变策略：把那些睡觉学生的名字登记下来，下课后，依次逐个谈话，问询睡觉原因，了解学习动机；也可以把年级组长的话向语文老师传达。

没有抽象的学生,也没有抽象的问题。同样的行为,不同人的行为动机和背景不一定相同。同样是睡觉,学生之间是有很大差异的,根据我的观察,一般分这么几类:

第一类:基本上不学习的。他们要么在睡觉,要么在课堂上看课外书,要么在玩手机。他们基本上不听课,能够睡觉不闹事就是好的了。

第二类:学习但内在动力不足的。这样的学生基本上能学习,但三天打鱼两天晒网,坚持不了很长时间,上课的时候,前一阵子还能坚持听,后面就坚持不住了。他们有时候喜欢在晚上玩手机——知道不能玩得太晚但抵挡不住诱惑。

第三类:学习有动力但偶尔趴台的。有的是前一天晚上熬夜熬得太晚;有的是认为这堂课听的意义不大,就休息一下。

大而化之的教育起不到鞭辟入里的效果。我们可以根据上述情形,个别对待,分类指导,寻找根源,激发动力。

显然,第一类学生的教育难度最大。可以说,老师把道理讲得"耳朵磨起茧",学生也听不进去。这类学生,冰冻三尺非一日之寒,大多是遭遇了太多的学习挫折而无力无助。解决这类学生睡觉问题的关键不是讲道理,而是要通过具体指导,让他们获得哪怕是一点点的学习进步,减轻他们的习得性无助感,逐渐使他们增强学习的信心。如果老师没有专业的指导能力和耐心,要想管好他们睡觉的问题是很难的。

第二类学生正处于摇摆的边缘。他们有内动力,但不够强大,需要外界的支持。老师可以在找到原因后指出他们表现优异之处,肯定他们积极上进的一面,增强他们的学习动力与信心。同时,亲切地询问他们的困难和冲突,表示愿意提供帮助。如果他们愿意,老师可以指导他们接受监督和帮助。可以让同桌提醒他们上课不要睡觉;可以让舍友提醒他们不要熬夜,可以让家长提醒他们早点睡觉;可以由师生共同制定一些奖惩措施激励他们发愤图强,用"头悬梁、锥刺骨"的精神去顽强学习。

只要方法得当,改变这类学生上课睡觉习惯的可能性很大。

第三类学生,他们有较为强大的动力,听听他们的理由,觉得他们是认真学习的,表扬一下他们,让他们考虑更为合适、科学的学习方式就可以了。不用批评,也不用深究。

班级的其他同学看到班主任找睡觉的学生一一谈话,就知道班主任在重视这个问题了,暂时也不会睡觉了。另外,如果他们睡觉,可以用同样的方法来对待。

在这个案例中,学生睡觉的问题除了学生的原因之外,还有老师的原因。可能是老师管理太松,或者是理念有差异,有的老师认可学生睡觉,认为这是尊重学生的权利,也有可能是老师授课不精彩,让人昏昏欲睡,有较好的催眠效果。但这与年级的管理和班级形象有距离,所以,需要提醒老师注意。

但如果是语文老师资格老,班主任年轻,语文老师不一定会听班主任的话,还可能影响到两人的合作关系。所以班主任不如置身事外,只管自己的学生,任课老师交给年级组长去管,把年级组长的话传达给他,让他自己去斟酌好了。

 **案例反思**

人与人既有共同点,又有不同点。学生也是如此,教育需要将区别对待和分类处理两种方式结合起来。

学生的个体千差万别,他们有着自己独特的成长经历、家庭环境、思维方式,如果老师不能看到这些差别,视学生为铁板一块,采用"一刀切"的教育方法,教育就缺乏针对性。在课堂睡觉的问题上,学生也是有很大差别的,老师应当区别对待。

19. 高考前学生们坐立不安怎么办？
——帮他们"看"清现在与未来

 **教育现场**

高考冲刺时刻学生很散乱

2011年6月2日，高考前5天，最后的复习调整阶段。课堂基本上是安排学生自己看书。

我坐在讲台上，发现学生跟前一阵子有很大差异。前一阵子，他们认真听课，认真做题，追着老师问问题，如饥似渴地看书。今天的课堂，有的人正在发奋，做习题，梳理知识；有的人则坐立不安，东跑一下，西逛一下。

凯是学播音主持的，他是我最欣赏的学生，我也是他最欣赏的老师（他跟同班同学这么说的）。他已经获得4所重点大学的预录资格，只要他正常发挥，考到350分左右，他就稳操胜券了。刚回来复习文化课的时候，他冲劲十足，后来就有所疲软了，现在呢，可以说是心不在焉、坐立不安。他本来是坐在第一组的，结果他跑到第三组去了，耳朵上带着耳机。这个耳机一头粘在凯的耳朵上，另一头粘在明的耳朵上，明也是学播音主持的，也获得了一所重点大学的预录资格。

他们不像要上战场的勇士。

我坐在讲台上，表面平静，内心却在苦苦寻找拯救之策。

（方庆提供）

 **临场应变**

目标：让学生以更好的状态迎接高考。

应变策略：让他们"看"清现在与未来。

我想明白了，得给他们做一次潜意识的调整。于是，我走下讲台，来到凯跟前。他抬头看着我，眼里充满迷茫和羞愧。

我没有说话，手指对他勾了勾，对明勾了勾，示意他们两个跟我走。我走出教室，站在走廊上，他们两个跟随而来。

我没有批评他们，只是微笑着说："往远处看，很远的地方，有茂密的树林，有遥远的蓝天，有轻盈的白云。继续看，看得越深越远越好。同时，深深地吸气，气沉丹田，缓缓地吐气，关注自己身体的变化，关注当下。再深呼吸两次。"

他们两个很听话地按照我的指示在做。

"把眼睛闭上，继续深呼吸。同时，想象一下两分钟以前自己的姿态和模样，看清自己的发型、表情和动作。"

他们仿佛看到了刚才自己在教室里的表现，眉头微蹙。

"想想4天后，就是6月6号下午，我们坐车去看高考考场，大家正在上大巴，老师们在组织，要出发了，同学们兴高采烈。看看你自己的样子，看清自己的神态，给自己拍一下照。"

我模拟出"咔嚓"的声响。

"想想5天后，就是6月7日上午，第一场考试马上就要开始了，学校的大门打开了，同学们涌进大门，教学楼上写有标语的横幅招展，红旗猎猎，万年青郁郁葱葱，看看你的走姿、神态、气韵，看看你是怎么走进考场的，OK，拍下照片。"

"到了6月底，查分的那天，我们打开电脑，输入自己的姓名和密码，电脑上蹦出你的分数，402分，仔细看，看清楚没有？把它拍下来。"

"深呼吸，继续闭着眼睛，回到我们现在的教室。看看空调，看看灯光，看看标语牌，看看黑板，看看讲桌，看看老师，看清周遭的一切，然后，让自己坐下来，干自己该干的事。OK，拍下你现在的照片，把它藏到一个秘密的地方。"

"好了，自由呼吸，当你愿意睁开眼睛的时候，你就可以睁开眼睛了。"

他们缓缓睁开眼睛，看着远方。

我低声说："我先回教室了，你们在这里休整一下，愿意回教室的时候就自己回去。"

这个操作有三个意图：

第一，看清现在和未来。人们之所以焦虑，是因为对看不清的东西心存恐惧。作为一个过来人，高考我亲身经历过，而且经常带考，我把我熟悉的体验带给现在的学生，让他们把这个重大事件的过程看个清楚明白。

第二，让学生关注当下。学生的焦虑很多时候是对结果的过度关注，把不良的结果扩大化。我要把他们拉回来，关注现在，关注周遭的一切。这样，他们就会产生一种宁静感，就会释放掉部分焦虑和压力。

第三，调整自己的应考姿态。我先引导他们看看现在的自己，然后引导他们看看熟悉考场、参加高考、查到理想分数时的自己，从潜意识的角度让他们看看"超我"，然后根据"超我"调整现在的"自我"，明确现在自己更好的形象与做法。

高考分数出来后，我得知他们两个都考了350分以上，录取没有问题。

2011年7月6号，最后一批志愿确认后，我们在一起共庆胜利。

凯说："老师，没有你的帮助就没有我的现在，考前我的状态极差，只能考200分的样子，但是，是你找到我们谈心，让我看清了自我。我考到了357分，感谢你！"

 **案例反思**

纷繁的生活会遮蔽我们内在的眼睛,让我们看不清自己现在为何人,在做何事,让我们看不清未来的方向、实现理想的途径。

从教室里的嘈杂中、走廊上的游走中、办公室里的进攻与对抗中、球场上的乐不思蜀中、寝室里的被窝中,我看到很多迷失的学生。

显意识的沟通效果是有限的,不能太迷恋。很多时候,问题解决需要潜意识沟通:引导学生观察自己的情绪,面对它,让学生从潜意识里调整自己,平静观照现在与未来,这样,学生就会明白自己要做什么。

20.课堂上学生要班主任讲恋爱经历怎么办?
——勇敢地说出来

 **教育现场**

从哲学到爱情

星期三第一节课是我自己班的课,该上哲学里的"否定观"了。

进教室后,我在黑板上写了一行字:"存在的就是合理的。"然后我说:"大家讨论。"

大家对这句话各有各的看法。我没有解释黑格尔的观点,想先听听学生怎么说。

刘贤说:"我赞同这个观点,电脑这么普及,肯定有其道理,如果电脑没有用,各行各业就不会都更新换代,装上电脑了。"

张花说:"文字狱是存在的,造成多少冤假错案,害死了多少人?这些封建王朝的极端做法难道是合理的吗?"

李胜说:"这句话肯定有道理,否则怎么能成为名言啊?"

大家哄堂大笑。

张文说:"我认为存在的就是合理的,比如说学生谈恋爱,这是自然现象、生物规律,学校不能忽视这个规律,棒打鸳鸯!"

下面"嘘"声一片,很多人看着我,看我怎么应对。

我没有说话,继续保持倾听的姿势。这帮高二的孩子们在试探我呢,跟他们相处了这么久,我们还没有公开讨论这个问题。

刘贤在下面清晰地说:"老师,你到底是什么观点啊?"

王平大声说:"老师,说说你的爱情故事!"这句话一出来,教室里顿时炸开了锅,热闹非凡,大家都起哄要我讲。我该怎么办?

(方庆提供)

 临场应变

目标:增进师生和谐,把握爱情教育良机。

应变策略:不妨说说自己的爱情经历,顺便对学生进行爱情教育。

当时,我是有些犹豫的,毕竟是政治课,如果课堂上大谈爱情,学科教学目标就无法实现了;另外,更让我犹豫的是,这是一个很隐私的问题,我倒是愿意讲一讲,可是羞于启齿。

但现在绝对是一个进行爱情教育的良机!正儿八经地开班会,教育意图太明显,学生会有防卫心理;学生的亲密关系曝光之后再进行爱情教育,是一种事后弥补,亡羊补牢,效果并不见得好。我一直在寻找这样的机会,让学生在乐听并乐意的情况下接受爱情教育,把爱情的美好、爱情应该具备的责任感用一种潜移默化的方式渗入学生的心田。

"否定观"什么时候都可以讨论,而爱情教育却是机不可失,于是,我敞开心扉:"爱情是我们人类最美妙的感情。那是一种毫无原因地为她生死的感情……"

在我说的时候，学生也纷纷说出自己的感受。

常映说："我觉得对这一份感情要好好珍惜。在这个过程中人要有责任心。"

我点头道："对！无论是对爱情而言，还是对婚姻而言，都要有责任心。尤其是婚姻。要考虑对方的感受，想着对方，对她负责。"

甜甜的廖洁说了一句："早恋不同于早婚、早孕！"

我说："那就是要注意安全啦。安全委员，请为爱情提一些安全方面的建议。"

班级涌动着神秘的波澜。安全委员是个女生，大胆而正直。她满脸通红，可一点都不扭捏："第一，要做好自我保护，不要让早恋发展为早孕。第二，男生不要太好色，女生不要放荡。"

众生大笑，有人喊："不要在公共场合打情骂俏。"

"第三，女孩在特殊时期要注意保护自己的安全。"

很多人都脸红了。

我马上接着说："我们的安全委员给出的建议很专业。大家要严守安全委员提出的三条安全守则。"

就这样，我们分享着爱情感受，讨论着爱情呵护，思考着爱情安全。平时不方便讲的，这时敞开了讨论，一切是那么自然。杜威说，教育即生活。如果老师能够与学生分享一点小秘密，学生心中的老师，就不是教科书一样的冰冷，而是有血有肉、有情有义的人，这样的老师更可亲，更可信。而学生们能够把自己的感受和观点一起交流，就可以带来更多的感触、更多的智慧。他们的爱情视角将更加丰富，爱情选择将更加理性。这，正是青年学生迫切需要的成长。

 **案例反思**

为人师表容易把老师模式化、面具化。当我们在课堂上传道、授业、解惑的时候，容易把自己架到道德楷模的神坛上。师生之间的距离因此

而产生。

亲其师，信其道。学生其实非常喜欢看到老师非教育的一面，或者说更加生活化的一面。得到孩子的信任，与孩子关系亲密，我们的教育就能自然地渗入孩子们的心田。

老师既可以带学生仰望星空谈哲理，同样也可以敞开心扉吐私密。

21. 课堂上发生师生冲突怎么办？
——退出冲突

 **教育现场**

孙悟空哪能逃出如来佛的手心？

临近毕业，班级有点散，难管。

尽管我跟班更紧，跟学生谈话更多，但情况依然不妙。

原来还比较安分的学生有一些骚动。原来比较调皮的学生，一直被我压着，到了快离校的时候，他们也蠢蠢欲动。在我这个班主任的课堂上他们都敢露出锋芒。

第二节是我的课，我发现坐在最后一排的王凯始终面向左侧坐着，并且不停地摆弄着手中的钥匙，噪音很大。于是，我走到他身边，问他为何不坐端正，为何影响课堂纪律。

他看着我，不屑地说："你看不见我脚下水一大片（打扫卫生的同学撒的水）吗？脚没处放，只能这样坐，这能怪我吗？"他的声音很大。

这时已经有同学偷偷地笑了起来，好像在看我如何收场。当时，我气不打一处来，大声说道："你对老师什么态度呀？！给我站起来！"

他说："我凭什么站？脚下有水，我不站。"全班同学哄堂大笑。

此时，他可把我气坏了，我随口说道："你怎么这么没有素质？你反了天了！"

他说："我不会大闹天宫，孙悟空哪能逃出如来佛的手心？"顿时全班同学的笑声更响了。

（安徽省阜阳市太和五中　张奇）

临场应变

目标：退出冲突。

应变策略：可以跟他说："看来你还是很懂道理的。如来佛也不是乱压孙悟空的，你把钥匙放进包里，保持课堂安静，认真学习，你也可以像孙悟空一样修炼成佛的。"

学生说"我不会大闹天宫"，话语里有退避的意思，这是化解冲突的良机，老师要借梯下台，抓住机会肯定学生。这样，学生就有可能接纳老师。

学生把老师喻为"如来佛"，老师也可以接过话来，表示老师也不会乱来，你退一步，我退一步。这样就能避免冲突升级。

为了解决问题，老师直接指出学生该做什么，并指出这样做是有意义的、有价值的、有前途的，学生看到自己在干什么、将要干什么，明确了方向。这样，学生就会做出正确的举动，冲突即可化解。

但不少老师"一不小心"就使冲突升级了，师生双方共同发力造成了双方的难堪。

这种典型的课堂冲突一般分为三个阶段：

第一阶段：学生犯小错，被老师发现。老师指出学生的错误，批评学生。

第二阶段：学生产生逆反情绪，反驳老师。

第三阶段：老师加大批评的力度，学生不服，冲突升级。

在第一和第三阶段，老师都有机会避免冲突的升级，控制好课堂形势。

在第一阶段，老师当然可以指出孩子的错误。但指出的方式不当，极易导致冲突升级。

不当说法之一：用否定式语句。比如说，"你不该……"，"你怎么能……"。

不当说法之二：扩大错误。比如说，"你怎么那么喜欢……"，"你怎么总是……"，"你一直都是……"。

老师的愤怒情绪直接传染给了学生，学生在被否定的时候，尤其是在被冤枉的时候，极易产生反感情绪。

如果老师只是直接描述客观事实，学生就没那么容易产生反感情绪。老师可以说："你把钥匙放到包里就好了"，"你说话可以轻声点吗"，"我看到你离开座位3次，请回到自己的座位上去"。

在第三阶段，当老师意识到学生的冲动和逆反情绪的时候，老师都会试图控制和压制学生。但不妙的是，学生反弹得更厉害，结果引得课堂大乱。

不当做法之一：言语侮辱学生。比如说，"你怎么这么讨厌"，"真是猪脑子"，"你爸妈……"，这直接伤害了学生的自尊，即使学生不当面反抗，也会种下仇恨的种子。

不当做法之二：破坏学生的东西，比如说玩具、小说等，把学生正感兴趣的东西破坏了，学生自然感到愤怒，冲突随之升级。

不当做法之三：把学生拉出去或者罚站。罚站的问题不是很严重，但把学生拉出去，就会有肢体接触，这就把语言冲突直接升级为肢体冲突，当孩子感到疼痛的时候，他可能会失控，进行肢体攻击。

当孩子反驳老师的时候，为了避免冲突，老师可以这么做：

（1）深呼吸两次，让自己冷静下来。

（2）告诫自己："我上一次就是……导致场面失控的，我现在不能再那样做。"或者说："我一定要成为一个专业的老师。"

(3) 马上想:"学生为什么会这样?我是不是哪里做得不对?"

(4) 给自己的脑门前安一盏虚拟的红灯。当学生出乎意料地反对自己的时候,红灯亮起来,警示自己不要犯同样的错误。

学生有学生的世界,老师有老师的世界。冲突的发生源于认知的差距。要学会观察学生的世界。老师容易把学生看成大人,忽略学生的行为环境,忽略孩子在众目睽睽之下的自尊心,忽略孩子的需求,这样,老师做出侵犯学生行为的时候,自己都没有觉察出对学生的伤害。面对学生的愤怒、叛逆,老师会觉得不可思议、莫名其妙。这都是没有从学生的角度观察和思考的结果。如果我们养成从学生的角度观察他们的习惯,学生的很多事情我们都会理解。聪明的老师会利用这些信息与学生交流,引发学生的共鸣,建构更为和谐的师生关系。

案例反思

从第二序改变的角度看,师生角色冲突的主要模式是:学生错—老师批评—学生逆反—老师加重批评—学生反击。这是一个逐渐升级的模式。只要不断跟进,冲突会愈加剧烈。这就是第一序改变。在这个系列里,无论老师多么严厉地批评管制,都是无效教育。

要实现第二序改变,必须有一方做出让步。学生或者老师都可以,就看谁更加理性。

22. 学生在课堂上敲击桌子怎么办？
——维护班级的管理秩序

 **教育现场**

敲笔声音不断

那天的数学课上，我在黑板上写字的时候，忽然听到下面有钢笔敲击桌面的声音。我凝神静听，断定声音来自五六组的后面，黑板上的板书内容写完了，我转过身来，用眼角瞟了一下五六组的后面，发现王毅正在玩弄钢笔，声音正是他弄出来的。

王毅这个学生，数学成绩很差，计算没有过关，他的父亲跟我交流，说王毅的乘法口诀，到初一的时候才正式过关。现在已经是初二了，就算是简单的分数加减法，他也存在很大的障碍。由于文字理解能力差，他对应用题的题意理解都成问题。

每次考试，他都是二三十分的样子。由于听不懂老师讲的课，所以上课时他总是喜欢弄出些动静来，要么用笔敲敲桌子，要么找周围的同学聊聊天，要么睡觉或看漫画书。

对此，我也一直无能无力，全班那么多学生，我不能把自己的精力都放在他身上。敲击还在进行，而且越来越响亮，坐在王毅旁边的小亮侧眼看了看他，又看看我，好像在期待着我管管这件事情。

我停下课，用眼睛注视着王毅，希望他能停下来，不影响其他同学上课。

王毅大概注意到了我的反应，停止了敲笔。

我继续上课，没有超过一分钟，敲笔声再次响起。

（刘令军提供）

# 临场应变

目标：维持好课堂纪律。

应变策略："冷"处理。

我很冷静，没有发怒，也没有再次停止讲课，只要你王毅敲笔的声音没有达到影响上课的程度，我睁只眼闭只眼，装作没看见。你不是希望老师关注你吗？我偏偏不关注你，让你的目的不能实现。

没想到，这小子一点都不知趣，继续不愠不火地敲笔。看来他是不达目的不罢休了。我在头脑中急速思考着，该采取什么行动来制止王毅敲笔呢？这个行动要符合两个原则：第一，能达到我的教育目标，维持好课堂纪律；第二，不能太"激烈"，以免转移其他同学的注意力。

讲课仍在继续，我找到一个问题，请王毅的前桌回答。然后，借着与学生进行"零距离交流"的机会，我慢慢走下讲台，走近王毅。王毅看我走过来，马上停止了敲笔。前桌回答完问题以后，坐下了。我继续往前走了一步，用手摸摸王毅的头，随手拿起那支笔，轻声说了一句："这支笔真漂亮，用它做打击乐器太可惜了。"然后，我就一直站在王毅的课桌旁边，继续讲课。王毅装模作样地打开书，一副很认真的样子。

我在心中暗笑：还好，还知道收敛。我迅速找到一个简单的问题，请王毅回答。王毅果然不负我望，回答得很准确。我立即对他进行了一番表扬和激励，说他近段时间正在进步之中，而且还表扬他篮球打得好，在球场上果断、机智、顽强。王毅听我这样表扬他，喜笑颜开，这一节课，他再也没有用笔敲桌子。

下课之后，我将王毅叫进办公室，对他的行为进行了一番深度剖析，王毅频频点头，表示以后一定尽量克制自己。

在课堂教学的那种特殊情况下，老师对学生的违纪行为之所以不过度反应，是因为在课堂上教学是主要的。下课之后，教育王毅就变成主要的工作任务了，老师在不同的时间段有不同的任务，应分清主次，这

样班主任才能从容应对教育过程中发生的各种突发事件。

在2008年奥运会期间，高志凯博士为北京奥运安保问题撰写的一篇文章《鱼钩与长矛》，被奥运领导层确定为奥运安保的指导思想。高志凯博士认为，作为奥运会这样的大型活动，要想做到"零事件"是不可能的，发生一点事件也是很正常的现象，关键是安保部门怎么处理。他将可能发生的安保问题分为"鱼钩"类和"长矛"类，两类问题要分别采取不同的措施来处理。所谓"长矛"类问题是指那些恶性破坏活动，对这类事件要绝不姑息，应该严阵以待，想方设法挫败制止。而"鱼钩"类问题是指事件本身并不引人瞩目，但对事件的处理态度却会引起广泛关注，如果处理不当，会被人小题大做，甚至引来轩然大波，这就像是上了别有用心的人布好的鱼钩，从而导致难以收拾的尴尬结局。对于许多问题关键要看我们对事件的处理态度，不能用对付"长矛"的手段来对付"鱼钩"，或者错把"鱼钩"当做"长矛"。

我们一线老师在处理课堂上的违纪事件时，借鉴运用好"长矛"与"鱼钩"理论，就能确保我们从容应对。

第一步，确定是"长矛"还是"鱼钩"。

我们首先做一个心理分析：王毅为什么要敲击桌子？

每个孩子都有比较强的表现欲，他们都想得到老师的关注，成为他人眼中的"焦点"。成绩优秀的学生有这种心理，成绩不优秀的学生也有这种心理。王毅就是在这种心理的驱使下，做出了敲击桌子的举动，他的目的就是吸引老师的注意，成为老师和同学眼中的"焦点"。

因此，王毅的行为属于"鱼钩"类事件。

第二步，确定应对策略。

确定王毅的行为是非对抗性的行为以后，要采取"冷处理"的办法，不能轻易"上钩"而影响了教学进度的完成。

第二章　课堂教学中的尴尬　　77

　**案例反思**

　　学生在课堂上出现违纪行为，老师肯定要管，问题是我们能管到什么程度，这个要把握好。这其实就是一个工作主次的问题，环境和时间不同，教育的重心和目标也就不同。在课堂上，老师的主要任务是教学，因此对学生进行纪律教育就不是重点，下课以后，教学任务已经完成了，对违纪学生进行纪律教育就变成了工作重点。老师必须抓住机会，及时施教。因此，老师在教育现场应变的时候，应该问自己：在此时此地，我的工作重心是什么？只有弄明白了这一点，应变才不会被自己的情绪所左右。

23. 课堂上突然闯进一只蝴蝶怎么办？
——亲爱的，你快点飞

　**教育现场**

课堂上闯进一只蝴蝶

　　那天我在上数学课，正在讲"黄金比例"，课堂气氛本来很好，我谈笑风生，学生在我的指引下，一步步地接近教学目标。

　　突然，从窗外飞进来一只蝴蝶，首先是李天顺发现了它，扭转头去，轻声叫了起来："一只蝴蝶。"马上就有学生响应，"蝴蝶！蝴蝶！"

　　我只得停下课来，因为所有学生的目光都被蝴蝶吸引了过去。李天顺看到大家都在注意蝴蝶，越发大胆，拿起课桌上的一本书，就去追打蝴蝶。

　　教室里顿时乱作一团。我想制止李天顺，但李天顺只顾追赶蝴蝶，他根本就听不到我的声音。在李天顺的带领下，一些男生也拿起桌上的书本，一起追赶蝴蝶。一些还在座位上的女生站了起来，兴致勃勃地观看着一场精彩的表演。

李天顺已经将蝴蝶逼到了窗子前，眼看着就要捉到了，没想到蝴蝶突然从玻璃上翻身飞起，落在玻璃窗的最高处，李天顺立即爬上课桌，继续去追赶蝴蝶，女生们站起身来，慌忙对课桌上的书本进行清理。如此情景之下，上课是根本进行不下去了，我该怎么办？

（刘令军提供）

 **临场应变**

目标：将学生对蝴蝶的注意转移到对学习的注意上。

应变策略：迅速将蝴蝶驱赶出教室，消除学生的"兴奋点"。

看到李天顺跑上跑下地追赶蝴蝶，我嘴巴动了动，竟然想到了一句歌词：亲爱的，你快点飞，飞出教室我们好上课。

当然我没有唱出声来。稍稍思考了一下，我已有了对策。

我丢了粉笔，拿起书本，参与到李天顺的捕蝶行动中去。班上的其他同学，看我如此"身体力行"，一个个也都丢下书本，对蝴蝶实施"围追堵截"。很快，李天顺就用书本把蝴蝶给罩住了。

李天顺小心翼翼地把蝴蝶从书本下取出来，看到色彩艳丽的小精灵不停地扑腾着翅膀，旁边就有人建议说："这么漂亮的蝴蝶，做成标本最好。"很多人附和："对！做成蝴蝶标本。"

这个建议，显然给我制造了一个小小的困难，我必须阻止这种行为发生。因为我的目的是教学，我要完成教学任务，为了抓这只蝴蝶，已经耽误很多时间了，如果不能将学生的注意力，迅速从抓蝴蝶转移到已经被打断的教学上来，那么我的教学任务将无法完成。而教室里只要有蝴蝶存在，要转移学生的注意力就相当困难。蝴蝶是学生的"兴奋点"，只有将它驱赶出教室,学生才能平静下来。

我微笑着对学生说:"现在正是春天,窗外百花盛开,我们都知道,在这种时刻,蝴蝶还有它的工作职责,去为那些盛开的鲜花传播花粉。如果我们今天将这只蝴蝶杀死,做成标本,那么我们窗外的那些鲜花,就少了一个花粉的传播者。这样是不是太可惜了?因此,老师的建议是,还蝴蝶以自由,让它去完成它应该完成的职责吧。大家认为怎么样?"

"好!放飞!"教室里一片欢呼声。

李天顺端起夹着蝴蝶的书本,小心翼翼地来到教室外,将书本打开,蝴蝶张开翅膀,翩翩飞去。教室里又响起了欢呼声,很多学生向蝴蝶挥手:"拜拜,蝴蝶!"

我叮嘱李天顺去洗手,其他同学马上回到教室。

蝴蝶现在虽然不在教室里了,但学生仍是一副意犹未尽的样子。我的大脑又开始思考,怎样设计一个过渡,才能使学生现在的情绪与原先进行的课堂教学无缝对接。

我思考了一分钟,很快就有了主意。我站在讲台上,俨然在做一个演讲:"同学们,你们知不知道,今天这只飞进来的蝴蝶,真的是煞费苦心。它今天的造访,其实是有目的的,它是来帮助你们——祖国的'花朵'们,认识和理解中西方不同的美学思维的。"

学生们都一头雾水,我继续说:"蝴蝶这个小精灵,它的身上反映了中国传统的美学思维——对称。而西方的美学思维,则是黄金比例。有了对比,我们就能更加深刻地理解黄金比例了。"

学生们一听,哈哈大笑,纷纷打开课本,继续学习黄金比例。

课后,我进行反思,假如这节课不是学"黄金比例",我该怎么进行注意力转移的过渡设计?经过深入思考,我找到四种思路:

(1)巧妙对接法。如果蝴蝶与本堂课的内容恰巧有相通之处,老师可以将蝴蝶与教学内容进行对接,这样更能加深学生的理解。比如,我由蝴蝶身上图案的对称引到"黄金比例"。如果是语文课,老师正在学诗歌,那么老师可以即兴赋诗一首;如果这堂课学的是古典诗词,老师可以借用本堂课的词牌，即兴填词一首；如果这堂课学的是描写景物或者动物的文章，老师可以指导学生写一个小片段；等等。总之，只要老师临场时足够机智，什么科目的课都可以实现无缝对接。

(2) 幽默转移法。老师可用幽默的语言转移学生的注意力，使他们回到教学中来。比如，"连蝴蝶都想来参加我们的学习了，可见我们的语文课堂是很有趣、很有吸引力的。让我们珍惜时间，好好学习吧。"或者说："蝴蝶最喜欢花了，看到我们的教室里有这么多祖国的'花朵'，它就控制不住自己，飞进来了。但是蝴蝶它不知道，我们这些花朵是需要知识浇灌的，它这个不速之客，耽误了我们很多的学习时间。好了，我们开始学习吧。"

(3) 提问转移法。"有谁记得蝴蝶飞进来之前老师最后说了一句什么话吗？""有谁记得老师已经讲到哪里了？"如果有学生记得，老师可以给学生一个小小的奖励。

(4) 总结转移法。如果你实在无法找到蝴蝶与课文内容的对接点，也不善于使用幽默，那么，你可以对这件事情做一个简单的总结，表扬一下学生的好奇心，然后告诉学生，蝴蝶已经开始工作了，我们也要继续学习了。

 **案例反思**

课堂是严肃的、神圣的，保持课堂教学的有序、高效是教师永恒的目标。但课堂上不可避免地会出现一些突发事件，引起学生的无意注意。遇到这类事件老师怎么办？通过这个案例，我有了经验：第一步，稳定自己的情绪。在教育现场，老师不要急躁，也不要慌张，更不要呵斥学生。坚持一个处理原则，对于学生已经出现的无意注意，不要逆势而动，要顺势而为。第二步，迅速判断出引起学生无意注意的兴奋点是什么。第三步，立即采取行动，消除学生的"兴奋点"。第四步，设计一个过渡，迅速转移学生的注意力。

第三章

班级中的意外事故

班级意外事故具有以下特点：第一，突然性。意外事故是突然出现的，表现出不可预料和突发的特点。第二，不确定性。意外事故的成因往往非常复杂，难以确定。第三，破坏性。意外事故往往具有破坏性，会给个人、集体带来消极影响。第四，紧迫性。意外事故出现后，为减少消极影响，班主任要在最短时间内进行处理。

在班级管理中，意外事故总是不可避免地在某一时刻发生。班主任对意外事故的发生不仅应有心理准备，而且应掌握处理意外事故的技能。总的处理原则是："关爱学生"、"一切为了学生的成长"。从这个根本目的出发，一切意外事故都自有解决办法。

24. 学生联合罢免班主任怎么办？
——开班会沟通

 **教育现场**

学生联合罢免班主任怎么办？

我在一所职业学校工作，是中途接手现在的班级的。接手之初班级的口碑不是很好，在情感上我是不愿意接手的，但最终我还是服从了安排。

开始的时候，我投入了很多的精力，班级也出现了喜人的进步。一个学期下来，我们获得了先进班集体的荣誉。有一次我无意中听到班上一个同学说："这个新班主任真厉害，我们班还从来没有拿过这个荣誉呢！"旁听来的溢美之词，使我心里很兴奋，因为我相信学生是发自内心的。我觉得自己的辛苦付出是值得的，看到越来越多的学生喜欢现在的班级，喜欢这个教室，我的内心也充满喜悦。

然而事情并没有我预想的那么顺利，到第二个学期中途的时候，班级连续出现了几件打架的事情。让我始料不及的是，原本很融洽的师生关系迅速恶化，越来越多的学生走到了我的对立面。首先是三个同学，由于之前就背负处分，再次打架致使处分累加，被学校处以留校察看的处分。而这三个同学把处分的责任归因于我，径直走到了我的对立面。接着，班上的几个问题学生也出现了反复的情况，对于他们的反复我显得有些不耐烦，因而在处理问题时有点急躁。当时的一个同学因为早恋的问题引起了学校领导的关注，对于处理她的问题我欠缺经验，用电话通知了家长。这个同学对通知家长很反感，当时就与我发生了激烈的冲突。总之，那段时间，我和班上这几个学生的关系相当紧张。

一天中午，我像往常一样进班看午休，大家都在安安静静地休息。大概下午1点钟的时候，我又去了一趟班级，却发现班级空无一人。我立即给班长打电话，电话关机。我给副班长电话，对方就是不接。我以为他们提前去上体育课了，没有太在意。大约半个小时之后，我接到一个电话，是从学校政教处打来的，说我班上的同学现在在行政楼，政教主任说他们会处理这件事情。我的心当时就咯噔一下：学生怎么会集体出现在行政楼呢？后来，主任找到我，向我通报了情况，说是学生到校长室反映情况，要求撤换我。主任说，学生的理由是我管理得太严了，他们受不了这样的管束。主任最后还是肯定了我的工作。此时，我很想对学生发一通脾气，或者大哭一场，为什么我为学生付出那么多，却得到这样的结果？为什么除了十多个同学之外，全班有三十多个同学集体要求撤换我？

老师们，出现这样的情况，我该怎么办？我还要不要做这个班主任呢？

（教育预案草根研究QQ群　陈斌）

临场应变

目标：化解师生矛盾，重建师生关系。

应变策略：直接开班会与学生沟通，让学生发泄不满情绪，听取批评意见，以此为契机转变教育观念，推进班级建设。

情绪宣泄

在这个事件中，学生有情绪要宣泄：班主任并不是真正地关心他们，没有站在他们的角度将心比心，而是为了班级秩序实施严格管理，这让学生受不了。班主任也有情绪要宣泄：自己辛辛苦苦，一心为了学生的成长，没有半点私心，结果换来这个"下场"。如果双方的情绪没有宣泄完毕，就匆匆忙忙坐下来试图解决问题，就会使问题的解决陷入另一场"情绪化"的对抗,任何一方缺乏冷静、理性,都不能有效地解决问题。

(1) 班主任情绪宣泄。

班主任的情绪宣泄可以在与校领导的解释和沟通中去掉一部分,但这还不充分,班主任还必须另外找到宣泄的渠道,比如与同事交流,与家人交流,与网友交流,等等,把心中的郁闷都说出来,然后才能冷静地看问题。

(2) 学生情绪宣泄。

学生情绪的宣泄在罢免行动中去掉了一部分,但也还没有完全释放。宜由政教主任出面组织学生座谈,让他们把所有的意见都说出来,政教主任可以只收集学生的意见,不做任何辩解和回复。座谈之后,请学生把刚才座谈中提到的意见用笔写下来,政教主任进行分类和归总,然后交给班主任。

解释和沟通

(1) 反思与澄清。

教师如果不反思自己以前的教育失误,即使学生再也不反叛了,教师的水平也依然不会进步。教师如果能以此为契机,深刻反思,条分缕析地找出自己的问题和缺点,这次"叛乱"将会成为教师成长的一块垫脚石。优秀教师和名师都是善于吸取经验与教训的人。教师也可以化祸为福。总结起来,班主任的失误主要表现在以下几个方面:

第一,痛失良机。班主任在处理学生打架和恋爱等问题上,没有显示出高超的技术,明知有部分学生已经走到了自己的对立面,却没能采取有效的措施。因此怎么提高自己的教育教学理念和技术,是解决这次罢免事件之后,这位老师主要的思考方向。

第二,缺乏警觉性。学生并不一定是想撤换这位老师,学生主要是想以此方式表达心中的不满,来提醒老师反思自己的"专制"。这样的事情发生前一定是有前兆的,学生一定做过"抗争"的努力并警示过老师,但老师没有警觉,最后竟然发展成"叛乱"。

第三,没有一分为二地看待自己的教育。如果老师不对自己的教育方法进行反思,其挫败心理将更加严重,今后处理问题就没有勇气和信心。通过反思和澄清,班主任才能找准问题,生发解决问题的勇气和力量。

(2) 沟通与恢复。

待双方的情绪都宣泄完毕以后,在政教主任的组织和主持下,班主任和学生要坐下来面对面地进行沟通,班主任就政教主任收集上来的学生意见,逐条进行解释说明。同时要告诉学生,解决问题的态度要务实:第一,着眼于现实——我无法抛弃你们,你们也无法抛弃我。第二,放眼于未来——我们还有一半时间要在一起,我们都需要证明自己以及我们的班级是优秀的。因此,我们需要直接面对问题,共同探讨问题出在哪里,"言者无罪,闻者足戒"。但是为了班级发展,违反校纪校规的一定按校纪校规处理。

(3) 建立问题解决机制。

第一,设立公示墙。将学生的问题一一公示,然后制订处置方案,将解决问题的时间表,以及问题解决的结果,等等,都一一进行公示,让每一个学生都知道班主任做了些什么事。

第二,设立"谏官"。"谏官"作为师生沟通的桥梁,专门负责向学生收集问题,然后向老师转交,并监督落实情况。

问题预防

(1) 如果有学生当众发难怎么办?

班主任要有面对激烈的批评和指责的心理准备,面对学生的情绪,要有耐心,要虚心,同时制止人身攻击,把目标指向问题。如果有学生发难,就把发难的问题掰开,一是一,二是二,属于老师的问题,老师道歉,并择期改正;属于学生的问题,学生要自己改正。

(2) 班干部不想再干怎么办?

由于班干部也参与了这次行动,心中觉得尴尬,或许会大面积辞职,班主任要声明不计前嫌,不做任何调整,师生齐心协力,共渡难关。

(3)学生不配合老师的沟通怎么办?

学生自然是有情绪。冰冻三尺非一日之寒,学生不配合,且由他,不勉强。时间和老师的诚意会消除隔阂。

在这个班会上提出的问题,可以当场解决一些;不能当场解决的,写进备忘录,今后一一落实。

这次突发事件初步化解后,班主任还要进行一些制度建设,开展一些活动,在活动中增强师生的交流,增强班级的凝聚力。另外,班主任也可以开展自主化管理,让学生逐步学会自我管理,把学生的对立情绪从教师身上转移开。

 **案例反思**

反思这个案例,老师在班级发展前期的策略是对的:乱班宜用重典,班级建立之初,是明纲正纪的时期。但后期的处理则有所欠缺,在处理学生打架和恋爱等问题上,班主任明知有部分学生已经走到了自己的对立面,却没能采取有效的措施进行疏导,使学生内心的怨气越积越深。老师具体应该怎么做?我认为:在经过前期的处理,班级基本面稳定之后,班主任要用主要精力来转化问题生,比如那些打架和有恋爱倾向的学生,在与问题生的斗争中化敌为友,大面积俘获人心,这样才能让班级管理逐步走上正轨。

第三章 班级中的意外事故 87

25. 学生串联罢免班长怎么办？
——用"软批评"断其"左膀右臂"

 **教育现场**

有学生串联要罢免班长，我该怎么办？

在班主任的工作生涯中，学生串联罢免班干部的事情，不说经常碰到，也总会碰到一两次，怎么处理，是令很多班主任头疼的事情，我就曾经碰到过这样的事情。

2007年9月，大约是开学两个星期左右的时间。班长小霞学习成绩优秀，为人正直，敢于同班里的不正之风做斗争。班级在她的协助管理下，班风越来越好，但她也因此得罪了几个同学，小超就是其中的一个。

先来介绍一下小超：本来在宁波读初三，人高马大，是那个学校的篮球队队员，也是令学校、老师头疼的人物。在那个学校待不下去了，父母也管不住他，但他有点怕他的姑父，所以他父母让他回老家跟着他姑父，就转到我校，分在了我班。刚开学时，我也知道他是一个"领袖人物"，千方百计想"收编"他，准备让他担任体育委员，可被他拒绝了（可能在这里就埋下了我下面处理这个事件失败的种子）。他从骨子里看不起这里的老师和同学，总是说宁波大城市的老师、学生怎么好，这里乡下的老师、学生根本没法比，在周记中他也多次提到。正是由于这个原因，他和周围同学的关系不是很好，可他人高马大，学生都很怕他（他身高1.80米，他如果真要和我对着干，动起武来的话我真不是他的对手，于是我就产生了想要"收编"他的念头）。

他在宁波的学校当惯了"老大"，没有哪个班干部敢管他，在那里很是自由。可到了这里，班长小霞好几次制止过他的违纪行为，让他觉得很没面子。但小霞是个女生,可能小超也觉得"好男不跟女斗"吧,不好意思打一个女的。当然,他也不甘心就这样算了,怎么办呢?想来想去,他准备在星期四的班会上来一次"政变",罢免班长。

他先在自己的寝室里进行了动员,在他的威胁下,全寝室的同学都答应到时候支持他。没有主见的小志、小文还答应为他"呐喊助威",帮助他发动班里其他同学。小志、小文来到三个女生寝室动员,结果无功而返,但在另一个男生寝室107寝室动员时,男生迫于小超的威胁,口头答应了。

第二天,有很多女生私下里向我反映这个问题,107寝室的寝室长小吴也偷偷地跑来告诉我这个情况,最后还说:"郑老师,您可千万不要说是我说的,否则我就惨了。"我知道小吴的意思,也难为他了,冒了这么大的"风险"来告诉我。要知道,学生一般有事都不告诉老师的,认为这是同学之间"讲义气";而且,如果向老师"告密",老师是不可能时刻保护他的,说不定哪一天他就被小超打了。

面对学生串联要罢免班长这种情况,我们该怎么办?

(教育预案草根研究QQ群　郑光启)

 临场应变

　　目标:分化小超的团队。

　　应变策略:对小超的"左膀右臂"实施软批评,断其左膀右臂。

一个学生犯错了,可以对他实施硬批评和软批评。

硬批评就是直接批评,不留情面,用疾风暴雨式的话语指出学生的错误,命令其改正。软批评则是用间接批评的方式,通过"影射"、"侧面迂回"、"移花接木"等方法,让学生自动"对号入座",反省自己的错误。

硬批评是第一序改变,软批评是第二序改变。

硬批评会增加学生的反感,弄得不好,还会逆向培养班级团队。现代心理学研究认为，一个班级团队的产生需要满足三个义项：

（1）面临一定的外部压力。

（2）有共同的奋斗目标。

（3）内部分工明确。

硬批评使小超和他的同伴们面临一定的外部压力，在这种共同的压力下，班主任的工作越努力，打击力度越大，面临外部压力的学生内部团结越紧密。这就与班主任的教育目标背道而驰了。

班主任该怎么实施软批评呢？

班主任将小超联络同班同学罢免班长的一些细节了解清楚，然后将这个事件整理提炼成一个故事。这个故事要分为两部分：第一部分是事件的还原和真实再现；第二部分是事件本质的总结和归纳。

第一部分是用"影射"的方法，让当局学生进行自我观察，让他们跳出"当局"，而以一个旁观者的身份来观察自己。当局者迷，旁观者清，当人以旁观者的身份来观察的时候，才能发现错误在哪里。

第二部分是教育升华，表达老师的观点：这种行为是一种恶意串联，属于蓄意破坏班级团结的行为，对此我们要保持清醒的头脑，自觉抵制这种行为的发生，如果帮助个别人泄私愤来罢免班长，最终伤害的是整个班级的利益，也等于是伤害自己。

班主任具体的操作有这样四种方式：

（1）表演情景剧。请班级有表演才能的学生，排练一个情景剧，名字就叫"罢免班长"。情节要尽量真实、生动，将小超如何联络同学，如何逼迫同班同学的一些语言和动作，尽量根据知情者的描述再现出来。为了增加"寓教于乐"的效果，还可以将某些动作和语言适当夸张，增加趣味性。

（2）制作成一个动画片。如果班主任的电脑技术过硬，可以将这个事件制作成一个动画片，人物可以换成学生喜欢的动漫人物形象，通过动画"影射"罢免班长这个事件，让全班同学观看。

（3）如果前面两种方式，班主任都觉得有难度，还可以采取一种办法，就是把罢免班长的事件编成一个故事，找学生分角色把小超的有恃无恐和威胁同学的语气表现出来，用录音设备录下来，然后放给全班学生听。

（4）如果前面的三种方式班主任都觉得有操作难度，班主任还可以直接给学生讲故事。只要班主任的思路清晰，表情、口头语言、肢体语言生动，学生乐于接受，也能很好地实现教育目的。

不过，无论采取哪一种方式，班主任都必须赶在小超行动之前，在全班进行教育。如果小超已经开始行动了，再实施教育就没有价值了。无论采取哪种方式，班主任最后都要进行理论升格，将自己的观点以及这一事件对班级的危害明白无误地告诉每一个学生。通过这种软批评，小超身边的那些人才会"倒戈"，只要断掉小超的"左膀右臂"，再教育他就问题不大了。

后续该怎么教育小超，这是一个复杂的工程，因此，班主任要根据小超的具体情况，制订出一个转化计划来，然后再一步一步地去实施，这个过程可能至少需要一个学期以上的时间。

案例反思

小超为什么要联络同班同学？这说明他想"蓄势"，他嫌自己"力量单薄"，只有联合一些人，才可以依靠"人多势众"来增加罢免班长行动的影响力。班主任如果看清了小超行动的目的，应变就有了策略：小超你不是想"蓄势"吗？那好，我就反其道而行之，给你"泄势"。小超身边的那些人，本身就是立场不稳，左右摇摆的人，只要他们接受了班主任的教育，认可了班主任的观点，就会配合班主任的管理，远离小超的团队。

26. 班主任扯断了学生的耳机怎么办？
——身教重于言教

教育现场

小魏，我不该扯断你的耳机

第三节晚自习的铃声已经响过了，当我来到6班教室门口的时候，看见小魏还戴着耳机，很悠闲的样子。我轻轻走过去，他立即取下耳机想迅速地往兜里揣。我叫他给我，他更加快了往兜里揣的速度。

情急之下，我一把把耳机扯了过来。

断了，耳机断了。我生气地将耳机扔到了他的座位前面。

压住心中的火气，我轻声地问道："你在听音乐？"

他说："是。"同时，我明显地发现他拿着笔的手在颤抖，涨红着脸。

此时，我害怕他也冲动，所以我转身出了教室。去了趟洗手间，我回来后站在教室门口，示意他来办公室。他很配合，跟着我到了办公室。

老师们，遇到这种情况我该对这个学生说什么？

（教育预案草根研究QQ群　黄基云）

临场应变

目的：实施身教，告诉学生老师遇到这种情况是这样做的。

应变策略：第一，跟学生道歉；第二，赔他一副新的耳机。

扯断学生的耳机，这并非教师的本意，是教师在制止学生违纪行为时发生的一个意外。任何一个人在处理问题的时候，都不可能做到完美无缺,意外在任何时候都有可能发生,我们能做的是尽量减少意外的发生,但谁也不能确保绝对不出意外。

发生了意外没什么要紧,关键是我们老师对待意外的态度。这就是我们的教育目标。通过这个案例我们能教给学生什么东西?

我认为,虽然发生了意外,但它也是一个很好的教育契机,这样的契机是"可遇而不可求"的。老师可以借这个契机,告诉学生发生了意外要采取什么态度,采用什么样的方式来进行处理。

只要明白了这个目标,老师的临场应变策略就有了:第一,跟学生道歉,第二,赔他一副新的耳机。

老师虽然不是有意要扯断学生的耳机,但学生的损失确实是老师造成的,因此,老师应该为自己的行为负责。老师这次这样处理了,下次学生遇到类似的事件,他们就知道该怎么处理了,因为老师已经用身教告诉他们该怎么做了。

我们不要担心向学生道歉就会降低自己在学生心目中的威信,也不要找一些理由来为自己辩护。说实话,老师要为自己找理由的话,是很容易的,比如为了学生的学习成绩,为了学生的前途,完全是出于"一片好心",等等。这些话都不要说,如果教师不采取实事求是的态度,不正确面对意外事件,就会给学生一种很不好的示范。

班主任不为自己开脱,就会给学生一种良好的示范。今天我是这样处理的,以后学生也会按照老师的身教去处理类似的问题。学生也会因为教师这种严于律己的行为,而更加尊敬自己的老师。身教重于言教,而且,身教比言教更接近教育的本质。

说到这里,我想起我看过的一个故事:

5岁的汉克和爸爸、妈妈、哥哥一起到森林里干活,突然间下起雨来,可是他们只带了一件雨披。爸爸将雨披给了妈妈,妈妈给了哥哥,哥哥又给了汉克。

汉克问道:"为什么爸爸给了妈妈,妈妈给了哥哥,哥哥又给了我呢?"

爸爸回答道:"因为爸爸比妈妈强大,妈妈比哥哥强大,哥哥又比你强大呀。我们都会保护比较弱小的人。"

汉克左右看了看,跑过去将雨披撑开来遮到一朵在风雨中飘摇的娇弱的小花上面。

这个故事告诉我们,在道德与真情的传递中,身教是多么重要。

人们的风俗习惯,甚至一言一行,往往都来自周围的人的身教,而不管这种做法是否科学。喜欢抽烟的父亲给孩子讲抽烟的害处,即便讲得多有理,也不会有太大的说服力,相反要让孩子学抽烟就太容易了;司机的孩子很容易学开车;牧民的孩子善养马;一些爱打架滋事的孩子往往与其身边某个敢于违法乱纪的人关系密切⋯⋯

身教比言教更接近教育的本质。在一个班级里,班主任的身教就是学生的"样板",因此你要教给学生什么行为,"以身示范"其实是最好的教育方式。

 **案例反思**

面对学生上课听音乐,老师该怎么办?肯定要制止。老师扯断了学生的耳机,发生了这个意外事件怎么办?我认为,对于教育而言,这不是一件坏事,而是一件好事。因为在整个事件中,老师并没有做错什么,他只是在履行自己职责的过程中发生了意外。这样的意外其实机会难得,老师正好借这个机会对学生进行"身教"。如果老师肯积极承担责任,不为自己找理由开脱,就会给学生一个很好的示范:每一个人都要对自己的行为负责。学高为师,身正为范。教师的身教更能让学生获得真实的道德成长。

中学班主任的72个临场应变技巧

27. 学生发生械斗怎么办？
——隔离双方

 **教育现场**

学生发生械斗怎么办？

这是我教初二时发生的事情。

放学了，其他老师都走了，办公室里就剩下我一个人。正准备离开时，我听到走廊上的喊叫声和奔跑的脚步声。

我马上跑到门口查看究竟。不得了，两个学生在打架，准确地说是械斗。

这两个学生都是我们班的学生，离我近点的是张为，他一米八的个头，高大威猛，手里拿着一把刀，斜指着上方，他边战边退，再退就没有空间了——教师的办公室就在尽头。

远一点的是李豪，他先是扔了一只凳子腿过来，准确点说是砸，狠狠地朝张为砸过来，张为躲开了，接着李豪又抄起一只凳子，叫着冲过来："张为这家伙，竟然想用刀捅我，我要砸死他！"原来是他见了刀子眼睛红，激起了他斗殴的怒火。

危急之下，我该怎么应对？

（方庆提供）

 **临场应变**

目标：阻止械斗。

应变策略：情急之下，我没想太多，直接跑到两个人的中间，一把握住刀刃,一边对李豪说:"不要砸到我!"一边对张为说:"我现在抓着你的刀,快松手。"

李豪还扬着凳子叫嚣,但是因为我在中间,帮助他夺刀,就没有再砸凳子过来。

张为已经到了走廊的墙角,退无可退,但他仍然不肯松手,眼中冒着怒火。但僵持了四五秒后,他慢慢软下来,松开了手。我抓着刀,拽着他的衣角,把他带到办公室,把门关上。

然后,我走出来,让李豪把凳子放下来,并带着他进了教室。

我再看了一下自己的手,已经流血了。我感到一阵后怕。

事隔多年,我依然为自己的勇猛果决而骄傲。如果没有我,两人斗到了墙角,张为退无可退,自然是"白刀子进红刀子出"了。

现在想来,我勇敢地出手是对的。但鉴于刀的危险性,还是先隔离双方为好,夺刀风险太大。

械斗时,双方都有武器,为了自身安全,械斗双方都想打击对方的战斗力,使其不再威胁自身安全。这个时候双方都极为冲动,很难理性地控制自己。案例中,李豪更具攻击性。他迎着刀向前冲,打红了眼,就像西班牙的斗牛,刺激他的"红布"就是张为手中的刀。让张为和他的刀从李豪的视线里消失,李豪才能停下疯狂的进攻。

因此,最好是将张为推到办公室里面去。李豪失去了斗殴对象,就会慢慢平静下来。

在这件事上,我避免了一些不当行为:

首先,面对冲突,我没有退缩。安徽有一位杨姓老师上课时看到学生斗殴,竟然袖手不管,结果导致一个学生被当场打死,网友讽称该老师为"杨不管"。杨老师的不负责任令整个教师行业蒙羞。如果一个老师没有责任心,看到斗殴畏缩不前,就会错失制止的良机,导致恶性后果发生。

其次,我没有用刺激性语言和刺激性动作,比如批评学生、骂学生,用手指学生的鼻子。学生本来就在气头上,血气上冲,如果老师再用刺激性语言或者刺激性动作,就会火上浇油,本来只有两头"牛",马上就变成三头"牛"了。老师的刺激性语言和刺激性动作会更加激发学生的愤怒情绪,场面会更难控制。临危时刻,也不宜马上追究原因。学生的情绪正处于激动之中,无法冷静地思考问题,当务之急,就是隔离双方后熄火——用比较温和的语言让学生放松下来,缓解他们激动的情绪。

 **案例反思**

面对械斗,班主任应当有责任感,冷静沉着。

遇到学生械斗的突发事件首先要求老师要有责任感。察觉有异,该出手时就出手。就学生斗殴而言,恶性事件的比例不是太大,如果有老师及时介入,大多可以平息下来。如果没有第三方介入,则事件朝恶性方向发展的可能性非常大,所以,老师的及时介入非常必要,如果老师有机会察觉这个苗头而没有察觉,那就痛失良机了。

临场应变必须要冷静心细,能够迅速看清楚双方的攻守情况,能够捕捉到激发冲突的关键因子,胆大中有心细,出手措施自然有效。

28. 学生自残怎么办?
——速至现场救人

 **教育现场**

学生自残了

某日晚上9:40左右,陈韬下晚自习回宿舍,打开门,就闻到一阵血腥味。

他捂着鼻子往宿舍里边走，后面是一个阳台，侧面是一个厕所，显然，血腥味是从厕所里出来的。他也不知道厕所里是谁，推了一下厕所的门，但门被拴住了，他意识到有人在里边流血。

他感到恐惧，大声喊叫，宿舍里的其他人也回来了，他们马上去找宿舍管理员。宿舍管理员来时，陈韬用力踹开厕所的门，他看到一盆血水，L瘫倒在厕所的角落里，手臂被刀割开了，他没有割血脉，他不想死，他把手浸在水里让血慢慢流……也许，血多流出一滴，他就多一分解脱。

宿舍管理员和学生把L送到医院，同时打电话通知班主任。班主任接到电话后惊呆了，这种重大的人身伤害事故还是第一次在他的班上发生，他该怎么办？

(方庆提供)

临场应变

目标：迅速采取措施配合救人。

应变策略：班主任接到电话后应该在第一时间赶到医院，帮助救人，同时通知家长、年级组长和校长。

这种重大的人身伤害事故不经常发生，但一旦发生，后果就很严重，不仅关系到学生的生命，会影响到孩子家庭的幸福，还会影响到学校的声誉。

面对这种突发的严重事故，班主任需要镇定、心思缜密。

班主任可以罗列一下需要考虑的方方面面，然后排序，找出当前最迫切要做的事。

第一步：救人。

第二步：责任区分。

第三步：反思、矫正、优化自己的教育。

临场应变中,首要问题是救人。孩子自残,发生这么大的事,班主任肯定会感到愤懑、悲伤,但是,现在不是生气的时候,生命高于一切,拯救孩子是首要任务。第二步、第三步暂缓,不可颠倒,否则会痛失良机,造成更大的损失。

清楚自己当前要做什么之后,就要思考做好这件事的条件、方法及步骤:我可以为救人做点什么?我应该通知谁?我先做哪一样?

现在,学生在医院,救人可能缺什么?

(1)技术上帮不上忙,但钱一定是需要的,家里有多少钱就拿多少钱带上。

(2)孩子有生命危险,最揪心的是父母,最需要的是父母,因此,要在第一时间通知孩子的父母,要找到孩子父母的电话号码。如果需要输血的话,孩子的父母还可以提供血源。通知其他人也要快速找到他们的电话号码。

(3)寄宿在学校的孩子的家一般比较远,一时半会儿可能赶不过来,班主任要当起临时的父母,陪伴孩子度过最危险的黑夜,要有心理准备和物质准备。

这些思路理清楚之后,班主任就不至于手足无措、丢三落四,否则,中途返回会贻误时机。

到了医院,班主任需要了解救人的进展情况,了解孩子有没有生命危险,看看有没有需要帮忙的地方。

了解事情的进展情况后,班主任要把这些情况告诉家长:情况向好的方向发展,问题不大,让家长安心;情况严重,家长有权利知情并做好相应的准备。

班主任还要尽快向上级领导报告,包括年级组长、德育主任、校长。基于事情的严重性,班主任必须尽快通知校长,校长作为学校负责人,担负着领导责任,他能够从学校宏观角度来审视这个问题,他会部署需要的部门来协力应对危机,将事情的伤害和影响降至最小。

在家长和校长都没有赶到医院之前,班主任是一线的主要责任人,要协助抢救，安排学生值守，了解事情发展状态并通知各方。

事态得到控制时，班主任就应该思考第二步和第三步。孩子为什么会自残，是什么因素导致自残？他可以先向其他学生了解一些情况，了解自残学生最近的表现，尤其是异常表现。另外，考虑到以后责任的分割，班主任要吩咐学生保护现场，保留自残刀具，查找各种证据，看看有没有日记、书信之类的，让学生上交学校妥善保管。

在后继工作中，班主任应该思考自己教育中存在的问题：有没有教育理念的错误？有没有教育方式和手段的不当？为什么没有及时发现孩子的情绪问题？为什么没有人报告孩子的异常心理？冰冻三尺非一日之寒，班主任肯定有教育不当的地方，只有反思，才能重蹈覆辙，才能在惨痛的教训中提升自己的教育水平。

 **案例反思**

我们经常看到新闻里有军事演习、消防演习。平时多流汗，战时少流血，临场应变的技巧就来自于平时的积累和准备。

积累方面，一个人经历过这么一件事之后，他会反思，会总结，会完善，这样，就形成了应对学生自残这类事件的应对方法，这就是经验的积累。

准备方面，我们不希望发生这样的事，也较难遇到这样的事，但是类似的事情还是有的，如果我们平时有一些这样的思考，并做一个预案，甚至在内心里模拟训练一下，那么到时就会临危不乱了。

29. 学生要放弃高考怎么办?
——尊重选择,明确责任

 **教育现场**

老师,我不想参加高考

下星期一就要高考报名了,教学处要我们通知学生带身份证和复印件来学校。

周日,学生返校时,我将学生的身份证和复印件收上来并做好登记。登记完清查时,我发现海礁没有交,于是问他怎么回事,他吞吞吐吐地说忘记带了,我严肃地说:"高考报名这么重要的事,你怎么能忘记呢?你明天回去拿!"他答应了。

第二天傍晚的时候看见海礁,我马上问他:"身份证拿来没有?"

他说:"没有。老师,我不想参加高考。我觉得我在这里读书是浪费时间,还有半年多才毕业,我不想再混下去了。你看我的成绩一直是班上倒数几名,我对学习实在没兴趣,我要出去打工,寻找适合我的生活方式。我多次跟我父亲讲我不想读了,他就是不同意。这一次,我下决心不读了,今天我回去跟父母说了,他们这次没有反对,我过几天就走,希望老师谅解。"

我满怀同情地看着海礁,他确实是个好孩子,尽管他成绩差,还时有缺操、迟到等行为,但他尊重我,能接受批评教育,班级里他能出力的地方都能出力。从他这学期的表现来看,他确实无心向学了,但我没想到他竟然做出这样重大的决定。

(方庆提供)

 **临场应变**

目标：尊重选择，明确责任。

应变策略：告诉这个孩子要慎重考虑，老师尊重他的选择，但要他和家长出具放弃高考的书面声明。

高中不属于义务教育的范畴，不是强制教育，虽然高考事关重大，但归根到底它是个人的私事，考与不考，还是由学生和家长决定。

对于决定是否参加高考，老师不应越俎代庖。有的学校和老师，热心帮助孩子，替孩子做主，其实是以爱的名义限制孩子。

从孩子成长的角度看，孩子的成长需要自主锻炼，需要在取舍中获得对自我的认知，获得社会经验。家长和老师的越俎代庖抑制了孩子的自主性和能动性，抑制了他们对事物了解的兴趣，甚至抑制了他们对自己未来的探寻，使他们的生活逐渐失去意义。学生厌学、叛逆、自残、自杀与此密切相关。

有的班主任对学生十分负责，迫切希望学生完成学业，担心学生放弃高考会有无法弥补的损失，想尽办法挽留学生，鼓动家长制止学生弃考。这些老师精神可嘉，可做法欠妥。人家会说你是以"好心"的名义强迫人、控制人。在现实生活中，人们往往对专制的"好心"心存厌恶，比如我就反感我的夫人以"好心"的名义控制我的时间，还有钱包。同样，孩子也极其反感家长和老师以"好心"的名义控制他们的时间和自由。

每个人都有自己的生活方式和轨迹。对于学生而言，高考确实是人生的一次重大考试，具有很高的利益相关性，但不是对每个人都是如此。

有的学生出类拔萃，现行教育体制束缚了他的自主成长，他会选择较为自由的学习方式和生活模式，像韩寒等人就是这样。而有的学生厌学，学到高三依然只能拿到一点点可怜的分数，继续读下去考上大学的可能性很小，高三这一年也是虚掷青春，在这种情况下，学生弃考，未必是件坏事。你想想，如果韩寒遇到了一位极其"好心"的班主任，一定要他读完高中，参加高考，然后再读一所马马虎虎的大学，那么这个世界还有"80后"作家韩寒吗？再试想，如果当初比尔·盖茨遇到了一位"好心"的班主任，一定要他读完大学再去创业，那么这个世界的现代信息技术的发展只怕要推迟几年了。

所以，对于高考，我们要提醒学生慎重考虑，但不宜牵涉过深。

海礁虽然成绩不好，但他思维清楚，品性良好。对于高考这件事，他深思熟虑，态度坚决，做出这样的重大抉择也不是一时冲动，青年人能够客观认识自己，果断选择未来，值得敬佩！我们应当尊重他的选择。

一旦放弃高考，学生要自己承担责任。这个责任必须明确下来，班主任应当取得学生和家长的书面声明，以免后患。海礁对班主任说是家长同意了的，班主任应当马上核实，必要的时候，要请家长来校。万一学生言辞不实，父母实际上没有同意，或者以后反悔，他们可能会找班主任的麻烦。班主任应当亲自和其父母接触，核实一下，并向海礁的父母说明后果和应承担的责任，并留下书面声明，孩子、父母、班主任三方签名，留做证据。

学生报考由学校组织，班主任和学生及其父母沟通后，应当告知年级组长和教务处，听取他们的意见，同时让他们在组织报考时做到心中有数。

 **案例反思**

班主任应当清楚哪些事是自己该做的，哪些事是自己不该做的。

学生的事，有的属于个人私事，有的属于家庭之事，有的属于学校之责，有的属于社会管理范畴，这些事大多呈交叉之势，但还是有一定范围的。

班主任的工作范围不是无边界的，班主任应当将这些事理清楚，看哪些是自己分内之事，哪些不是，能够把分内之事做好就已经是尽职尽责了，分外之事，班主任可以提醒学生和家长，也可以提一些建议，但不宜牵涉过深，否则劳心劳力还不讨好。

30．校外看见男女生手拉手走怎么办？
——选择最佳时机教育

教育现场

看到两个熟悉的身影

今天是周日，学生晚上返校上晚自习。我出去买晚餐的时候看到有学生三三两两地往学校方向走。

经过车站的时候，我突然看到两个熟悉的身影，两个学生一男一女手拉着手，从车站出来，向商场方向慢慢地走着，旁若无人地享受着二人世界的温馨甜蜜。

他们会是谁呢？我在街道的另一侧跟着走了几步，才慢慢看出来，男生是我班上的小雷，女生好像是隔壁高二（3）班的小蕙。他们紧靠在一起，低声地说着什么，根本就没有察觉到我这个班主任在远远地看着他们。

这两个学生原来就似乎有这样的恋爱关系，只是在校园里保持着一定的距离，让老师隐隐约约地觉得有那么回事但无法确定，出了校园，他们就无所顾忌地"黏"在一起了。

跟着走了一阵，我竟然发现自己有点拿不定主意，我是不是该上去"表示表示"呢？

（方庆提供）

目标：提高教育的有效性。

应变策略：暂时放过，回校以后再教育。

班主任选择一个合适的时间和合适的地点，告诉小雷，某天，在某个地方，我看见你和小蔓在一起，为了不伤你的面子，我没有上去批评你。

老师这么一说，小雷就懂了，老师是关心他的，而且是很给他面子的，他就会从内心里感激老师，这就有了听从老师教导的良好基础。老师再讲其他话，提其他建议，小雷就能听进去，这种教育是有效的。

相反，如果班主任马上冲过去，将他们训一顿，羞辱一番，会有什么效果呢？

首先他们肯定不会再如此肆无忌惮地"黏"在一起了，会保持一定的距离，恢复中学生应有的良好风貌。外在的效果肯定是有的。

但谁都有自尊心，谁都爱面子，一个青年人，在自己爱慕的人面前受到批评、责骂和羞辱，肯定是觉得非常没有面子的，无论他（她）是否表现出来，其内心肯定对这种大煞风景的教育极为反感，他（她）会想：没有别人在场的时候，你怎么批评我、骂我都可以，你别当着我心爱的人这么羞辱我啊！

在现实生活中，我们经常看到一些聪明的妻子，当着外人的面，总是竭力维护丈夫的尊严，哪怕自己受一些"委屈"都在所不惜。而这样的妻子，往往越发得到丈夫的尊重。

人敬我一尺，我敬人一丈。以"尊重"换"尊重"，尊重才是发自内心的。

再回到上面的案例，如果这种教育仅仅是一种外在的强制，它所能起到的作用就只是短暂的、有限的。或者说，这种强制会导致学生心理上的逆反，你越是禁止，学生越要去做。一个人反感某个人的教育时，再多的教育行为都是无效的。

对学生进行合理适度交友的教育是肯定需要的，但青春期的孩子是敏感的，我们要注意方式方法，选择合适的时机。这样，老师就可以在不破坏孩子信任的情况下进行教育，教育会具有效果并且可持续。

 **案例反思**

教育要考虑有效性。不少老师以为自己出发点好就可以了,我们经常听到这样的埋怨——"我费了多少心思啊,对他们多好啊,可是,我越教育,学生越不听我的","我对他多严格啊,可是他竟然恨我"。遇到这类问题时,老师不妨想想自己的教育方式方法是否对头。

教育的有效性必须考虑教育对象的感受。只有设身处地地站在学生的角度来体验,来感受,才能找到最适合学生接受的教育方法。

31. 学校安排班级干脏活累活怎么办?
——给劳动赋予新的意义

 **教育现场**

学校安排我们班搬运沙石

我们学校是一所农村中学,教学设施很多已经老化,显得破烂和陈旧。

本学期,学校进行了一些整修,有一些小的工程。围墙补上了缺口,这样,学生在上课的时候就没那么容易溜出学校了;乒乓球台凹下去的地方抹上了水泥,这样,球落到上面就不会匪夷所思地改变轨迹了;教室的天花板和墙面也整修了,漏水的情况也许会减少一些。

但这些整修似乎又莫名其妙地停下来了,好久不见那些工人的身影了,大概有一两个月了吧,学校还有好些地方需要修补呢。那些沙石也堆放在教学楼门口,人进人出,磕磕碰碰,散得到处都是。

今天,后勤主任找到我,说这一阵子工人师傅们可能暂时不能过来了，我们教学楼门口的沙石需要清理走，那个升旗台正需要沙石进行修补，要我安排学生把沙石运送到升旗台那边去，任务有点繁重，还需要从家里带来一些工具。

这些沙石确实给我们的进出带来不便，但单独安排我们班干，学生会不会有意见呢？而且，这些沙石还不少，可能要好几天才能运完，我们班的学生肯定会抱怨这个脏活累活的，怎么办？

(方庆提供)

 **临场应变**

目标：让学生参加有意义的劳动。

应变策略：给劳动赋予特殊的意义，并使其具有创造性。跟学生说："升旗台是我们学校最神圣的地方，学校决定由我们班来维护和管理，这是我们学校独一无二的荣耀，我们一起想办法把升旗台整修得漂漂亮亮的吧！"

这个号召里没有提到搬运沙石，但学生肯定需要寻找维修升旗台的沙石。升旗台修好，教学楼前的沙石肯定会搬运走。

班主任可以引领学生看到这个"大事业"的意义。每周的升旗仪式是学校最为庄严的时刻，每位师生都要在升旗台前向冉冉升起的国旗行注目礼。如果通过我们的劳动能够让破损的升旗台变得完整、漂亮，那么，我们的劳动会得到所有师生的瞩目和好评，这是我们学校独一无二的荣耀。

做好动员工作后，班主任可以把学生带到升旗台去看看怎么完成这个工程。

升旗台要整修成什么样？可以让学生们预想整修后的升旗台的新形象，思考有哪些地方需要修补。

怎么整修升旗台？可以让学生们讨论整修方案：有哪几个阶段和步骤，时间上怎么安排，需要什么材料，从哪里获得沙石，从哪里弄来水泥，需要什么维修工具，到哪里去借，需不需要瓦匠师傅帮忙，等等。

怎么维护升旗台？升旗台修补好之后，水泥未干时，禁止人和动物踏上水泥，需要一些围栏；水泥凝结的时候，需要洒水；硬化之后，需要清扫垃圾。等星期一升旗礼开始的时候，我们维修好的升旗台就可以以焕然一新的面貌迎接全校师生了。

完成这个系统工程需要学生献计献策，需要他们发挥聪明才智。用系统优化的方法去设计整体方案，用水泥搬运的有关知识合理安排进程。需要学生们想办法弄到材料和工具，很多学生家里有一些工具，这些工具在这个特殊的时候派上了用场，为整个学校服务，这是一种荣耀。可能有的孩子的父母就是泥水匠，是该他们一显身手的时候了。整修还需要全班学生去找沙石，找水泥，这是很辛苦但有意义的事，我们的劳动里蕴含着价值、创造和荣耀，这样学生更有积极性去劳动。

做好了这些，这个班肯定会被全校关注，肯定会获得赞誉，班主任还可以跟学校沟通一下，给自己的班级一个"升旗台卫士"之类的荣誉称号，孩子们会觉得自己的劳动有价值、有意义。

在这个特殊的意义下去搬运教学楼下面的沙石，比单纯的命令和要求更能打动学生。这个意义和价值既可以说是劳动本身具有的，也可以说是老师发掘出来的。不管怎么样，搬运沙石的辛苦工作成为"大事业"中必不可少的一环，在整个系统中，这是有意义、有创造的必要劳动之一。每个人的价值都可以在劳动中得到彰显，班级因为这次劳动更具凝聚力。

这种劳动有助于学生的智力发展、知识活化。学生在这一创造性的系统劳动中，可以体会到相关知识的应用。在这个维修工程中，可以用到语文课上的统筹方法，可以运用数学、物理、化学等方面的知识。学生在设计和动手的时候，把所学知识和具体的劳动对象连接起来，思考着事物之间的联系，他们的手和思维在不断地进行验证和传导，思维在检查、纠正、改造着劳动过程，构思不断地在发展、深入，于是劳动发展了智慧。这些知识在劳动中的创造性运用，就是劳动魅力的秘密所在，也是知识得以"活"起来的根本途径。知识和劳动在具体的设计、寻找和搬运中有机地结合在了一起。

案例反思

一个人不愿意参加劳动,是因为他看不到劳动的意义。一个人之所以愿意参加劳动,且不顾辛苦和劳累,肯定是因为劳动有价值;一个人之所以热爱劳动,肯定是因为劳动需要智慧和创造,他在劳动中能够感受到自己的聪明、才智和技艺,这种复杂的、需要动脑筋的劳动能给人带来智力上的愉悦和成就感。

让孩子去劳动,不要只是简单地要求他去做,而要让他在劳动中体会到创造和价值。

32. 学生晕倒了怎么办?
——先救学生,再保自己

教育现场

吕洁晕倒了

上课时间,突然有一位同学跑到办公室来喊我:"老师,吕洁晕倒了。"我马上站起来往教室里跑去。

教室里,吕洁两眼紧闭,嘴巴也紧闭,浑身软塌塌的,两位女生扶着吕洁,喊着吕洁的名字,尽量让她保持清醒。数学老师,一个大男人,竟然满头大汗,手足无措,站在一旁紧张地观望。

我刚接手这个班。吕洁是一个高挑漂亮的女生,正在学播音主持。他父亲很帅,是香港人。这女孩看起来生动活泼,不像有病的样子。

我问学生吕洁怎么会出现这种情况。有一个学生说:"这是吕洁第三次晕倒了,一次是在宿舍,一次是在操场,她不能进行剧烈运动;还有,天气突变的时候,气压变化大,她也会发晕,两次都是她宿舍的同学救醒的。"

我出了一身冷汗,她竟然晕倒三次了,万一有个三长两短该怎么办?

(方庆提供)

 **临场应变**

目标:先救学生,再考虑如何降低其危险性。

应变策略:冷静以对,一边喊医生,一边自行救助,既然吕洁前两次晕倒都被同宿舍的同学救醒了,那么她们肯定有救助的方法,在医生没有到来之前自行救助是非常重要的。

遇事要冷静。缺乏冷静,人就无法理智地了解事件的发生原因并找到合适的处理办法,焦虑和冲动容易使人做出错误的判断;保持冷静,人就能对当前的状况迅速做出准确的分析,能够判断事情的轻重缓急,做出正确的抉择,控制局面,将事情的危害降至最低限度。

在这个案例中,学生在吕洁前两次晕倒时做出了及时有效的救助,她们已经掌握了救助的方法,那么这一次她们应该也可以实施救助,所以,老师安排学生去喊医生的同时,可以让吕洁宿舍的同学来救助。

当吕洁被救醒,危险解除之后,班主任就应该考虑如何预防事情的再次发生,将其危险性降至最低。

第一,吕洁为何多次发晕?是什么原因导致的?有什么方法可以避免?

如果是剧烈运动导致她发晕的话,以后就不能让她参加剧烈运动了;如果是天气突变导致她发晕,那么下雨前或气候有大变化的时候就要关注她,防止她发晕。

第二,当她发晕时,有哪些办法可以有效地救助?吕洁自己有哪些方法?与她同宿舍的同学有哪些方法?如果她以后发晕,与她同宿舍的同学不在旁边怎么办？

可以向吕洁询问发晕的详细原因，寻找前兆，做好预防工作。

也可以和参与救助她的同宿舍同学探讨，怎样在她晕倒之后合理地实施救助。

还应该考虑到其同宿舍同学不在身边的情况，可以让班上的其他同学也学学救助方法，在她出现危险的时候及时实施救助。

第三，万一吕洁有个三长两短怎么办？责任怎么分担？

这个问题不是诅咒吕洁，而是作为一个预案，班主任必须要思考的问题。

面对学生晕倒，危及生命安全，此事非同小可。学校一方当然要尽力救助，但我们应该看到事情的特殊性，这不是一般的违纪问题，后果可能非常严重。如果没有抢救过来，孩子会失去宝贵的生命，家长会失去可爱的女儿，学校可能要承担责任。一旦家长不够理性，或者对学校不满，双方就会产生纠纷。

我们要保护好这个可怜的孩子，也要学会自保。

班主任必须考虑吕洁是不是适合到校上课，班主任可以考虑两种方案：

一是，要求学生和家长去医院检查，看吕洁这种晕倒有多大的危险性，如果危及生命安全，从孩子的生命安全出发，孩子应当休学，如果医生认为没有生命安全，可以开一张证明条，以明确各方的责任。

二是，班主任应当和家长沟通，明确双方责任，班主任向家长咨询可以给孩子提供哪些帮助，哪些是学校无法提供的，如果孩子在学校出了生命安全事故，学校在尽了义务的情况下要不要承担责任。最好的情况是，让家长看到班主任在积极帮助这个女孩，取得家长的肯定后，和家长签署一个备忘录，或者让家长写一个声明，以明确责任。

这两个方案都必须用文字方式留存医院或者家长的意见，在法庭上，这是有效的证据。

生命大于天，我们要珍惜每一个生命。生命如此脆弱，可能转瞬即逝，因此，我们要慎重对待，积极帮助，考虑周全，做好预案，帮助学生渡过难关。

 **案例反思**

学生第一，还是教师第一？

人们对这个问题争论已久，但是共识是，我们的教育不仅要考虑学生，同时也要考虑老师。

在现实生活中，"学生第一"，"一切为了学生，为了学生的一切"，可能会暂时蒙蔽我们的双眼，让我们忽视老师的权利和安全。在这样的口号下，老师的权利极易被侵犯，老师和学校的责任都被无限扩大。

从法律上考虑，双方的权利和义务应当明确，在追究责任的时候，我们要有据可依。在法治社会，这是我们生存的方式。

33. 发现班长抄作业怎么办？
——呵护尊严比解决问题更重要

 **教育现场**

班长竟然抄袭作业

那天，我在批改作业，发现两本作业的答案一模一样，尤其是主观题，且这两位同学正好是同桌，明眼人一看便知是什么问题。课间我让两位同学进了办公室，先问他们到底是谁抄谁的作业，事先我个人认为是男生抄女生的（因为女生是班长，成绩相对较好；男生成绩中等，行为不太好），结果学生的回答出乎我的意料，女班长声音低低地说："老师，是我抄他的。"当我听到这句话时，简直不敢相信自己的耳朵，一来我的事先判断竟然是错误的，二来怎么也不会想到班主任最信任的班长会这样做。

我先低声询问了女班长："你是否有什么困难？是不是这些题目你都不会做？"她说不是。我继续问她："你是不是忘记带回家了，早上赶出来的？"她说也不是。我再问她是不是家里遇到什么问题了，她又否定了。我心中的火气开始升了起来（此时可能还是缺乏耐心），批评了她，她好像不大接受地离开了办公室。

我感到郁闷，我不是在帮助她找原因吗？她怎么这么不领情呢？

（网友 茗）

临场应变

目标：帮助学生，但不能伤害学生的尊严。

应变策略：不再提这件事，以后暗暗关注，悄悄帮助。

为什么用这种办法？

人活一口气。假如我是那个女班长，我成绩本来就比较好，我还是班长，我的抄袭行为被老师发现了，这是很羞耻的，无论我是出于什么原因抄袭的，我都希望老师暗暗地帮助我，尽量不提这件事，否则，我还有什么资格当班长？我还有什么脸面管理全班同学？

每个人都有自尊心和自强的愿望。有的事情学生处理不好，老师可以帮助他；有的事情学生自己能处理好，他不希望老师来帮助。无论年纪大小，我们都希望自己能够独立地处理好问题。

谁希望羞耻的事情一再被提起呢？她希望这件事结束得越快越好。

我班有一个学生，他性子很急，经常顶撞老师，后来，经过我慢慢化解，他逐渐没那么冲动了。有一天，他在自习的时候看课外书，副校长发现了，一把就没收了他的书，按他以前的习惯，他肯定会跟副校长

发生冲突,但是他没有这样做。我知道这件事后很高兴,肯定了他的克制。第二天开班会,我就学生们的冲动发起了讨论,中间,我站在讲台上对这个同学说:"你昨天表现得非常好,你来说一下自己是怎么做到的。"他站起来但半天不吭声,我只好让他坐下了。下课后,我收到他的小纸条:"老师,尽管我昨天克制得好,但被副校长没收书的事情还是很没面子的,我不希望被提起,请您以后提问时多考虑我们的尊严。"

一般说来,当班长的学生,其自我调节能力是很强的,一般的问题出现了,当我们委婉地提出时,他们都能很快地处理好、调整好。当班长的学生,还有一个特点——自尊心强,本来就有很强的自尊心,作为一班之长,还要管理全班其他同学,其尊严和面子观念也是很强的。这个女班长在抄袭被老师发现后会想:同学们知道了这件事会怎么样呢?

当然,我们老师不是不能指出错误,但这要因人而异,因地制宜。小问题,不伤尊严的,直接指出是没问题的。影响班风的大问题,我们指出来的时候就要注意分寸,注意影响面,同时还要看班长个人的接受能力,面子观念太强的,首先要帮助他做到保持合理的自尊心。

女班长显然有难言之隐,老师可以用哪些不伤自尊的方式去了解和帮助她呢?

(1)可以暂时放过,以后再去了解。现在去探究这、探究那,尽管老师没提抄袭这件事,但班长心知肚明,其内心还是羞耻不安的。

(2)可以在同等关注的情况下帮助她。也就是说,老师可以先辅导一下别的同学,然后再辅导一下她。这种关注不是刻意的,不会让班长感到自己被特殊化,这样她好接受一些。

(3)也许她的问题不是学习问题,而是生理问题、家庭问题或者人际关系问题,老师可以暗暗观察,可以在不提及抄袭的情况下去了解其他老师或者家长,在了解的同时做好保密工作,不让班长知道老师在调查了解。

总而言之,老师的帮助是好心的,但也要注意方式方法,注意学生的感受。

 **案例反思**

很多时候,解决问题本身会造成问题。在这个案例中,老师有帮助学生的良好愿望却造成了学生的痛苦。

为什么会这样?

这位老师没有换位思考,只是从自己的愿望出发,以为是帮助学生,却没考虑到学生的自尊心。该老师在解决一个问题的时候制造了更大的问题。

原有的问题没有得到解决,在帮助的过程中却产生了新的问题。解决之道反而成为问题。乔治·柏克利说:"我们先是惹起尘埃,然后却宣称看不见。"案例中的这位老师就陷入了这样的境况。

34. 学生准备用暴力报复老师怎么办?
——周密安排,确保安全

 **教育现场**

老师,你今天要注意点

我在一所市直学校任教初二政治兼班主任。

有一天下课的时候,我班学生张强把我拉到一边说:"老师,你今天要注意点,放学后最好和其他老师一起走,小心安全。"

我一下子紧张起来,有什么危险?我马上问张强。他摇摇头,不肯直说,看样子他不想背叛江湖义气。这个孩子本来是很调皮的,成绩不好,但是我善待他,他懂得知恩图报。

我没有放他走,而是把他拉到墙角,对他说:"如果是一丁点儿大的小事情,那就无所谓,是吧?我也不用太注意的。"

张强马上说:"你不能小看的,搞不好要出大事的。"

我说:"光天化日之下,不会出什么大事吧,学校里挺安全的。"

张强说:"那不见得,在学校是安全,但出了学校就不一定了。"

我严肃地说:"既然要出大事,那你就快点告诉我,我要是不知道敌人在哪里,我怎么防备?"

张强犹豫了一下,说:"贾为带刀到学校来了,要捅你。"

我一听,手心都冒汗了。这个贾为不是我们班的学生,但是我教他们班的政治。他是个非常凶暴的人,个子不高,但好斗凶狠,除了怕他的班主任陈老师,其他人他谁都不怕,上其他老师的课,他总是为所欲为。陈老师带班比较有经验,她个子瘦小,但治班较严,违纪、调皮的学生,她都能搞定,尽管也会经历辛苦和艰难。对贾为这个孩子,她花了大量的心血,他这么调皮,没有在班级造成很坏的影响,陈老师已经是做得很不错了。只是贾为打架、斗殴的事情依然时有发生。

前两天,我听说贾为在追求我们班的文静,我还特地找文静谈话了,很可能是文静拒绝了他,他要报复我了。

幸亏张强跟我说,这种事也只有张强这样的人才会知道,其他好学生是不会知道这种信息的。

让张强回班后,我马上回办公室跟陈老师说这件事。

在一旁的数学老师说:"你一说,我就想起来了。我上课的时候,张强就拿着这么长一把刀(数学老师比划着,大概有一尺多长),在地上拖来拖去,我赶紧叫他收起来。"连数学老师都不敢没收他的刀。

马上就要放学了,我该怎么应对?

(方庆提供)

 **临场应变**

目标:周密安排,确保安全。

应变策略：方老师退避，由贾为的班主任陈老师先叫他出来谈话，安排别的老师去取刀。控制住学生，解除了危险后，家长、德育处、班主任陈老师、方老师一起配合对其进行教育，化解师生矛盾。

这个突发性事件有相当的危险性，而且处理起来有相当大的变数，所以一定要考虑处理过程中的种种可能性，做好应对准备：

(1) 怎样应对最有效？谁是最佳教育应对人？谁是学生的重要他人？应该是他的班主任。

(2) 学生有没有暴力反抗的可能？如果有，就要学校的保卫处做好防范准备。一旦动刀，就可能流血，要做好流血的应对措施，通知医务室做好准备。

(3) 有没有办法实现学生和刀的分离？如果有，那就需要一个老师引开学生，一个老师去拿刀。

(4) 学生见到方老师会有什么样的情绪？如果有愤怒情绪，方老师要先回避。

(5) 这种事件属于什么性质？应该是恶性违纪，控制局势后，应通报德育处、校长室，让家长也来处理。

(6) 暂时制止事件发生后它有没有继发的可能？如果有，在事件处理过程中还要想办法取得双方（学生和方老师）的和解。

基于上述假设，制订应急预案：

(1) 让方老师到另一个办公室暂避。

(2) 通知医务室的医务人员做好应急准备，通报安全后才下班。

(3) 通知德育处和保卫处，安排两个便装保安到办公室，和其他老师一起，装作聊天，做好控制学生的准备。

(4) 让班主任陈老师到班上去把贾为叫到办公室谈话。悄悄询问他为什么带刀，刀放在哪里，以及怎么解决这件事情。

(5) 在班主任和学生谈话的同时，安排一个老师去教室，到该学生的抽屉里找出刀，如果没有找到，就发信息告知班主任。班主任一定要问出刀的下落并找到刀。

（6）如果学生降服，保安人员将刀作为证物留存；如果学生未降服，情绪失控，保安人员要做好控制学生的准备，班主任迅速通知家长。

（7）事件初步处理完毕，通知德育处，通知家长来校，通知医务室危机解除。

（8）德育处、班主任和学生家长一起做好下一步的教育工作，商定教育处罚方式。

（9）方老师尽量与学生达成和解，建立友好关系。

在这个预案中，班主任是关键人物，事件和平化解的最大可能在于班主任，她是学生唯一能服从的人。整个方案的设计以班主任为中心，由她来实施正面教育，控制事件发展的进程，避免暴力冲突。另外，方老师、医务室、保卫处和德育处都要做好配合。

如果班主任能对贾为进行充分有效的教育，就可以最大限度地减少后患。贾为比较暴戾，不是那么容易控制和教育好的。如果处置不当，会加深他对方老师以及整个教育系统的对立和仇恨。

冤家宜解不宜结，控制局势后，班主任陈老师要尽力帮助学生转化观念，改变想法，她可以从两个方面着手：

一方面，让孩子看清用刀伤人的危害。让孩子想想，一个老师命丧于刀下，生命被剥夺，是多么残忍的事，而老师还有妻子、儿女和父母。让孩子了解《刑法》的相关内容，只要学生达到了14周岁，故意伤害罪和故意伤害致死罪就可能判处有期徒刑，甚至无期徒刑。

另一方面，促进学生和方老师的沟通。大家坐在一起，了解学生的想法，看看他愤怒的情绪来自哪里，然后和方老师一起去化解，甚至可以安排郊游活动，增进彼此的理解和信任，化干戈为玉帛。

案例反思

为什么要制订预案？

处理突发事件，教育比较顽劣的学生，协调家校冲突……这些都是比较棘手的问题，存在一定的复杂性，如果老师不能充分考虑事件发展的多种可能性，匆忙介入，很有可能大败而回，或者教育无效。

谋定而后动，面对这些复杂的现场，预先思考可能性，做好应对预案，能大大增加教育的成功可能性。

35. 被任课老师体罚的学生要上告校长怎么办？
——让学生去告

 **教育现场**

化学老师打人了

周五，下午放学时，几个女同学围着我，义愤填膺地说："化学老师打了某某！我们恨不得要群殴他！"

说话的可是我们的班长啊！怎么回事呢？我问了一下原因，原来是上课时，老师要求同学们背课文，可是某某没认真背，好像在打闹。老师就生气了，把这个同学叫到讲台上，拿一块木板扇他的脸，还说下一次再犯就要脱下裤子来打！

化学老师在学校里可算是事业小成，获得的证书和奖励数不胜数，他也算是元老级人物了，一直都是优秀教师，一直就是这样管理学生的。

现在学生几乎忽视了某某犯的错误，而把矛头全都指向化学老师！他们觉得这个同学的打闹并没有影响他们的学习，而这位老师的做法却让同学们愤愤不平："还是辛勤园丁呢？这是侮辱我们的行为！"

我很为难，没有做出任何表示。

他们越说越气愤，说："走，我们去告诉校长！"

事情就要闹大了,我该怎么办?

(摘自:《班主任之友》教育大家谈)

临场应变

目标:维护学生的权益。

应变策略:让学生去告。

一般而言,班主任在学生和任课老师发生矛盾的时候应该做调停人,协调好双方的关系,引导双方合理沟通,加强理解。

但是此案例很特别。

特别之一:化学老师的行为不是简单的教育方法问题,而是损害学生尊严、侵犯学生权益的问题。

俗话说:"打人别打脸,揭人别揭短。"打脸伤害了学生的尊严。

"人要脸,树要皮。"树要是没有皮就等于死亡,人要是没有脸就等于丧失了名誉和自尊,从此难以做人。老师在众目睽睽之下打学生的脸,学生不仅觉得很丢脸,内心还会受到严重的伤害,甚至会感到无地自容。

同样,老师脱学生的裤子打他,其实并不在于把屁股打得怎么样了,关键是脱裤子会使学生颜面尽失,这是很伤学生自尊的行为。

可这样的事,化学老师说做就做,为了达到教育目的,他根本就没有考虑到学生自尊心的问题,这是非常错误的教育行为。

这种行为侵害了学生的人身权利。对于这种行为的处罚见《治安管理处罚法》第四十三条:"殴打他人的,或者故意伤害他人身体的,处五日以上十日以下拘留,并处二百元以上五百元以下罚款;情节较轻的,处五日以下拘留或者五百元以下罚款。"如果木板打瞎了学生的眼睛或者打聋了他的耳朵,对老师的处罚见《刑法》第二百三十四条:"故意伤害他人身体的,处三年以下有期徒刑、拘役或者管制。"同时,在《民法》上老师的行为也是侵权行为,受害学生可以提出民事诉讼,要求老师停止侵害，赔礼道歉，并赔偿损失。

因此，化学老师的这种行为性质非常严重，班主任无法也不应该帮助他免除法律责任。

特别之二：这是化学老师的一贯行为，他缺乏反思精神。

伤害了学生的自尊而不自知，触犯了法律而没有意识到，这是化学老师的可悲之处。说得严重点，这位老师既不懂教育，也不懂法律。

他想当然地进行着自己的教育，在内心里肯定觉得自己做得是对的，是正确的。而且，一直以来他都是这么做的。这个时候，班主任跟他说："你错了，你不懂教育，你违法了！"他会有什么反应呢？

作为一个事业小成的优秀教师、学校的元老级人物，他会好好考虑这个班主任的话吗？这位"牛人"内心里也许会说："我一直就是这样，咋啦？教育我，你还嫩了点！"

所以，在一个自以为是的老教师面前讲不是、说理论，恐怕班主任会碰一鼻子灰。

所以，还得以事实来教育这位老教师。

当学生为了尊严和权益群起而攻之，当学生聚集起来闹到校长那里去，当学生家长真的向学校提出抗议，向这位老师提起诉讼，这位老师才会意识到自己教育问题的严重性，才会调整自己的认识，改善自己的教育行为。

在这里，我想说：每一个人的合法权益都应该得到保护，无论是老师还是学生；每一个教育行为，无论出发点多么好，都不应该侵犯他人的权益，否则，教育者就应该为自己的行为承担相应的责任，甚至受到法律的制裁。

 **案例反思**

维护团结应该在一定的范围之内。

在教育学生的时候，班主任和任课老师要齐心协力，保持团结一致，但这个一致性也是有范围的,这个范围就是法律。在没有触犯法律的情况下,左一点,右一点,有些错误和出入,都可以容忍,都可以修正,教育者哪有不犯错误的?但是,当教育行为触犯法律,侵犯学生的权益,有可能导致违法犯罪的时候,班主任就要慎重,要弄清事情的性质,做出合理的抉择。

36. 学生邀我去放孔明灯怎么办?
——为学生保驾护航

教育现场

学生邀我放孔明灯

6月4日,离高考还有3天,明天下午学生回家自习,如果不算高考期间的那两个晚自习,今天晚上就算是常规学习的最后一个晚自习了。

有4个学生已经请假回家了,各有各的理由,还有更多人想回,但我尽量挽留,让这个班集体善始善终,不要散了。

有的学校放假更早一些,可能放了一个星期。我们把学生留在这里,他们也不安心,有的人还在认真学,有的人则一脸茫然,有的人有些许焦虑。

年级组长提醒我们,现在是黎明前的黑暗,我们要站好最后一班岗,绝对不能让学生出事,不允许学生搞任何庆祝活动,也不允许老师组织庆祝活动。

因此,我一整天都守在办公室里。晚自习是我的,我一直守到下晚自习的铃响,才准备离开。

但就在这个时候,班上的一些同学涌到讲台前对我说:"老师,我

们去操场放孔明灯去！""老师，你签上对我们的祝愿吧！"

一边是年级组长提出的禁令，一边是学生热情的邀请，我该怎么办？

（方庆提供）

 **临场应变**

目标：让学生带着美好的愿望参加高考。

应变策略：答应学生的邀请，为学生放孔明灯保驾护航。

禁令是可以打破的。

年级组长为什么要制定这个禁令？目的是为了营造一个安定有序的环境，确保学生不出意外，不受干扰，让学生带着良好的心情迈进高考考场。

但每个人的思维方式和状态是不一样的。学生经历了那么长时间的艰难跋涉，终于要走到终点了，他们的心里有各种想法，这是事实。事实为大，不是一个禁令就可以轻轻抹掉的。

禁令的优点是保持面上的秩序，方便执行，缺点是漠视差异，不会因时因地而变。当情况有变的时候，禁令没有跟上变化的节奏，这个时候禁令所起的作用是负面的。因此，并非所有的禁令都是不可打破的，我们可能违反了规则，破坏了规则，但会赢得事实，赢得未来。我们在看到规则的"固定性"的同时，也应该看到其"变通性"。

在这个时候，遵照规则不能达到制定规则的目的，而打破禁令恰恰可以达到制定规则的目的。

放孔明灯表明学生对即将到来的高考充满美好期望，这是他们内心的情绪状态。如果老师坚决制止他们这么做，将给他们泼上一盆冷水，因为他们需要与之同舟共济几年的班主任祝福的时候，班主任却选择了冷漠拒绝，这是很伤学生的心的。这种情绪被压抑下来，总会找到一个突破口，可能是在考场上渗透出来，遇到阻碍的时候，他们就可能归咎于老师的冷漠；也可能是在考试完之后，他们会采用比较有破坏力的方式表达内心的不良情绪。

我们要看到学生放孔明灯的性质，它本身是表达良好祝愿的，其行为方式是不具破坏性的。如果班主任因势利导，允许他们放孔明灯，并一起加入，在孔明灯上写下对他们的美好祝愿，这个时候，学生的心和老师的心就合二为一，同呼吸，共命运，齐心协力迈向高考，共创未来。

如果学生的活动被老师禁止，他们可能有两种选择：

一种是把激情和愿望压抑下去，这不利于他们在考场上发挥出最佳水平。

另一种是老师不允许，他们就偷偷去放，高三的学生，这个胆量绝对有。

如果老师允许他们放孔明灯并参与他们的活动，还可以为他们的活动保驾护航。一方面，可以防止年级组长担心的意外事件发生，有班主任在场的话，学生一般不会有破坏性行为；另一方面，班主任在场，其他老师看到就不会干预，即使年级组长看到，也会放心，至多是事后批评班主任。

当孔明灯带着师生的愿望冉冉升起的时候，整个校园都会为他们祝福！

 **案例反思**

学生是人，是有血有肉的人。

他们有自己的思想感情，有自己的愿望和需求。教育对象的这一特殊性意味着我们的教育不能像对待流水线上的产品一样，采用整齐划一的规则要求，任何规则要求的制定，必须有其人性化的一面，否则就是违背教育科学的。

既然学生是一个个具有思想感情的个体，就意味着他们具有独立的人格，有自己的需要、愿望和尊严。这一切理应得到尊重和正当的满足。

第四章

家校关系的协调

家校危机可以分为两类：一类是家长与孩子的冲突；一类是家长与老师的冲突。

在家校相互联系的过程中，有时候因为家长和教师在认识上存在偏差，或者双方的某一方偏离了家校和谐关系建立的两个方面——相互激励、相互信任，家校双方就会产生矛盾和对立。这两种冲突处理的关键是洞悉二者观念上的差异和对立。这种差异和对立，既有老师自己的原因（这一点非常重要，老师最容易忽略，总以为自己是对的，是家长不够配合），也有家长的原因。如果是老师自己的原因，那么，老师就要调整自己的策略和应对方式，从冲突中及时退出；如果是家长的问题，老师就要想办法让家长观察到自己的问题所在，调整家庭教育观念和方式。

家长和学校之间的矛盾，是在根本目的和利益一致基础上的矛盾，所以，家校矛盾是完全可以避免和化解的。当然，这就需要老师把工作做得更加人文化、细致化。

37. 学生在校出走，家长扬言曝光、上告怎么办？
——帮助找人

 **教育现场**

学生在学校出走了

我带一个初二班，班上的小彪是一个令我非常头疼的学生。这个孩子给班级制造的麻烦，让所有任课教师都无可奈何。

教语文的是一个年轻漂亮的女老师，讲一口标准的普通话，写得一手非常漂亮的粉笔字，深受学生喜欢。但女老师要求严格，要求学生书写作业时一丝不苟。而小彪从小就散漫惯了，别说做作业了，他每天能按时来学校就阿弥陀佛了，哪受得了老师的这种管束？因此小彪有些对抗情绪。语文老师每次上课，小彪常常无所事事，惹是生非。他要么找周围的人说话，要么故意夸张地伸懒腰，要么用笔敲击桌子，等等，反正没有一天安生过。开始语文老师还忍了，但小彪越来越不像话，一天，语文老师终于忍无可忍，停下课来，请小彪到教室外面去。小彪根本就不理睬语文老师，继续玩自己的笔。语文老师无奈，只好上前去拖拽小彪，但小彪坐在座位上纹丝不动，女老师力气小，两人一下子僵持在那里。

马上就有学生到办公室来报告情况，我立马走进教室，女老师已是泪流满面，一脸无助的样子。我很愤怒，凭借自己力气大，终于将小彪请出了教室。

进了办公室以后，小彪仍然是一脸不屑的样子。我在办公室里跟他谈了整整一个小时的话，从语文老师的负责到全班同学的前途，跟小彪说了一箩筐的话，最后，我要求他必须向语文老师道歉，否则就上交学校处理。

看上去小彪已经平静了很多，但是对道歉的事他一直不表态。下课铃声响了，小彪对我说："刘老师，我要上厕所。"我点头应允。

没想到，就是这个应允惹下了大祸。小彪上完厕所以后，并没有直接进办公室，而是翻越围墙离开了校园，悄无声息地出走了。等到我确认他已经走出了校园，已经是一个小时以后了。

我马上将事情向校长做了汇报，校长很沉着，安慰我说："不要急，学生可能回家了，你马上跟家长联系一下。"

我马上拨通了小彪父亲的电话，小彪的父亲一直很配合学校的教育，他答应说，如果孩子回家，他一定在第一时间通知我。

我先前多次到小彪家做过家访，小彪的父亲是上门女婿，小彪的奶奶（实际上是外婆）非常溺爱小彪这个孙子（外孙）。小彪从小学五年级开始就迷上了网络游戏，为了筹到上网的钱，他将自己的课本撕下来，一页一页地放进炉膛里烧，奶奶不忍看孙子自毁前程，因此就一次又一次地屈服，给钱让他上网。

我一夜无眠，得到的消息是小彪没有回家。第二天，小彪的奶奶坐在我的办公室里痛哭流涕，并且大声呵斥我和语文老师："你们两个合伙把我的孙子逼走了，你们赔我的孙子！教育法规定不准体罚学生，你们这样对待我的孙子，我要通知电视台曝光此事，还要告到教育局。"

我和语文老师都很尴尬。现在我该怎么办？

（刘令军提供）

 **临场应变**

目标：以解决问题的务实态度取得家长的谅解和支持。

应变策略：在最短的时间内找到出走的学生，防止意外发生。

遇到这种事情，我最大的优点就是冷静。我的大脑飞速旋转，开始厘清思路：

出走已成既定事实

学生一夜未归,说明学生出走已成既定事实,原先我还抱有幻想,学生可能只是赌气离开了校园,说不定晚上就回家了。现在幻想已经破灭,家长在学校闹腾,我此时跟家长解释缘由已经无任何益处,在家长着急、情绪激动的情况下,我们的解释容易被误解为推卸责任。

谁主持处理这件事

事情已经关乎到学校利益,很显然,我已经无力个人解决这个问题,必须要依靠集体的力量。我立即将情况汇报给校长,请校长做出决策。校长临危处事非常果断,立即召开全校教师会议,商讨对策。学校解决问题的务实态度,迅速消除了家长心中的怨气,家校双方暂时搁置争议,合力应对困难。

确定找人方案

(1) 在多大范围之内展开寻找?

根据学校周围的交通情况,我们考虑了几个因素:第一,小彪口袋里的钱能支持他走多远?我们向家长了解到,小彪手中大概有50元钱,向学生了解到,出走之前小彪没有向同学借钱。第二,根据当地的交通网络,小彪能去的只有三个地方。第三,小彪曾经去过哪些地方?这个很重要,人都会对陌生的环境怀有恐惧,因此小彪很可能会去自己熟悉的地方。通过与家长交流获悉,家长最远带孩子去过县城。据此,校长做出判断,小彪去县城的可能性比较大。

(2) 到哪些地方去找?

第一是网吧,因为小彪本来就沉湎网络,因此他最有可能去的地方就是网吧。第二是亲戚家,这种可能性不太大,因为到了亲戚家,亲戚一定会电话通知家长,可是到现在还没有人报平安,说明他并没有到亲戚家。第三是同学家,这个只需在全校同学中做一个调查就能找到答案。

第四是在外流浪，漫无目的地走。如果小彪身上还有钱，他一定会给自己找一个落脚的地方，而这个地方他首先考虑的肯定会是网吧。

（3）哪些人去找？

由于小彪是未成年人，缺乏自我保护能力，交通事故、坏人敲诈勒索甚至拐卖、生存困难等情况随时都可能发生，早一分钟找到他就少一分钟的危险，因此寻找他的人越多越好。校长果断决策，调动一切可以调动的力量迅速行动。在保证学校正常教学秩序的情况下，集中全校力量找人。上课的老师继续上课，不上课的老师出去找人。在这个问题上，家校暂时形成合力，家长负责到亲戚家寻找，学校负责在网吧里寻找，家长和学校分头行动。

（4）采取什么措施寻找？

第一，网络联系。学校能够上网的电脑全部打开，请跟小彪走得近的学生将QQ挂上，如果小彪上线，一切就好办了。第二，以学校为圆心，对周围的网吧进行地毯式搜寻，每家网吧都不放过。

做好预防措施

由于学生出走具有很大的不确定性，学校在"前途未卜"的情况下，必须把该做的事情都做好。我们校长将小彪出走的事件写成文字材料，上报教育主管部门，并且到当地派出所备案，还跟派出所约定，必要的时候还要请他们协助。

第三天晚上10点，我们学校的两位老师终于在县城的一家网吧里找到了小彪。后来，一个跟小彪走得比较近的老师在若干天之后问他，为什么要离家出走？他的回答是：班主任特别讨厌，所以我就想惩罚惩罚他。因为，他知道他的奶奶肯定会为他出面，大闹学校。从这个事例来看，显然他的目的已经达到。后来，我和政教主任一起再次到小彪的家里进行家访，将这句话告诉了家长。当着我们的面，他的奶奶进行了深刻反思，这个事件也算是对他奶奶的一次教育吧。

 **案例反思**

学生在学校出走,曾引发了广大一线教师对问题学生教育的思考:这样的学生,班主任还管不管?管他,他跟你玩出走,惩罚你;不管他,整个班级都会陷入混乱,学校的一切管理制度也会因为"掣肘"而土崩瓦解。因此,管是必须的,关键是提高管的技术水平。在这个案例中,我对自己比较满意的一个地方,就是在得知小彪出走的目的后,仍然主动上门,跟家长进行沟通,家校终于在经历风雨之后携手,教育合力形成。我也是在反复说服自己以后,才迈出那一步的。我说服自己的理由就是:我是一个对教育有理想的人,因此凡是有利于学生成长的事情,我都必须去做。以德报怨,正是师者胸怀。

38. 遭遇亲情不够钱来补的家长怎么办?
——跟错误的生活方式决裂

教育现场

会花钱的小良

"刘老师,昨天小良过生日,他请同学的客,花了600多元钱。"听到这个消息,我被吓了一跳。一个15岁的初三学生过生日,哪里要花这么多钱?

我把小良找来,"听说你昨天过生日花了不少钱?"

"是的!600多元。"小良非常坦率地承认。

我问他,"你为什么要花这么多钱呢?"

"他们只顾自己潇洒快活地离婚,我就是要花钱花得让他们心疼。"

我有点吃惊,"你说的'他们'是指谁?"

"我父母。"

我这才知道,小良的父母早在他10岁那年就已经离婚了。

小良的母亲要比他的父亲小十多岁,从一开始,他们的婚姻就是不稳定的。吵吵闹闹之后,他们终于在小良10岁那年"劳燕分飞"。母亲去了县城,把小良留给了父亲。在邻居们的印象里,小良的母亲是城里的"中产阶级",而父亲是乡下的"贫下中农"。

每到周末,小良必做的事情就是去县城"收款"。

按小良自己的说法:这个"收款"是"收取放弃母亲责任的罚款"的简称。

每周至少一百元,多则二三百元。他收款的名目繁多,且都很"正规":学费、学习资料费、文具购买费、考试费、衣服鞋袜购买费、生活费……后来证实,小良的这些收款其实都是"重复收取",他从父亲那里也收了一份,父亲尽管不如母亲殷实,但与妻子离婚后,儿子要花钱他还是舍得的(据后来的"清产核资"报表统计,父亲一年赚了6800元钱,小良就帮他花了5000元)。

我意识到了问题的严重性,立即电话通知了小良的父母。小良的母亲在我的办公室里气急败坏地逼问小良:"说!钱都花到哪里去了?"

没想到小良毫无愧意,冷冷地说:"都请同学的客了!"

"请的什么?"

"吃饭!"

"请了几个同学?"

"8个同学!"

"请8个同学吃饭要花600元?"小良的母亲气不打一处来,一根竹鞭就抽在了小良的身上,而自己的眼眶里已是泪花滚动。小良一声不吭。

"说!还干什么了?"母亲的竹鞭又一次落在了小良的身上。

但小良仍是一声不吭。

一边是家长怒不可遏地暴打孩子,一边是学生一声不吭,事情至此已经陷入僵局。作为班主任,我该怎么办?

(刘令军提供)

 **临场应变**

目标:跟错误的生活方式决裂。

应变策略:将有象征意义的竹鞭折断,扔到垃圾箱里。

看到小良母亲手里挥动的竹鞭,我忽然意识到这根竹鞭具有象征意义。

无论是给钱,还是用鞭子惩罚,都是父母教育孩子的方式,这种方式都是企图用物质奖励或物质惩罚来教育孩子。用物质来教育孩子是错误的,这个道理,父母应该是懂的。

想到这些,我立即出手,抢过小良母亲手里的鞭子,告诉她:"你们给钱也好,用鞭子打人也好,都摆脱不了低劣的教育方式。哪怕给再多的钱,给予再多的惩罚,都无济于事,只会对孩子造成更大的伤害。而最好的教育方式是给予孩子适当合理的亲情,定期看望他并主动带他参加一些活动。一两年之后,他成熟了,就独立了,不需要很多的陪伴了。"

讲清这些道理之后,我把鞭子彻底折断,扔到了垃圾箱里,通过这个举动,我要告诉父母和孩子,从现在开始,你们要跟错误的生活方式决裂。

孩子的钱从哪里来的?毫无疑问,都是家长给的。家长为什会拿那么多钱给孩子?这是因为补偿心理在作怪。

失之东隅,收之桑榆。心理学研究认为,补偿心理是一种心理适应机制。由于个体在适应社会的过程中总有一些偏差,所以力求得到补偿和回报。

在家庭教育中,有补偿心理的家长很容易走进教育的误区,比如,为了实现自己儿时的理想逼迫孩子学习,或者觉得感情上"亏欠"了孩子,就给孩子很多钱，过分地纵容孩子。这种补偿心理往往会贻误孩子的成长：会让孩子变得没有目标、没有责任感，独立自主能力难以得到必要的培养。孩子成年后无论是在人际交往还是在处理事情上，都会变得懒散、过分依赖他人，一旦遭遇挫折和失败就很容易变得灰心、失望、缺乏信心甚至自暴自弃。

正是这种补偿心理使小良的母亲走进了教育误区。

与小良的父亲离婚以后，母亲总觉得亏欠了孩子，所以小良只要装出一副"没妈的孩子"的样子，母亲就会心疼他，不断地给他钱。母亲的本意是想从金钱上补偿小良，她还简单地认为：给的钱越多，给孩子的补偿也就越多。

而越是给孩子很多的钱，父母越会有一种补偿心理——我给了你那么多钱，你也总该补偿补偿我吧。如果这种补偿没有实现，家长就会产生对孩子太不争气的报复心理，出现像案例中那样暴打孩子的行为。因此，克服补偿心理，才是家庭教育走向理智的开始。

离婚是父母解决矛盾的方式，它会影响到孩子，但父母离婚对孩子到底有多大的影响，取决于孩子自己。我们都有遇到困境和挫折的时候，如何面对困境，如何不把大人的事变成自己的事是非常重要的，这是老师应该教给孩子的。

 **案例反思**

家庭教育总是存在一个又一个的误区，面对缺少教育智慧的家长，班主任要告诉他们失误在哪里，是什么原因造成了他们的家庭教育失误。班主任对教育理念的解读和对家庭教育失误的分析，只有让家长信服，他们才会按照你说的去做。因此，从指导家庭教育这一角度来说，班主任也需要不断学习，不断丰富自己的教育理论知识，只有这样，才能引导家庭教育，实现形成教育合力的目标。

39. 学生在校摔伤，家长索赔怎么办？
——搁置争议，治病要紧

 **教育现场**

你们学校要负责

我是一名初二的班主任，今天遭遇了一件事，真郁闷。

小敏是一个很文静的女生，昨天放学的时候，她走进我的办公室说："刘老师，我的肩膀有点疼。"

我没有在意，随便问了一句："怎么回事？"

她告诉我说："第五节课下课的时候，我跟同学一起玩游戏，摔了一跤，当时就觉得肩膀有点疼，没有当一回事，以为过一会儿就没事了。没想到一直到现在都还有点疼。"

我试着帮她活动了一下手臂，发现她的肩关节能自如地活动。当时我想，小敏的肩膀有点疼，可能是摔跤擦伤了皮肉，问题不大，所以也就没有带她上医院。现在已经放学了，学生都该回家了，因此我就叮嘱了小敏几句，如果她回家以后还疼，一定要让父母领着她去医院检查。我原本以为这是一件很小的事情，没想到它却惹来了大麻烦。

今天一早，我走进办公室，小敏的妈妈正在办公室里等我，劈头就是质问的口气："刘老师，你这个班主任是怎么当的？我女儿在你们学校里都摔断骨头了，你们都不闻不问，我要去教育局告你们！"

我一头雾水："小敏妈妈，怎么回事？小敏的骨头摔断了？"

小敏的妈妈拿出一张医院诊断书，"啪"的一声拍在桌上。我拿起来一看："锁骨有三分之一撕裂"。我头皮一紧，没想到小敏竟然是锁骨撕裂。

我马上向家长道歉:"对不起呀,这是我的失误,当时小敏只说有点疼,我没想到竟然这么严重。"

小敏妈妈的声音越发高了:"刘老师,我没想到,你们学校这么不安全呀,我也没想到你们老师竟这么冷漠,我女儿都摔成这样了,你们怎么不送医院?"

我急忙跟她解释:"第一,小敏是放学的时候才告诉我的,所以在此之前我一直不知道她已经摔伤了;第二,当时小敏告诉我的时候,我帮她活动了一下肩关节,没发现有骨折现象,现在医院的诊断是锁骨损伤,我不是医生,我当时没有想到可能是锁骨发生了撕裂。因此,不是我不愿意送她去医院,而是我缺乏医学专业知识造成的。"

小敏的妈妈根本不听我的解释。"我不管,小敏是在学校受伤的,你们学校就要负责赔偿。现在小敏在医院住院,要交5000元住院费,刘老师,你现在就跟我去交钱,你们学校还要派一个陪护人员,最好就是你去。"

一听这话,我头都大了。我该怎么办呀?

(刘令军提供)

 **临场应变**

目标:跟家长协商解决好学生在校的伤害事故。

应变策略:搁置争议,治病要紧。

面对家长的无理要求,我没有急于撇开自己的责任,而是以真诚的态度告诉家长:现在不是家庭和学校吵架的时候,给孩子治病才是关键。我询问她有什么困难,比如资金方面、陪护方面,学校会在能力范围之内提供必要的帮助。

小敏的妈妈见我态度真诚,脸上有了一丝暖意。她拭了拭眼睛:"主要是资金有点困难,我们只交了2000元钱,医院下催款通知了,剩下的3000元，我们一下子拿不出来。"

我迅速拿出手机，将情况向校长做了汇报。经过一番争取，校长同意先由学校垫付3000元的医药费。

我陪着小敏的妈妈去财务室取钱。这时，政教主任闻讯赶了过来。

在财务室里，政教主任跟小敏的妈妈一起学习了《学生伤害事故处理办法》（2002年修订颁发），这个办法是学校处理学生在校伤害事故的法律依据。

《学生伤害事故处理办法》第五条规定："学校应当对在校学生进行必要的安全教育和自护自救教育；应当按照规定，建立健全安全制度，采取相应的管理措施，预防和消除教育教学环境中存在的安全隐患；当发生伤害事故时，应当及时采取措施救助受伤害学生。"

第九条第八款规定："学生在校期间突发疾病或者受到伤害，学校发现，但未根据实际情况及时采取相应措施，导致不良后果加重的"，学校应当依法承担相应的责任。

第十八条规定："发生学生伤害事故，学校与受伤害学生或者学生家长可以通过协商方式解决；双方自愿，可以书面请求主管教育行政部门进行调解。成年学生或者未成年学生的监护人也可以依法直接提起诉讼。"

同时，政教主任代表学校告诉小敏的妈妈，学校会承担如下责任：

（1）看望责任。学生是在学校受到的伤害，因此学校和班级都有看望与慰问的责任。

（2）协助有关部门按司法程序处理伤害事故的责任。

（3）与保险公司联络，申请赔付的责任。

（4）管理过失责任。在这个事件中，学校与家长的争议在于：班主任或者学校是否应当发现孩子的伤害，并及时送医院救助。当时，班主任应该让学生去医务室看看，让医生去处理。

法律上，教师应该注意到而没有注意到，这叫过失。因为孩子的伤势不明显，才导致了班主任的管理过失——谁知道问题会这么严重呢？

这个事件的索赔程序，家校之间应该先协商，尽量达成协议。如果双方的分歧实在太大，家长可以通过法律渠道来解决，比如可以提起民事诉讼，由司法机关来判定责任分担。家长在学校大吵大闹是违法的——扰乱教学秩序，家长向学校提出诉求是正当的，而且是合理的，但如果大吵大闹，"合理"就会转变成"过错"。

小敏的妈妈听政教主任这样一分析，冷静了很多。最后出门的时候，她对学校及时伸出援助之手表示感谢。

送走小敏的妈妈之后，我在班上迅速召开了一个简短的会议，经过推举，决定由班长和副班长作为班级代表，跟我一起去医院看望小敏。

当我带着水果走进病房的时候，小敏的妈妈已经完全没有了敌意，客气地请我坐下。我叮嘱小敏要好好养伤，落下的课程，回到学校以后，老师一定会设法补上。

小敏出院以后，保险公司报销了一部分医药费，学校补偿了一部分。事情圆满解决，家长很满意。

 **案例反思**

社会普遍有这样一种心态：只要学生在学校发生伤害事故，就认定是学校的过错。社会对教师的教育行为缺少宽容和理解，再加上教育系统内部的一些极端观点，比如"没有教不好的学生，只有不会教的老师"，也给一线教师造成了很大的舆论压力，在这种"内忧外困"的情况下，学校坚持依法办学，教师坚持依法治教，是现实逼迫下最好的选择。

40. 家长跪求你收下他的孩子怎么办？
——有条件地接收这个学生

家长竟然下跪了

本学期我带一个初三班，刚开学，有一对年轻的父母带着一个孩子找到了我："刘老师，我儿子邓斌想转到您班上学习，可以吗？"

我打量了一下眼前的邓斌，个子跟我差不多高，头发有点长，但还在学校容忍的范围之内。我问邓斌的父亲："马上就要毕业了，怎么在这个时候转学？"他父亲说："孩子的成绩不好，原先的学校怕影响他们的升学率，命令孩子转学。"

"有这等事？"我满腹狐疑，接过他父亲递过来的学生手册：语文65分，数学34分，英语27分……

我把学生手册还给家长，"您要先找教务处，我们学校有规定，接收转学学生一律由教务处安排。"

"我刚才去过教务处了，教务处说，必须要先找到接收的班级，才能办理转学手续。我早就听说过您了，您是一个好班主任，全校有口皆碑，把孩子放到您这个班我就放心了。"他父亲赶紧抽出一支烟来，毕恭毕敬地奉上。

我这个人一贯不拘小节，不习惯别人的恭维。我心里想，邓斌的成绩是很差，但如果凭此就拒绝这个学生，有违我自己一贯标榜的职业良心。于是，我拨通了教务处的电话，没想到，教务处的同事得知邓斌的父母在一旁，叫我走出办公室再交流。

我心中忐忑，走出了办公室。教务处的同事告诉我："这个学生实际上已经被教务处拒绝了，据调查，这个学生在原先的学校并不是因为成绩不好被勒令转学，而是因为经常打架斗殴，违反校规校纪才被勒令转学的。刘老师，您要慎重哦！接收这样的学生，不但会给自己的管理工作增加很多负担，而且现在已经初三了，如果这个学生影响班上其他学生的学习，其他学生家长一致反对，麻烦就大了。"

我想想也是，确实没有必要给自己增加麻烦，因此就下定决心不收这个学生。

我转身回到办公室，正不知如何拒绝的时候，突然，邓斌的父亲，这个在事业上意气风发的成功男人，突然"扑通"一声跪在我的面前："刘老师，我实在是没有办法了，我知道邓斌不听话，您就救救他吧，您一定有办法的！您再不救他，他这一生就真的没有希望了。"

我一时慌了手脚，赶紧去拉邓斌的父亲。

（刘令军提供）

 **临场应变**

目标：挽救这个孩子，挽救这个家庭。

应变策略：接收这个孩子。

我急忙扶起邓斌的父亲，答应有条件地接收这个孩子。我很清楚，接收这个孩子会给自己带来很多的困难和麻烦，但是我愿意试一试。

我将邓斌的父母叫到另一个房间，提出了我的三个条件：有考察期，借读，家校互相配合。

我跟邓斌的父母谈了接收这个孩子的计划，同时强调家校双方要"保守秘密"，如果让孩子知道了我们的计划，那么教育又会重蹈覆辙。

邓斌的父亲从房间里出来，对邓斌说："孩子，爸爸已经尽力了，学校还是不肯接收你，我们回家吧。"

在楼梯的拐角处，我凝望着邓斌离去的身影，内心充满自信，自己一定能转化好这个学生。邓斌的父亲回头向我挥手，我回应他一个翘起的大拇指，我内心充满着喜悦，父母正在积极配合我的教育行动，家校教育合力正在形成。

第三天，邓斌的父亲带着孩子过来了，我正在教室里上课，佯装不知教室门外还站着两个人。教室里的我全身心地投入，妙语连珠，学生人人脸上面带微笑，如沐春风。而教室门外的两人则焦躁不安，走来走去，我还清晰地听到邓斌父亲埋怨儿子的声音。

我就是要让邓斌真实体验一下离群后的孤独和落寞，他内心的感受如果达到了"刻骨铭心"的程度，那么，某一天当他再次回到集体中的时候，他才会好好珍惜。

在办公室里，我观察邓斌，发现他目光游离，东张西望，与我交谈时并不专心。我估计这个孩子进教室的欲望还没有达到"迫切"的程度，因此就想再"熬"他几天。我与家长简单交谈了几句，当着邓斌的面说："我也无能为力！"

又过了三天，邓斌又来了。他站在我的面前，毕恭毕敬，双手紧贴裤缝。我看看"火候"也差不多了，内心喜悦，表面上则是一脸无奈，对邓斌的父亲说："好吧，这个孩子我收下了。"

邓斌一脸欢欣。

我直视着邓斌："不过，丑话说在前头，由于学校教务处拒绝接收你，所以你进入教室以后，只能算是借读，不转学籍，还要签订一个借读协议。"

邓斌连连点头："刘老师，只要让我读书，我就签字。"

我趁机对邓斌进行了一番感恩教育，从邓斌的父亲第一次跟我打交道开始，一直讲到今天，其中的艰难曲折，我有意进行了渲染。讲到动情处，我自己已是潸然泪下。我也是一个父亲，对邓斌父亲的行为，我的内心除了感动，更多的还是认同和理解。"可怜天下父母心"，我对这种至真至纯的爱，一直心怀崇敬。

一个人只有经历过真实的道德冲突、抉择，才能得到真实的道德成长。刚开学的时候，邓斌目睹了父亲下跪的情形，这一个星期以来，他目睹了父亲为了给他找一个读书的地方，到处求人。他内心的触动已经达到了一个"临界点"，我在这个"临界点"上再对他进行一番引导，他就获得了真实的道德成长。

事后有同事问我，既然你已经打算接收邓斌了，为什么还要让他在家里熬那么久？这样做，耽误他的学习时间太多了。

我解释说，成人比成才更重要。因此，为了孩子能"成人"，在"成才"方面暂时放弃一些是必要的，这是以退为进的教育策略。只有等到他对学校生活充满向往的时候，他才会真心悔改。

我为什么要跟家长签订借读协议？

签借读协议是学校教务处对我提的唯一要求。因为接收这个学生是要冒一定风险的。教育不是万能的，谁也不敢保证这个孩子一定会"教育成功"，在教育实践中，教育失败的案例实在太多了。作为一名有良知的教育者，我不愿意将真正求学的人拒之门外，同时也会尽一切努力去转化一切可以转化的人。但是，万一教育失败的话，孩子继续像以往一样"胡作非为"，干扰其他同学的学习，班级和学校则会考虑请学生退出。

收下邓斌以后，我跟他提出了近期的行动目标：第一，自己的事情自己做，班级分派的卫生任务要按时完成，不要麻烦别人。第二，上课的时候不要干扰别人的学习，实在听不下去的时候，可以看课外书或者练字。第三，不要做给班级抹黑的事，比如打架、顶撞老师等。

我还跟邓斌商定：如果他实现这三个目标，老师会联合家长给予他一定的奖励；如果没有实现，则会有一些处罚。邓斌都一一答应了。

我的原则是：不强迫他承诺达不到的目标，所有的要求都在其能力范围之内。如果目标不切实际，邓斌迫于进教室的压力承诺了，但最终实现不了，老师就会认为邓斌不信守承诺，邓斌会认为老师过于严苛，这样一来，先前的努力就都白费了，教育又重回原点。

后来，在我的努力下，邓斌一步步地实现了我定的目标，家长根据我的建议，对邓斌进行了适当的奖励。在转化邓斌的过程中，我和家长都付出了极大的耐心，允许他反复，在反复的过程中不用指责的方法纠偏，而是用教育的方法去引导，一年以后，邓斌成为了一个阳光男孩。

 **案例反思**

写完这篇文章，我想，其实我应该感谢邓斌和他的父亲。尽管邓斌在这一年的时间里给我制造了很多麻烦，让我身心疲惫，但是在转化邓斌的整个过程中，我的收获要远远大于付出。转化邓斌的教育经历，是我宝贵的人生财富，也是我教育实践中重要的教育资源。正是因为有很多像邓斌这样的学生，需要我不断丰富教育智慧，需要我不断提高专业能力，我才会在各种各样的应变中得到锻炼，我的教育实践也才如此跌宕起伏、多姿多彩。

41. 家长不准处罚学生怎么办？
——帮学生确立规则意识

 **教育现场**

离家出走的王鹏

我们班的王鹏，家里三代同堂，他的爷爷奶奶有严重的男尊女卑思想，母亲在这个家庭中一直不受重视。爷爷奶奶对王鹏非常溺爱，在整个家庭中，只有王鹏的母亲不放纵他，因此很多时候母亲常常扮演了"执法者"的角色，王鹏因此恨透了自己的母亲，同时他很清楚母亲在家庭中的地位，所以，他一直想找一个机会，通过爷爷奶奶向母亲施压，使她从此不敢管教自己。

一天放学回家后,邻居来告状说,王鹏偷了他家晾在外边的一条裤子,用打火机点燃烧了。他妈妈问他有没有这回事,他承认裤子是他烧的。他妈妈一听,"爱之深,恨之切",一根竹条就在爱恨交加中代替了所有的教育。

他的父亲十二点下班回家,发现王鹏已不在床上,一摸被窝,还是热的。他父亲发动所有亲戚朋友,几十个人以家为圆心,以十公里为半径,在这么大的一个区域地毯式地搜寻了一遍,整整三天三夜,父母没有合一下眼。到了第四天,一家人已几近绝望,忽然几里外的乡民打来电话,说在一个山头上发现了王鹏。

后来,王鹏的父亲送他来学校的时候,跟我提了三个要求:第一,不要在班上提起这件事情;第二,不要批评他;第三,孩子以后犯了错误都不要处罚他。

(刘令军提供)

临场应变

目标:帮学生确立规则意识。

应变策略:说服家长,争取家长的配合。

我理解这位父亲的心情,但我不愿意成为第二个被王鹏"降服"的人。先前,王鹏借用爷爷奶奶的力量,成功地"降服"了自己的母亲。这次,他是想借用父亲的力量来"降服"我。

我跟王鹏的父亲谈了三个观点:

(1)孩子离家出走的目的是破坏"规则"。

王鹏父亲提的这三条要求,其实是王鹏自己的要求,只不过他借父亲的口说了出来。爷爷奶奶的溺爱,成了他制胜的武器,而且可以看出他的心机很深,有什么要求他不跟班主任直接提,而采用"迂回"策略,让父亲提,他以为:班主任一定会迫于家长的压力,答应自己的要求。

事实上,王鹏之前已经对自己的母亲运用过这种策略了,你看,他对母亲的"管束"有所反感的时候,不是直接抗争,而是通过爷爷奶奶向母亲施压,而且他成功了。对于这样的学生,教育如果不守住一条底线,那么班级的所有管理制度就会沦为一纸空文,整个班级的管理将陷入一片混乱。

(2)帮孩子破坏制度的危害。

家长的这种做法,实际上是在帮孩子破坏班级的制度。

一个孩子,他可以用各种方式破坏家庭的规则,一个学生,他可以用各种方式破坏学校的规则,但他进入社会以后,破坏不了社会的规则。

一个孩子,他可以不服从家长的管教,一个学生,他可以不服从老师的管教,但他进入社会以后,不可能不接受社会的管教。

(3)用科学的方法帮助孩子确立规则意识。

家长的担心是坚守教育底线可能会使孩子发生意外,因此为了孩子的安全,宁愿放弃教育原则,无视教育底线。其实,只要家校合力,做好预案,意外还是可控可防的。

第一,做好预案,确保万无一失。对王鹏进行处罚,王鹏会出现什么样的过激反应,发生这些反应时该怎么办?班主任和家长事先反复进行思考,做好教育预案,尽量考虑周全。

第二,处罚科学,减少抵触。对王鹏这样的孩子进行教育处罚,最合适的就是"公事公办"。在现实社会中,人们办事都有一定的程序,程序越规范的"执法行为",执行力就越高。比如,交警处罚违章行为,他就有一定的程序:查到违章行为——交警开出处罚单——违章情况上传至网络——车主到银行缴纳罚款。

你想想,假如违章查处不走这样的程序,交警当场开出处罚单,车主交完罚款就走人,违章的处罚会有这么顺利吗?违章的车主必定会跟交警软磨硬泡,四处托人,这样一来,执行力就会大打折扣。

同样,在班级管理中,对学生违纪行为的处罚,班主任如果"公事公办",学生就会不加抵触地服从。

如果我们就这个事件做一个具体分析,就会发现王鹏已经违反了《中小学生守则》的规定。我从办公桌里拿出《中小学生守则》,一一指给王鹏的父亲看。

《中小学生守则》是国家规定的中小学生必须遵守的规章制度,王鹏违反了这么多条纪律,当然应该对照班级管理制度进行处罚。如果班主任不执行处罚,放纵这种行为的发生,那么《中小学生守则》就会变成一纸空文。这对于班主任来说就是严重的工作失职。

对我提出的三个观点,王鹏的爸爸心服口服,同意对王鹏进行教育处罚。

做通了王鹏父亲的思想工作,一切就好办了。

我把王鹏叫进办公室,很严肃地对他说:"老师是国家的公职人员,是代表国家在进行班级管理。因此对你违纪的事情,咱们只能公事公办,不能讲私情。《中小学生守则》第二条规定:(学生要)遵守法律法规,增强法律意识。遵守校规校纪,遵守社会公德。你为了达到自己的目的,旷课三天,你违反了校规校纪。你违反了纪律,我就不得不处罚你。为什么?因为这是我的工作,我必须执行公务。如果不执行公务,那就变成了我工作失职。所以,我现在郑重告诉你,你爸爸说的那三个条件,不管是谁的主意,我是一条都不会答应的。你旷课的这件事,咱们得公事公办。"

我打开办公桌的抽屉,从里面拿出一本违纪处罚单来。给王鹏开违纪"罚单"。我们班的违纪"罚单"有点类似于交警开的违章罚单。

55班违纪处罚单

1. 开出时间:2008年3月27日。

2. 违纪情况:王鹏同学于2008年3月24日至2008年3月26日,不经请假,无故旷课三天。

3. 处罚内容:写1000字说明书,并在全班公开宣读一遍,打扫教室卫生9天(55班班级公约规定:每无故旷课一天,打扫教室卫生3天)。

4. 处罚验收人：<u>王昊</u>。

5. 填单人：<u>刘令军</u>。受罚人签名：_____。验收人签名：_____。

这样的罚单，就将处罚提升到了班级的"政府行为"的高度，"官方"化了。对于"官方"的"政府行为"，学生的抵触情绪要减少很多。面对我的"公事公办"，王鹏无法再"有恃无恐"，只好接受处罚。而我在班级管理中坚持"公事公办"的原则和决心，很快就在班级建立了一种管理秩序。学生们都明白：班主任是不讲私情的，他只会按既定的规则办事。所以，原先一些打算考验一下班级制度执行力的试探者、观望者，都打消了念头，班级制度的执行力也就在我的坚持中大大提高。

案例反思

家长因为害怕孩子再次离家出走，拒绝学校按制度办事，甚至与学校制度对抗。这样的家长很多，班主任要说服他们配合学校的教育，就必须抱着关爱孩子的态度，与家长进行真诚的沟通。我之所以最终能说服王鹏的父亲，就是因为我是从内心深处真正想转化王鹏的，并且家长接受了我的观点：现在，学校和家庭对孩子进行管教，是爱他才管教他，是帮助他成长才管教他，如果他现在不接受学校的管教，那么总有一天，他要接受社会的管教。如果没有家长对我教育观点的认同，我想，家校之间是不会最终合作的。

42. 家长给班主任送礼怎么办？
——拒收的同时给家长留面子

 **教育现场**

一点小意思

今天遇到一件尴尬事。

上午第二节课，我接到小迈妈妈的电话，说她要来学校了解一下孩子的情况，我欣然表示欢迎。小迈这个孩子还是蛮聪明的，成绩也挺好，只是有些调皮，时不时弄出点戏剧性的动静来，但这没什么。

过了一阵子，小迈的妈妈就到了。她来到办公室门口，没有马上进来，而是招呼我出去一下。

我忙起身走出办公室，小迈的妈妈有点愧疚地说："孩子有些调皮，让您操心了，过两天就是教师节，一点小意思，请您笑纳。"说完她从楼道侧面拎出一包东西来，有一盒饼干，还有两瓶酒。

我慌忙说："使不得，使不得。这让人看到多不好。"

小迈的妈妈说："您别紧张，我特意让您出来，没有别人看见。"

我说："您误会我的意思了。小迈在学校表现很好，我们都很喜欢他，不需要送礼的。"

小迈的妈妈说："一点小意思，不是送礼，您就接受吧。"

我有些手足无措，不知该怎么办才好。

（方庆提供）

 **临场应变**

目标：既拒绝收礼，又不伤家长的心。

应变策略：班主任可以收下那包饼干，拿到办公室和老师们一起分享，然后和小迈的妈妈交流孩子的情况，最后让家长把酒带回去。

对于小迈妈妈送的礼品，班主任此时面临两种选择：第一种是接收，第二种是拒收。

第一种选择说明班主任没有原则性，会给家长一种感觉：老师贪心爱财。家长们会在心里猜测，班主任在安排位置、任命班干部、个别辅导、参加活动等方面会不会对孩子们厚此薄彼。而且，收了礼之后，班主任心中的天平真的有可能发生倾斜，俗话说"吃人家的嘴软，拿人家的手短"，班主任工作时会感到掣肘。

第二种选择是拒绝家长送礼，这是跟强大的传统文化"对抗"，拂了家长的好意，结果会闹得双方不欢而散。家长本来是希望加深感情的，反而造成了误会和隔阂，协调的家校关系变得不协调了，这就叫"双输"。

小迈的妈妈送礼，也许是出于对班主任的感谢，也许是觉得孩子太调皮，让老师操心了，还有可能是教师节临近，出于礼貌，她觉得应该向老师表示一下。无论是出于什么原因，小迈的妈妈是想趁此机会加强家校联系，赢得老师的好感，让老师多关照一下小迈。小迈妈妈的出发点是好的，但方式不够妥当。

可不可以二者兼顾？既坚持原则，又不拂家长的面子？

可以。

在这个时候，班主任不要太拘泥，要想办法采用适当的方式给家长台阶下，接受家长"不伤大雅"的饼干，拿给全办公室的老师分享，要"受贿"，大家一起"受贿"，受了"贿"，大家还可以一起帮助教育小迈。在办公室里，家长和老师们一起交流孩子的情况，直接达到了家长此行的目的。

吃了家长带来的饼干，还一起为孩子的成长建言献策，家长能不满意吗?她还需要硬塞给老师酒吗?班主任已经用行动表明:老师是关心孩子的,能够真心对待孩子,坦诚对待家长。家长来学校给老师送礼不是目的,希望老师多关照孩子才是目的。如果她的目的已经达到,送礼就是多此一举了。这个时候,让家长把酒带回去,她会心服口服。

 **案例反思**

班主任在教育学生时,要引导学生合理地表达对老师的感谢。

其实,送礼还是不送礼,家长心里也是很犹豫的。送礼,自己觉得不太好,怕孩子模仿,怕被拒绝;不送礼,又怕别的家长送,自己的孩子吃亏。如果班主任在班上明确表示不收礼,家长就不用犹豫了。

43. 家长不承认给了假钱怎么办?
——打"110"报警

 **教育现场**

收到一张假钱

今天收餐费,我让孩子们在自己的钱上用铅笔小小地写上自己的姓名。

交上来之后,我把这些钱交到财务室去。但是,财务室发现其中有一张假钱,我一看钱上是阿龙的名字,于是,回到教室以后,我交代阿龙,回家后换一张真钱回来。

快下班的时候,阿龙的爸爸妈妈来了,正当我微笑着跟他们打招呼的时候,阿龙的妈妈气势汹汹地质问我:"你怎么说我儿子交的钱是假的？如果是假的，你收到时怎么没有看到？我给我儿子的是一张很新的一百块。现在这个钱这么旧，一看就知道是假钱。"

我解释说："你儿子在钱上面写了名字了呀！"

"你为什么不在收到钱后就让我儿子拿回来呢？既然是假的，为什么还找我儿子25元？"（这个意思是我换了张假的一百给她儿子。）

我跟她说："我把钱交到财务室，在交钱的时候发现你儿子的100块是假的。"

但是，阿龙的妈妈根本不听我说的话，只顾自己不停地讲，她的嗓门越来越大，准备用气势压倒我。

看她这样，我也提高音量和她理论，希望她能听听我在说些什么。但可惜的是，我们根本无法沟通。

此时，阿龙的爸爸说："你急什么急！我就问你一句话，你去银行里取了钱，第二天能不能还回去？"

"我们这里不是银行呀！"

其实阿龙爸爸的意思很明白：我们给了你假钱，但是你自己没有当面查出来，你就只能自认倒霉。去银行取钱，离开柜台，银行概不负责。

唉，我该怎么办啊？

（绍兴E网论坛网友　阿绿1981）

 **临场应变**

目标：依法保护自己的合法权益。

应变策略：打"110"报警，由警察来处理。

这位班主任首先要问自己一句："这两位家长是来干什么的？"显而易见的答案是：这两位家长是来赖账的。

没错，就是来赖账的。这张假币是这个孩子家里的，这个有证据；这个孩子把钱拿回家了，家长知不知道是假钱？显然知道。可是，他们不仅没有把假钱换成真钱，反而气势汹汹地来污蔑老师，意思是：你当时收了假钱没有发现，责任由你自负。

这不是一个教育问题，而是一个法律问题。

教育的问题用教育的方式解决，法律的问题用法律的方式解决。收到假钱，这不是教育问题，班主任不要老想着自己是一名"人类灵魂的工程师"，因此就试图用"教育"的方式去解决"法律"的问题。

使用假币是违法行为。《人民银行法》第四十三条规定："购买伪造、变造的人民币或者明知是伪造、变造的人民币而持有、使用，构成犯罪的，依法追究刑事责任；尚不构成犯罪的，由公安机关处十五日以下拘留、一万元以下罚款。"

根据法律我们可知，不知道手中的100元纸币是假币，持有和使用的，公安机关和银行可以收缴；明知是100元假币而持有和使用的，由公安机关处十五日以下拘留、一万元以下罚款。

在这个案例中，已经有证据证明纸币是假的（财务室查出来），纸币持有人也已经明确（上面有孩子写的自己的名字），来源已经清楚（家长给的），持有人明知是假币（刚才的对话可以看出，无论是否知晓都是违法行为），在这个时候，家长还要继续使用假币，用其气势汹汹的方式来欺负软弱的班主任，并要求班主任承担责任。这不仅是强人逞势，而且是违法行为，班主任可以依法报警，制止其违法行为，保护自身的合法权益。

想通过教育感化的方式去解决法律问题，恐怕只能收获委屈和泪水。这里斗争的双方不是师生，甚至不是家长和老师，从本质上讲，是守法者与违法者的斗争。

良好的家校合作关系，只有在家长和老师双方，都心往一处想劲往一处使时才能形成。面对糊涂家长、恶劣态度甚至违法犯罪行为，我们老师要认清形势，看清自身的处境，不要一味地迁就和退缩，否则，不仅教育合力无法形成，而且会造成自身权益的损害。

班主任一拿出手机报警，家长就知道自己该怎么做了。

 案例反思

教育是社会生活的一种。师生关系、家校关系也只是社会关系的一类。除了这类关系，老师在社会中的关系还有亲戚关系、上下级关系、平等民事主体关系等，在特殊情况下，还有原告与被告关系、赠与与被赠与关系、收养关系等。

长期和学生打交道的老师们容易形成处处皆教育的观念。从一切社会现象中看出教育问题，把任何问题的化解都当做自己的使命，这就没有边界了。没有边界就会越界，就可能走到自己无法预测的险地，也可能把什么事情都揽到自己身上，结果不堪重负，伤害了自己。

有边界意识，才能辨别问题的性质，才能不盲动，才能保护好自己的合法权益。

44. 接手乱班遇到不管孩子的家长怎么办？
——先管好面，再考虑点

 教育现场

新接的班不好带

今天上午，李老师在办公室边喝茶边诉苦，说新接的班不好带。

我们学校是一个农场学校，高中生源不太好，在城市中间的农场，很多家长都是暴富的农民。

李老师是这个学期刚聘任的一个历史高级教师，来我校上课两个月后接了高二一个班，接班后这一两个星期，他经常感叹这里的学生难带：迟到的、请假的、惹事的学生层出不穷。李老师初来乍到，管班不太顺利。

今天让他最恼火的是一个学生和他的家长。这个学生上课不听课，总是拿出一本书竖在桌子上，遮掩着玩手机。昨晚很多学生不请假偷偷溜回家过圣诞节，他又是其中一个，李老师发信息给这些学生的家长，要求家长问清楚孩子的情况并回电，可是，12个逃走的学生只有两个学生的家长回电了。第一节课时，李老师再次发信息给学生家长，刚才，一个学生的家长回信息说："孩子要回家过圣诞节，你老师都没法管，我哪里管得了？"

李老师对我们说："真是要被这些家长给气死了，现在怎么会有这样的家长，真是不可思议！学生太难管了！我真想回一个信息给家长：你家长都没法管，我老师哪里管得了？"

（方庆提供）

临场应变

目标：先管好面，再考虑点。

应变策略：不要和家长斗气，自己站稳脚跟再说。

就目前的情况来看，上策是把家长的无理和挑衅丢到一边，尽心尽力地做好班级工作，此事宜从长计议。

李老师应该梳理自己的思路，明确自己的目标，根据事情的轻重缓急来做好各方面的工作。

从策略上讲，当点和面可以兼顾的时候，李老师当然要兼顾；当点和面难以兼顾的时候，李老师还是要以大局为重，问题生这个硬骨头先放一放，现阶段还是以收集证据、观察诊断为主。

根据要解决的问题，按分量排一个序列：

第一要务是教好自己的课，让学生、学校满意。

第二是管好所带的班，让这个班保持起码的稳定秩序，并不断向好的方向发展。

第三，在整个班风好转的时候，研究最难对付的问题生的教育方法，啃一啃最难啃的骨头。

第四，在教育精力有所富余的时候，腾出时间做好家长的工作。当然，在此之前，还是要和家长沟通，只是不宜耗费过多的精力。

为什么要这样处理呢？因为这个班主任有其自身的特殊性。

首先，他自身的处境是特殊的，他还是一个没有站稳脚跟的临聘老师，面临着随时被解聘的危险，他不仅要在教学上证明自己，还要在带班上证明自己。所以，现在是他所处的一个特殊时期，他要顾及的方方面面很多，而他的精力是有限的，不可能在短时间内把什么事情都做好。

其次，中途接班在管理上会有相当的难度，尤其是一个不太好的班。换班主任后，学生会对原来的班主任有一种留恋，对新班主任还没有形成深厚的感情，他们会时时将新班主任和老班主任进行比较，稍有不如意之处，就很容易产生对立情绪。所以，和学生磨合好，让学生产生信任感、依赖感，从而稳定整个班级的秩序是这个班主任当前的主要任务。

目前，他最需要管理好的是整个班级的状况。最难管理的学生，只要不捣乱，没有大影响，可以先放一放。至于家长，班主任更是鞭长莫及，要改变他们可谓难上加难，再说班主任的工作也不是一个巨大无比的"筐"，什么都能往里装。因此，对于家长的态度什么的，班主任要学会"置之不理"，保存自己宝贵的精力。

学生的问题主要源于家庭教育，转变学生的重要一环是转变家长的观念，这个道理没错，但是，这对于李老师来说难度太大，战线拉得太长。我们都知道，班主任的很多精力都是被几个重点问题生牵扯着。转变问题生对于转变整个班风是很有帮助的，这个道理也没错，但这对于李老师来说要求太高。

就目前的局面来看，案例中的那个家长对李老师并无好感，谈不上尊重，更谈不上信服，此时，如果李老师提出一些改善家庭教育的建议，家长肯定听不进去。如果李老师非常生气，批评指责家长，或者要家长来校解决问题，恐怕会引起冲突。这样李老师就会处于一个非常不利的境地，与家长的冲突反映到学校，会让李老师的形象受损，他在这个新学校的地位也难保。

面对这样的家长，李老师今后的策略还是要先想办法获得家长的信任，然后再去做指导工作。没有融洽的关系，这样的家长是不会买账的。前几次打交道，班主任多谦虚礼让一些，多从实质上帮助孩子、帮助家长，待关系好转之后，再给予一些指导，这样，孩子和家长都能配合班主任的教育。

案例反思

班主任临场应注意"势"。

"势"乃情势，形势，状况如得势、失势、趋势、攻守之势等。

"势"主要涉及两个方面的因素：一是造势各方的力量，局中是谁有力量，有多大力量，谁能改变谁。在以上案例中，李老师有改变之心，却无改变之力，没有得势，不宜妄动。二是时机，"势"随时机变化而发生微妙的变化，时间、地点、人物都会影响到"势"的变化，班主任要洞察这一点，相时而动，当自己力量不够、无法取得好的效果时，自然应当养精蓄锐，集攒力量，收集证据，优化教育思路和策略；当自己得到广大学生的信任和肯定，地位稳固的时候，便可啃一啃最难啃的骨头，当问题生自己不再对老师反感时，配合学生的力量再来改变家长，攻守之势异，胜算颇大。

45. 家长不同意犯错的孩子回家反省怎么办？
——教育不在一时

 **教育现场**

家长要把学生送回班级

我是一个任期还不满一年的年轻班主任，在工作中经常会遇到许多问题，特别是在和家长沟通方面。

这个周三晚上，我去教室巡视时发现少了两名学生，立即在学校各处寻找，寻找中获知他们是擅自做主出校门的，既没有向我请假，也没有向值班老师请假，门卫那里根本没有他们的请假条，他们的家长也没有来接他们。我立马给他们的家长打电话，询问他们是否回家了，结果家长说没有，我简要地告诉他们具体是什么情况，让他们赶快去找人。然后，我又告知了当天的值班领导，我们联合起来一起寻找这两个孩子。晚上十一点多，正当我们要放弃时，值班主任说去教室看看吧，结果在那里找到了他们。

后来，这两个孩子，有一个直接让他父母带回家去了，另外一个因为是重组家庭，他亲爸在外地打工，他后妈在家又不管他，所以我便没让他立即回家。

第二天，也就是周四早晨，回家的那个孩子的母亲来学校问他儿子今天有没有来学校，我说没有。原来她早起打算把孩子送回学校时，孩子又趁机溜掉了。中午时她又来了一趟学校，还是没找到，直到晚上七点才找到孩子。这期间我们通了无数次电话。那天晚上把孩子领回家之后，家长询问孩子去哪里了、干什么去了，孩子根本没说实话，说就是到外面玩了一下，明明他是去网吧玩游戏去了，却绝口不提。

家长满心相信自己的儿子，认为这只是个小错误，没什么大不了的，周五便托姥姥把孩子送回来了，非让我接收。面对此情此景，我坚持自己的原则暂时不接收他，让他回家反省一星期再回来，可他姥姥非要把他留下来。一个70来岁的老太太，我跟她怎么说她都不明白，只认自己的死理。

收下这个学生，我过不了自己心里这道关，没法跟班里的其他孩子交代。我怎么做都是错，处境艰难而又尴尬。我想辞掉班主任的职务，可领导又不批准。面对这样骑虎难下的状况，我该怎么办？

(K12网友　尘封的落叶)

 临场应变

目标：跳出尴尬处境。

应变策略：暂且收下这个学生。

《古兰经》里有一个故事是这样的：有一个功德圆满的大师，在旅途中遇到了一座凶险异常的大山，他就念动真言——移山大法，以求得通路。

人需要豁达一点。生活中的困难千千万，我们没有移山大法，但转移自己还是可以做到的。"山不过来，我过去。"我们可以绕道而行，可以曲径通幽，可以避其锋芒，可以以退为进。这是人生的智慧，也是教育的策略。

明白这一点，我们就不要在某个点上斤斤计较，死缠烂打，我们的教育是长期性工作，我们可以在条件成熟的时候再进行教育，也可以慢慢地创造教育条件。

这个班主任不知变通，其实，换个角度，我们会有不同的发现。

角度之一：逃学严重吗？

孩子逃学，说严重也严重，说不严重也不严重。逃学无疑影响了孩子的学习，比在学校捣乱要严重多了，但是，逃学比打架要好一点，打伤了人，制造了流血事件，班主任肯定会更麻烦。不能辩证地考虑这个问题，思想就会僵化，就会一条道走到黑，迷失方向。

角度之二：是问题一定要马上解决吗？

有的问题是无法马上解决的，有的人不是马上能改变的，有的问题不是想象中的那么严重，你看到的并不见得是全部的真相。这个学生，看样子是非常调皮的，家庭教育很困难，老师也没有找到有效地改变他的方法。他像一座山一样，任尔东南西北风，我自岿然不动。

面对这种情况怎么办？上面这位班主任的做法是跟他"死磕"，一定要把山顶走。可是，山动了吗？没有。我们没有看到班主任如此较劲之后学生有什么悔改之意。结果，班主任把自己逼到了绝境，一个学生的逃学，搞得班主任竟然想辞职。

角度之三：犯错一定要惩罚吗？

作为班主任，我们都有一个想法，如果这个孩子逃学，会有负面作用，引起其他学生效仿，如果不惩罚，班规有可能形同虚设。这样的考虑是有道理的，这个班主任肯定是这么想的，可不能一颗老鼠屎坏了一锅汤，于是，班主任坚持要惩罚。这个负面作用肯定是有的，但也有例外，比如说，这个学生非常特殊，或者非常"烂"，别的学生就不一定会效仿。学生自己心里都有一杆秤，他们有自己的人生观、价值观，有自己的理想，有同学逃学，不读书了，其他同学都还是要继续学习的，所以，案例中的这个学生对班级管理有一些影响，但不一定会到无法弥补的地步，这样一想，班主任就没必要"死磕"了，暂且放他一放，以后找机会再教育他。

角度之四：家庭教育一定有效吗？

这位班主任一定要求家长把孩子带回去教育，我觉得他主要是想惩罚这个孩子，让这个孩子反省一下，这有一定的道理。但是，如果他坚持这样做，不仅这个孩子会与老师对立起来，而且其家长都很有可能和老师对立起来。

这个孩子如此调皮，父母嘴上说是小事，但是他们自己很清楚，这个孩子他们教育起来很艰难，很难"搞定"，把孩子送过来，是敷衍老师而已。当他们发现老师很难应付的时候，就派70多岁的老太太出马。这个时候，他们和孩子站到了一个阵营，敌人是班主任。

家庭教育本来要和学校教育形成合力，在班主任坚持原则的情况下，家庭教育走向了另一面，只剩下班主任孤军奋战。

从某种意义上说，正是因为家庭教育存在问题，才会有孩子的问题。研究一个孩子，就要研究他的家庭状况，研究他的成长史。学校是家庭问题的"显示器"。一个问题生，很大程度上是由于家庭状况存在问题而造成的。所以，把这个学生逼到家里去反省，可不是个好主意。

 **案例反思**

人都是有其自身的局限的。我们与世界产生的种种冲突与矛盾，很多是源于自己对世界的认识不够清楚。培根称之为四种假象："种族假象"、"洞穴假象"、"市场假象"和"剧场假象"。

正是我们自身的这些局限性，遮蔽了事情的真相，犹如"盲人摸象"。我们的思想因此而狭隘，我们的理智因此而扭曲。囿于成见，我们受感情左右，被偏见支配。我们这种片面的主观认识带领我们去改造客观世界的时候，往往会使我们碰壁，遭遇挫折。

认识到自身的局限性，去除这些蔽障，我们就会发现更多的客观现实，做出更符合实际的决策和行动。

46. 学生考了23分，任课老师要请家长怎么办？
——批评学生就是在打家长的脸

物理老师向我要家长的电话号码

这一学期，我带一个初二班，学生期中考试的成绩出来了，我们班刘柳的物理成绩很差，只有23分，很多简单的填空题都答错了。

教物理的张老师在办公室里大发脾气，"刘柳的家长太不负责了，孩子经常不做家庭作业，也不管管他。"

我曾多次去刘柳家做过家访。他父亲是一家建筑企业的员工，母亲在一个小饭店里当服务员，我每次去都是在晚饭后，这样他父亲才会有时间跟我交流，而他母亲则要到晚上十点以后才能回家。每次我向刘柳的父亲汇报完孩子的学习情况后，这个中年男人都是一脸无奈。"我们都太忙了，没有时间管孩子。"

我向刘柳的父亲解释说："家庭要与学校互相配合，形成教育合力。老师负责管好孩子在校的学习，家长要负责管好孩子在家的学习，我们各负其责，这样刘柳才有进步的可能。"

当时刘柳的父亲连声致谢，并且保证一定配合好学校的教育。

张老师把刘柳叫进办公室，质问刘柳："你爸爸检查过你的作业吗？"刘柳回答说："爸爸在家的时候就守着我做作业，但是爸爸经常不在家。"

看到刘柳试卷上那个刺眼的分数，张老师内心的愤怒正在一点点膨胀开来，"家长太不负责了！我必须把你的这个成绩告诉你的家长，请家长来学校一趟，要不然，人家一点都不知道着急！"

张老师转向我："刘老师，请您把刘柳家长的电话号码给我。"

我有些迟疑，这样做是不是合适呢？

（刘令军提供）

 **临场应变**

目标：提高刘柳的物理成绩。

应变策略：避免带着情绪请家长。

我对张老师说："电话等会儿我来打。我们先来研究一下刘柳这次考试到底失误在哪里，有哪些知识点没有过关。这样，家长来了，我们也好提出具体建议和教育策略。"

任课老师要请家长，不是不可以请，但是在带着情绪的情况下绝对不能请。试想，如果我按照物理老师的要求把家长请到学校，结果会怎么样？无非就是物理老师疾言厉色地发泄一通，批评孩子没完成家庭作业，家长没有尽到监管职责。而家长呢？受到任课老师的羞辱，在老师面前极其诚恳地开展一番批评和自我批评，然后，灰溜溜地逃出学校。

"良言一句三春暖，恶语伤人六月寒。"这样的沟通方式，根本无助于问题的解决，教师与家长之间反而会形成不应该有的隔阂、对立，这样就从根本上背离了"提高刘柳的物理成绩"的教育目标。

但是物理老师已经提出了要求，我该怎么办？

我不能断然拒绝，所以就采用了"迂回"策略，先承诺自己等会儿打电话。这样回答，表明我重视物理老师的诉求，物理老师的心理得到满足，就会配合我的教育。然后我提出先找刘柳考试失败的原因，等会儿家长到了，好提出具体建议和教育策略，合理地解释了"拖延打电话"的原因。我以解决问题的积极态度，参与物理老师的教育行动，物理老师就从心理上把我视为可以信任的人。

经过将近一个小时的分析，我们终于找到了刘柳物理考试失败的原因，而物理老师也逐渐平静下来。我看到时机合适，就及时打通了刘柳父亲的电话:"这次物理考试,刘柳有些失误,经过我和物理老师的反复研讨,找到了一些考试失败的原因,也找到了一些提高刘柳成绩的对策,物理老师希望与您面谈一次。不知您现在是否有时间过来。"

刘柳的父亲说:"好!谢谢老师的关心,我马上过来。"十分钟以后,他就到了办公室。

我非常客气地请他坐下,给他倒了一杯水。"刘柳这段时间以来,数学(我是数学老师)有了一些进步,计算能力和推理能力都有了很大的提高,如果这样发展下去,数学成绩的提高肯定没问题。但是这次物理考试出现了一些失误,刚才我和张老师一起研究了整整一个钟头,有一些关于提高刘柳物理成绩的思考,需要得到您的配合。"

刘柳父亲一听,连声致谢:"刘老师,张老师,你们太敬业了,我作为家长,真的是太感谢你们了!学校教育有什么要求,你们尽管吩咐,我一定配合学校,履行好家庭教育的职责。"

商谈在和谐的气氛中继续进行。

后来,我就这件事总结经验,跟物理老师说:"在提高学生的成绩这个问题上,教师与家长是同盟军,双方若能相互信任,相互鼓励,则会出现友好、愉悦和互相合作的气氛。表扬学生就是表扬家长,批评学生就是在打家长的脸。"

物理老师深以为然,翘起大拇指说:"刘老师,跟您合作真是太愉快了。"

案例反思

教师有一个通病,喜欢把自己当成教育权威,以为自己是专业的教育工作者,只有自己才懂教育,因此,教师就会理所当然地把学生成绩不好的原因,归结为家长失职。这是教师"以自我为中心"的表现,反正我是对的,学生成绩不好的原因在学生、在家长。我在教学中一直持这样的观点:教师的教学能力将在很大程度上决定学生的学习能力。我们经常看到这样的现象：一个原来某学科成绩在同年级落后的班级，换一个老师教，一学期或一学年以后就跨入了同年级的先进行列。我想，在以后的合作中，我需要把自己的这个观点向物理老师渗透，要让他明白：你并不是教育权威，你的教学工作需要家长的配合。

47．家长愤怒地指责班主任怎么办？
——让家长发泄

 教育现场

面对这样的学生家长，我该怎么办？

有一二十年教龄的我首次遇到这样蛮横无理的家长，请同仁给我支招，如何使我不受伤害。

事情的起因是这样的：有个男生上语文课时不停地向后扭头说话，语文老师跟我一说，我自习课一进班就把这个男生换到最后一排，和一个女生同桌。

放学后这个女生就找到我说，不想和他同桌，我答复她说："最后两天，马上就要考试，如果你的成绩保持现在的水平，下学期就给你换同桌。"

不知孩子怎么跟她妈说的，第二天清晨她妈就给我打电话，语气很横，不称呼老师，说给孩子请假一天，我问请假原因，她妈说我好打听别人的私事，"啪"的一声就把电话挂了，我气得要死。

下午快放学的时候，这个女生的父亲给我打电话，要我把她的作业及校服让另一个学生捎给他，他在大门口等着。我心想，她妈也不给我打电话，难道是她意识到自己做错了，不好意思给我打电话？我很客气

地跟她爸说话,对她妈的无礼只字不提。

　　昨天晚上我出去吃饭,忘了带手机,一进家门就听到电话铃声响,慌忙去接,她妈开口就质问我为何不接她的电话,我解释说自己忘了带手机,她就问我为何给她的孩子换座位,我说我没有动你孩子的位置呀,她就破口大骂,我一听,立即挂断电话,她马上又打过来,我又摁掉。同仁们,快帮我支招,我该怎么办?

　　　　　　　　　　(《班主任之友》论坛网友　沧海一粟12345)

临场应变

　　目标:平息家长的不满情绪。

　　应变策略:认真倾听与应和,让家长发泄,同时客观地做好解释,和家长讨论如何合理地解决问题。

　　语言背后是观点,观点背后是情绪。

　　这位女家长拼命打班主任的电话是想干什么呢?

　　她是不想让自己的女儿有一个不好的同桌。这是她语言背后的观点。

　　她为什么语气这么横呢?

　　她认为班主任歧视了她的女儿,所以很生气。这就是她观点背后的情绪。

　　光在语言层面博弈是不能解决问题的。当家长问"为何给她的孩子换座位",这位老师是这么回答的——"我没有动你孩子的位置呀",家长说漏嘴了,可是老师却去纠她的漏洞,明明知道家长说的是座位的事,却这样回答,老师在辩论技巧上是赢了,但从问题解决的角度来看却是相当拙劣的回应。这就是无视家长的观点。家长能不急吗?

　　家长在生气,打电话给老师,老师不接招,还摁掉电话,家长的不良情绪何处发泄?没有发泄,就一直在那里。不用这种方式发泄,就可能用别的方式发泄。你班主任不解决问题,我就去向校长投诉,甚至向教育局投诉。其实,存在的就是合理的,有其必然性。可以预见,如果班主任继续不理睬家长,不给家长解决问题,后面的"无理"还会源源不断。

怎样解决问题?

第一,让家长说,应和家长的观点,不断地肯定家长,让家长通畅地发泄自己的不满情绪。负面情绪得到充分排解后,人就会变得比较理性。

第二,在家长不受情绪干扰的情况下讨论解决办法。这个时候讨论,双方就比较理性了。双方可以协商解决方案,比如说,再换一个同桌,或者让女生单独坐,或者坐完这几天等开学后重新换位置,等等。家长在理性的时候有可能做出妥协。

无论是对他人的情绪,还是对自己的情绪,只要我们学会了客观观察和判断,我们就能慢慢地控制它。当我们被无明业火烧烤的时候,我们往往不自知,这样,我们就被情绪控制着,容易失去理性。当我们学会观察自己情绪的反应和波动时,我们就更加了解它,慢慢地接纳它,选择合理的方式发泄,发泄完毕,我们就会回归理性。

因此,学会控制情绪的主要方式是面对它,观察它,了解它。他人有情绪,自己也可以提醒,作为一面镜子,帮助他观察自己的情绪反应,疏导之。

案例反思

美国心理学家艾利斯认为,人的情绪的产生是一个被称做ABC的过程。A是指诱发性事件(Activating events);B是指个体在遇到诱发性事件后产生的信念(Beliefs),即他对这一事件的看法、解释和评价;C是指特定情境下个体的情绪及行为的后果(Consequence)。通常人们认为是A引起了C,而艾利斯认为A是引起C的间接原因,更直接的原因是B。也就是说,人们对事物的看法不同,会引起行为和情绪的不同。

当我们持有不同的信念的时候，情绪就会不同。当我们清楚家长的愤怒和无理的引发机制时，我们自己就不会生气了，而是会帮助家长解决问题。

第五章

学生危机的化解

每一个班主任在接班时,总是希望能有一个称心如意的班级,每个学生都能如己所愿。事实上,并不是所有的学生都那么如意称心,可谓"几家欢乐几家愁",家家都有本难念的经。

第一章的案例处理的思路是个人发展与班级发展并重,而第五章更多地关注学生个体的问题,涉及团体的情况较少,这类问题要求我们更加深层次地观察学生成长过程中遇到的困难和阻碍。

学生危机的处理,既要注重即时效果,更要注重以后的转化。因此,我们处理这些案例的时候不会过于着眼手段之巧妙,而更注重手段之科学,同时也适当地策划后继的教育。

我们有两个原则:一是跳出师生冲突;二是关注学生成长这一教育目的。

48. 学生纠缠着一定要买手机怎么办？
——立即结束这种毫无意义的"游戏"

 **教育现场**

我一定要买手机

我一定要买手机。她威胁她妈妈。她把这句话写在纸条上贴满了屋子。于是，她妈妈来找我，让我好好教育她。

下面是我和她的谈话：

"你为什么要买手机？"

"我有了手机就不用去上网了。我可以天天挂QQ，这样我的QQ就不会被冻结了。所以，我一定要买手机。"

"我可以理解你特别想要拥有一样东西的心情。但是，很显然你妈妈现在不会给你买手机。你该怎样解决自己和妈妈的矛盾？"

过了好一会儿，她抬起头说："我可以把我妈妈每天给我的午饭钱省下来，这样我每天至少就有两块钱了。反正我一定要买手机。"

她告诉我她要买的手机只要400元。我说："那好吧，你算算需要多长时间攒够400元？"

她开始低头算，之后告诉我："大概需要5个月。"

我继续说："你比较喜欢吃零食，那你如果想买零食，怎么办？你是个女孩子，肯定要买一些小发饰之类的，你用什么钱？"

她说："那就6个月吧。"

我说："6个月的时间，你都快毕业了，如果你这6个月都在用功读书，不让你妈妈操心，到时候说不定你妈妈会主动给你买个手机呢。这样你也就不用受6个月'吃不饱'的罪了，你说呢？"

她嗫嚅着说："我对自己的学习没有信心。"

这才是关键。我打算结束跟她的谈话。我想告诉她，你对自己都没有信心，你妈妈更不可能相信你。但我知道，这样不能给她任何帮助，更不会带给她信心。

我无奈地说："你回去好好想想怎样解决你和妈妈的矛盾吧。"

一节课后，她跑过来告诉我她的想法：

第一，我向别人借钱，以后还。

第二，我让我妈妈把我的压岁钱还给我。

第三，我向我妈妈借，以后我工作后双倍还给她。

……

所有的想法，只有一个目的：我一定要买手机。我一一反驳掉她的方案，却不知该怎样开导她了。

（"教育在线"班主任论坛网友　lee915）

临场应变

目标：立即结束这种毫无意义的"游戏"。

应变策略：可以这么跟她说："这是你的私事，老师不能帮你什么忙，你自己决定就是了。"

生活中，游戏无处不在。应对这种永远也纠缠不清的"坏游戏"，最简单的方法就是："孩子，老师不跟你玩了！"同时，老师还要把这个方法教给家长："孩子，这个游戏不好玩，妈妈没时间、没精力跟你玩了。"

班主任只要一句话就可以结束这个游戏："这是你的私事，老师不能帮你什么忙，你自己决定就是了。"游戏由此戛然而止。

在这个案例中，家长对老师提出了请求，教师当然不能坐视不管，要将这种立即能结束游戏的方法告诉她。

具体的办法就是：

第一条，心里想着这件事情已经圆满解决了，该干嘛干嘛。

第二条，孩子回到家后，就当一切都没有发生过，笑脸相迎。

第三条，如果孩子提买手机的事，则微笑着告诉她："妈妈没钱。"

当第一序改变"无能为力"的时候，我们可以尝试着运用第二序改变。

这就好比驾车，当"踩油门"再也无法提高速度的时候，我们就要考虑"换挡"了。"踩油门"属于第一序改变，但这个改变总是有一定的限度。"换挡"属于第二序改变，这种改变带给我们的是另一种改变的思路。

如果我们仔细分析一下就会发现，买手机仅仅是这个学生的一个借口，她最核心的问题是"对学习没有信心"。厌学！

家长和老师如果跟她在这个问题上纠缠，就恰恰中了她的计。在这个案例中家长和老师的失误就在于反反复复地跟孩子进行"拉锯战"，结果陷入一个永远都爬不出来的泥沼，一个要买，一个不让买。

在研讨这个案例的时候，有一个老师的观点是：班主任在这个问题上态度应该坚决：不买！坚决不买！不要拖泥带水，给孩子留有余地，留有幻想的空间。

他的理由就是：正是因为家长和老师态度不明朗，导致这个学生总是在"打主意"，还想出了多种方法。这说明她很会琢磨事。老师花费了大量的时间和精力来跟她讨论这个问题，结果又是一一被否定。

这个老师的理由虽然很充分，但我仍然认为：拒绝的办法不能解决这个问题。因为拒绝学生还是在"第一序"里转，学生要是继续不依不饶，跟你撒娇，跟你求情怎么办？或者哭哭啼啼，向你示弱怎么办？

因此，要摆脱这个学生无休无止的纠缠，换一种思路，可以尽快结束游戏。

 **案例反思**

"无为而治",丢开不管,在第二序改变里是基于两种原因:一种是"有为"会刺激当事人更加兴奋,"有为"本身就是导致事情恶化的因素。在这个案例中,老师越教育,她越来劲,所以老师不宜再有"作为"。另一种是学生希望藉此逃避某种责任,无论通过什么方式,只要能转移老师的注意力就行。在这个案例中,学生有借买手机逃避学习责任的倾向。

49. 学生对班级荣誉冷嘲热讽怎么办?
——防止学生在演唱中故意捣乱

 **教育现场**

比什么比咯,反正是倒数第一名

2004年,我带一个初三班,一次参加学校举行的歌咏比赛。赛前,我已经进行了充分的准备,亲自选歌、教歌,即使是在临上阵前的最后一次彩排中,学生都表现得很好,因此我信心百倍:歌曲有特色,演唱有风格,进入前三名应在把握之中。

但在上场的时候,平时被我忽略了的小虎很"自信"地说:"比什么比咯,反正是倒数第一名。"一些有集体荣誉感的同学侧目以视,无可奈何。

还有两个钟头,学生就要上场了,如果小虎在演唱的过程中故意捣蛋怎么办?

(刘令军提供)

 **临场应变**

目标：防止学生在演唱中故意捣乱。

应变策略：立即与小虎进行沟通，听取他的建议。

听了小虎的这句话，我心中一惊。没想到小虎会在这样关键的时刻对班级荣誉冷嘲热讽，这说明他对班级心存不满，对这个班级没有感情。如果小虎在比赛的过程中故意捣乱，我们班不是倒数第一名，只怕他也会给我弄一个倒数第一名出来。

不过还好！小虎在临上场前用一句话暴露了其内心的不满，让我还有时间和机会进行补救。

彩排结束之后，我马上把小虎叫到办公室，用调侃的口气问他："你小子是不是特别希望我们班得倒数第一？"

小虎有点尴尬："没有，我只是随便说说。"

我呵呵一笑："老师也相信你是随便说说的，不会当真。"

我请小虎坐下，用朋友的口吻询问他对这次比赛有什么建议。

小虎显然有点受宠若惊，他挠了挠头："刘老师，我有两个想法。第一就是作为领唱的陈扬浪，太呆板了，可以增加一些手势，以展现我们这个团队的活力；第二，还有一部分同学记不住歌词，我看可以这样解决，让这部分同学站在后排，手中拿一本数学书，书用红纸包装，再将歌词写在封面上，这样既可以增加效果，又解决了记不住歌词的问题。"

我一听，嘿！这个建议很有创意呀。我立即进行修改。在修改之前，我特意向全班同学说明："修改是采纳了小虎的建议，非常感谢小虎同学为我们贡献智慧。"掌声响起来，小虎显得有点腼腆。

大家发现，这样一修改，效果确实好了很多。尤其是用红纸包装数学书的创意，一溜红色，既切合了"红歌"的主题，又与学生的白色衬衣形成一种鲜明的对比，堪称锦上添花。

小虎受到我的重视，内心很亢奋。他很卖力地为班集体贡献自己的力量：不但在重新设计演唱意境的过程中跑上跑下，帮文娱委员做了不少组织工作，还在演唱的过程中积极投入。这次比赛，我们班出人意料地获得了第一名。

在歌咏比赛总结会上，我非常隆重地表扬了小虎，看得出他脸上的笑发自内心。这件事让我明白了一个道理：有投入，才会有爱。

小虎为什么会对班级荣誉冷嘲热讽？

原因就在于，长期以来，小虎没有为班级投入过时间、智慧和精力，所以他对班级没有感情。

(1) 我在班级管理过程中忽略了小虎。

在班级的几十名同学之中，小虎属于那种默默无闻型的学生，因此我从未重视过他。其实我也不是有意要忽略他，只是我主观地认为，班级的事情，交给那些优秀学生去办比较放心，无意之中就把他给忽略了。受不受重视，这是"局外人"和"主人"的区别。是"主人"，那么这个班级对我来说就是重要的，班级的荣誉就是我的荣誉，班级的污点就是我的污点。是"局外人"，那么这个班级对我来说就是不重要的，班级的荣誉不是我的荣誉，班级的污点也就不是我的污点。

(2) 我从来没有引导过小虎为班级投入时间、智慧和精力。

在班级管理过程中，我从来没有引导小虎对班集体做出贡献。班级制定的所有制度，我都没有征询过小虎的意见，投票的时候，就算他站在"三分之二"（我们班的制度要求要三分之二以上的同学同意才能通过）以外的"少数阵营"里，我也没有注意过他。班级举办活动的时候，我也从没有请他贡献智慧，"主角"数量有限，剩下来的都是"配角"。小虎没有为班级投入过时间、智慧和精力，所以他不爱这个班级。

我们都知道，爱是不能强迫的。这个世界上，没有人能强迫你去爱另一个人。同样的道理，一个班主任，不管你在班级的影响力有多大，你都不可能强迫你的学生去爱自己的班级。

只有当学生为这个班级投入了大量的时间、智慧和精力的时候，他才会深深地爱这个班级，把班级当成自己的精神家园，与班级荣辱与共。

我们常说,"金窝,银窝,不如自家的狗窝"。"金窝,银窝"为什么就不如自家的"狗窝"呢?因为我们对"狗窝"投入了时间、智慧和精力。

(3)小虎觉得自己在这个班级是多余的。

我曾读过这样一个故事:一个老教师与他的老母亲的故事。

这个教师已经很老了,退休赋闲在家,当然他的母亲更老,老得已经干不动家务活了。每次吃完饭,把桌子收拾好以后,老教师都会凑到老妈妈的跟前,"妈妈,您该洗碗了。"

老妈妈于是颤巍巍地站起来,开始她的絮叨:"你呀,都一大把年纪了,怎么连个碗都不会洗呢?"老教师扶着自己的母亲,像一个做错了事的孩子一样,诚惶诚恐地接受老人的批评。老妈妈好不容易把碗洗完了,心满意足地进屋休息去了。老教师再把碗橱里的碗拿出来,重新刷洗一遍。

有学生问这位老教师,您这不是多此一举吗?

老教师回答说:"要给爱留一个机会,老人虽然年纪大了,但她很快乐,因为她觉得这个家庭是需要她的。"一个人一旦不被社会所需要,那么这个人就失去了存在的价值,他也就失去了继续生存的信心。

小虎或许就是有这样一种心理,班级不需要他做任何事,他觉得自己在这个班级是多余的,因此他对班级没有感情,巴不得班级得倒数第一名——待到班级荣誉扫地时,他在心中笑。

"比什么比咯,反正是倒数第一名。"我很庆幸小虎在临上场前说出了这句话。这句话提醒了我,我及时采取措施进行补救,一场危机转化成了教育契机。

案例反思

拒绝一部分学生参与班级管理活动,是我以前常犯的一个错误。直到小虎的出现,我才明白一个最简单的道理:每个学生都有获得他人重视的需要。被他人重视,被他人需要,是每个学生信心的重要来源。而我作为一名自诩为专门研究班级管理工作的教师,居然犯了这样的错误,实在太不应该。小虎的教训我一直珍藏着。而且,我又得到了一个新的认识:在班级管理实践中,教训比经验更值得牢记。

50. 不讲诚信的学生又想借钱怎么办?
——社会规则的学习比借钱本身更重要

教育现场

小雅又要借钱

我是一个初三的班主任,经常有学生跟我借钱。大多数学生还好,这周星期五借了,下周星期一就还了。但有一个叫小雅的女生,经常跟我借钱,给我的印象就是很不讲信用。

第一次借钱是在一年前,小雅请我垫付打"预防针"的钱,镇卫生院会定期派人到学校为学生打预防针,要交28元钱,那次小雅说她没带钱,请求我帮她先行垫付,我想都没想就垫付了。但是,之后小雅好像把这件事给忘了,从来没有提过还钱的事。我想:小雅可能真是忘了,也就28元钱,算了。

第二次借钱是一个月前的一个星期五,寄宿学生回家,小雅说她没有回家的车费,另外还想买一双鞋子,所以就跟我借50元。我还是很信任她,所以就把钱借给她了,没想到,这50元钱她整整还了一个月才还清,还是我多次催促的结果。第一次还20元,第二次还20元,最后一次还10元。

今天又是星期五,没想到,小雅又来跟我借钱,而且一定要借80元,说是要到书店去买一些复习资料。

我借还是不借?

（刘令军提供）

临场应变

目标：培养学生的诚信意识。

应变策略：履行好自己的义务。

在教育实践中，任何事件都是宝贵的教育资源。我想，我要利用好这宝贵的资源，尽到自己的义务。

第一是教育者的义务。我首先是一名教育者，因此要履行教育者的义务，帮助学生学习社会规则，培养诚信意识，即通过这件事情对学生实施诚信教育。我一贯认为，教育不一定要在正式的场合进行，一些生活细节也是很重要的教育资源。

平时谈诚信教育可能都是虚的，而借钱则是真实的教育情境。教育实践证明，有真实情境的道德教育，往往更能加深学生的内心体验，使其在经历真实的道德冲突和抉择之后，获得真实的成长。

第二是关心的义务。学生提出借钱说明她遇到了困难，此时我要重视小雅的诉求，尽到关心的义务。这也是融洽师生感情，为实现"亲其师，信其道"的教育目标做好必要的日常积累。

我对小雅说，老师现在给你提供两种选择：

（1）我不能借钱给你。俗话说："有借有还，再借不难。"上次借给你50元买鞋子什么的，你让我讨要了几次，很遗憾，这次你不能从我这里借钱了。

（2）如果你实在有困难，那么老师必须与你的家长取得联系，核实你借钱的理由。如果家长同意借钱，那么老师就再帮助你一次。

小雅听了我的话以后，犹豫了一下，最终还是同意我与其家长取得联系。

我拨通了小雅父亲的电话。小雅的父亲同意借钱。

我从办公桌里拿出一张借条递给小雅："小雅，借钱要留下借条，这是现代经济社会的规则，所以，我们还是按规则办事比较好。"

小雅二话没说，很快就填写好了借条，从我的手中接过钱，毕恭毕敬地鞠了一个躬，"谢谢刘老师！"

我认为，无论学生借了多少钱，都应该留下借条。这样既具有防止双方遗忘的作用，对学生也有一定的约束力，口说无凭，立字为据。

现代社会的任何一个经济交往，都要履行必要的经济手续。借钱打借条，这也是教学生适应经济社会的规则，让学生懂得做人必须要诚信。现代人的诚信会记入个人的诚信档案，至少在目前，银行就实行了这样的制度。一个借钱不还的人，在经济社会中会寸步难行，不仅银行不给你贷款，连找工作都会遇到麻烦。

教育要给学生注入未来，诚信就是很重要的个人素养。

我满以为小雅这次一定会按时还钱。没想到，一直到星期一晚就寝，小雅都没有把钱还给我。而星期一是小雅约定还钱的时间。

星期二，我再次拨通了小雅父亲的电话。小雅的父亲说："钱已经给小雅了。"

没办法，我只得把小雅叫进办公室直接讨要。

小雅一脸歉意，"刘老师，真是不好意思，我父亲给的80元钱，我已经挪用20元了，所以不敢来找您还钱。"

我说："你先把这60元还了，剩下的再想办法。怎么样？"

经过重新协商，小雅再次和我约定了还款方式（分期还款）和最后还款的时间（最后一笔款项在两周后的星期一还清）。

在这两个星期里，我也没闲着，召开了两次关于"诚信教育"的主题班会，第一次班会是一场辩论（正方观点——诚信是人在社会立足的根本，反方观点——诚信不是人在社会立足的根本）；第二次班会，是一场审判。我们班有一个班级陋习法庭，专门负责对班级陋习进行审判，目的是帮助学生厘清是非，提高文明素养。这次班会的主题就是"审判失信"。

两周后，小雅还清了她所有的欠款。

案例反思

学生向老师借钱是常见的事情，作为一名教育者，生活中的每一个细节都是我们的教育资源，因此，老师可以借机对学生实施教育。通过小雅借钱这件事，我得到的经验是：第一，老师要抱着关爱的态度重视学生的困难，在力所能及的范围之内给予学生帮助。第二，要提防别有用心的学生利用老师的爱心恶意借钱，老师可以通过借钱这件事向学生实施诚信教育。第三，学生借钱不还要及时追讨，不要抹不开面子，对于一个教育者而言，培养学生的社会规则意识比钱本身更重要。

51. 学生不承认"偷窃"怎么办？
——为塑造美丽的灵魂做出个人努力

教育现场

那么多零花钱从哪里来的？

到操场做完课间操回来，我在办公室里刚坐稳，正准备喝一口茶。茶刚到嘴边，就被风风火火跑进来的宋玲打断了："肖老师，王昊丢了50元钱，现在正坐在座位上哭泣。"

我放下茶杯，心里有点窝火：我已经在班上多次强调过了，不要带太多的现金在身上。这种班级失窃事件最麻烦了。钞票上面又没有写你王昊的名字，放在谁的口袋都是钱，你凭什么说是你的呢？如果没有现场证据,面对否认,谁也无可奈何。

我把王昊叫进来,问她是什么时候发现失窃的。王昊说,她是刚刚做完课间操回来发现的,做操之前,担心钱夹子放在口袋里太鼓,影响做操时的自由伸展,所以临时决定,将它放在了课桌的抽屉里,结果一回来就发现50元钱不见了。

我立即着手调查,根据大家的回忆,有三个人落在最后:小文、小春和小军。

我坐在办公室里静静地思考:这些钱到手以后,学生会用来干什么?

有两种可能:第一种是上交给父母,这种可能性不是说完全没有,但应该可能性很小。第二种是花掉,花钱的唯一途径就是去学校的商店买东西。

我忽然有了主意,叫来三个最可靠的学生,如此这般,耳语一番,大家依计而行。

第一天,没有动静。

第二天,有人报告,小军的消费有点偏高,进出过商店6次,每次都买了好几袋食品,还请了六年级两个学生的客。我不动声色地命令道:继续观察!

第三天,学生报告,小军几乎每节课课后都去了商店,购买的食品明显超出了他平常的水平。呀!果然不出所料,我心里有种莫名的兴奋。

我将小军叫进办公室,关起门来。也许,这个孩子人生道路上偶尔的一点点污迹,需要有一扇门的遮掩。我尽量把自己的声音调整到能让人觉得温暖的程度,问小军:"这一周,你的家长给了你多少零花钱?"

他脸上带着微笑,有一点点得意,也有一点点狡黠,完全不知我已经暗中安排了观察哨,将他这几天来的情况全部记入班级观察日记之中。他很快回答说:"给了10元钱。"我拿出手机,当着他的面给他的爸爸打了一个电话,证实确实是10元钱。

放下电话,我从办公桌的抽屉里拿出班级观察日记的记录本,"啪"的一声摔在办公桌上,脸上一下子冷若冰霜。小军刚才还是笑靥如花,没想到我的变化竟如此之快,他舒展开的笑纹一下子僵在了那里。

我翻到小军的那一页,面无表情地念了起来:"11月5日,进出学校商店4次,共花费12元钱。11月6日,进出商店5次,共花费16元钱。11月7日,进出商店4次,共花费15元钱。11月8日,进出商店3次,共花费18元钱……"

我冷冷地念完,再抬头看小军,他脸上有掩饰不住的惊愕,但仅仅只有一瞬间,惊愕就转变成了委屈:"老师,您是不是怀疑我拿了王昊的钱?"

我紧绷着脸,"老师不是怀疑,只是想调查一下你这一段时间以来收入和支出的平衡问题。你哪来的那么多钱消费?"

"老师,我真的没有拿王昊的钱!"

我点燃一支烟,深深吸了一口,不紧不慢地继续问:"你哪来的那么多钱消费?"

不知是不是我的那一支烟给小军带来了灵感。小军用鞋子蹭着地面说:"星期天我来学校的时候,路上遇到一家娶亲的,看到新郎正在分发香烟和糖果,我就上前要烟,新郎给了我两包烟。我不会抽烟,就拿着这两包烟到一个小商店里换了45元钱。"

无懈可击呀!我原以为自己胜券在握,没想到这小子的一个解释又使他的花钱行为"合理化"了。同行们,当你遇到这种偷窃事件,你是怎样做的?可有何良策供我学习?

(教育预案草根研究QQ群 肖辉)

临场应变

目标:为塑造美丽的灵魂做出个人努力。

应变策略:追查到此为止,老老实实向全班同学说明,老师不是圣人,追查没有结果。正因如此,说明加强每个学生的自我保护是多么重要。

教师是人类灵魂的工程师，尽管有些一线教师并不认同社会这种无限拔高教师工作性质的说法，但这句话比较准确地说出了教师的工作职责就是育人。

班主任追查失窃事件的常规策略

(1) 心理测谎，注意心慌意乱者。

如果失窃事件已经在班级内公开，班主任别无他法，只好孤注一掷，大张旗鼓地实施调查。这时候，内心有愧疚的学生很难做到气定神闲，只要老师开始追查，他就会表现得心神不宁，根本无法静下心来做事。这时候老师可以随便安排一些事情，比如做一张练习卷，学生很难做到专心做题，因此在做题的过程中就会表现出左顾右盼，或者心事重重，乱写乱画。班主任如果能细心观察到这些，就可以大致锁定嫌疑人。

(2) 内紧外松，关注花销突然变大者。

这种情况适合失窃还未在班级公开的案例。这时候班主任要按兵不动，静待其变。因为在偷窃刚刚发生之时，犯错的学生一定会提高警惕，班主任这时候不宜出手。过了一些时日，犯错的学生看看风平浪静，就会逐步放松警惕，大胆花钱。班主任在与学生正面接触之前，一定要做好调查，就是近期家长给学生的零花钱数额，这样才好进行对比，如果出入比较大，也可大致锁定嫌疑人。

(3) 留意细节，关注"此地无银三百两"者。

在失窃事件发生之后，如果某个学生突然变得很热心，又是提供情报，又是协助调查，班主任要将其前后表现进行对比，看看这是不是"此地无银三百两"。

班主任处理失窃事件的原则

(1) 合法原则。

强调用事实说话，不采取搜查、威胁、"投票选举"等管理手段。

班主任如果为了弄个水落石出,就搜查嫌疑学生的书包、课桌、床铺、皮箱等私人物件,或者将嫌疑学生叫进办公室,进行审问或者威胁,当搜查、审问都没有效果的时候,老师也不要别出心裁,在班级进行"小偷选举"。有些教师甚至采用"钓鱼"的方式,故意在某个位置放一些钱,引诱学生上钩。教育是光明磊落的行为,我们教育学生要光明磊落,自己却用这样的方式来追查失窃,就算追查出了真相,也完全失去了教育意义。

(2)保密原则。

教师要为塑造美丽的灵魂做出自己的努力,老师追查偷窃是为了"治病救人",但"救人"要以不"伤人"为前提。在未找到确凿证据之前,不能随便在班上公开怀疑某个学生。在调查取证阶段,也要保密进行,防止伤害学生。即使铁证如山,调查出了真相,犯错的学生也承认了自己的错误,老师对该学生的批评教育也要保密,更不要在班级内传播。防止给犯错学生贴上"窃贼"的标签,孩子一旦贴上这样的标签,就会成为其一生的心理污点,老师的行为极有可能就此改变这个学生的人生轨迹。

(3)育人原则。

很多孩子偷窃是其成长中的一种经历,只有那些屡教不改以偷窃为"理想"的人才需要严厉打击。如果追查不出怎么办?老师老老实实地向学生说明,老师已经尽力追查,但是很遗憾没有结果。而这恰好说明加强自保的重要性,圣人都有解决不了的问题,何况老师这样的"芸芸众生"?

加强自保教育

对于失窃事件,班主任的主要工作还是要放在预防上。我就曾在班上实施过这样几条措施:

第一,建议学生不要带大量现金到校,如果确有原因需多带一点钱的,到校后马上寄存班主任老师处。

第二，建议学生不要带掌上电脑之类的贵重学习工具到校。如果确实有需要，请注意随身携带，不得放置在课桌、寝室、抽屉等无人看管处。当自己不能随身携带的时候，要请人保管。

第三，建议寄宿的同学每人准备一个能够上锁的皮箱。

除了预防之外，最重要的还是教育，这才是医学上说的"治本"之道。

根据实情，给学生重点分析两方面的问题：

一是是非问题。联系实际，给学生讲清如何对待别人的东西会反映一个人的品质，小的毛病发展下去会铸成大错。

二是想花钱应该怎么办。告诉学生，想买什么应该跟家长说，家长给钱或不给钱是经过思考的，要钱就给对孩子的成长没有好处。

案例反思

学生偷窃并非十恶不赦，大多数人在成长的过程中可能都做过这样的傻事。除了教育学生以外，班主任还要用合适的方式告诉家长不要忽视孩子的合理需要。如果孩子的要求对于他这个年龄来说是合理自然的，那么家长就应当尽可能地给予满足。应让孩子觉得成人是在关心他们，尊重他们的愿望，这样，他就不会通过拿别人的东西这种途径来满足自己的愿望了。

52. 学生不做作业怎么办？
——采用"得寸进尺作业训练法"

 **教育现场**

拜托您想想办法，救救我孩子

李云是这学期才转入我班的。

他妈妈送他来班级的时候反复跟我说："这孩子学习成绩不好，经常不做作业。他以前的任课老师想尽了办法，试过说服教育招、处罚招、表扬招和爱心招，都无济于事。我们做家长的也为这事伤透了脑筋，最尴尬的是被老师叫去上'政治课'：'儿子是你自己的，做家长的在家里要管着他一点。'言下之意就是我这个做母亲的在家里不管他、放纵他。其实老师说得对，孩子是我自己的，我哪能不着急呢？"

其实，孩子的母亲已经尽力了，孩子每天一放学回家，娘儿俩就为做作业的问题打起了"游击战"，母亲这方是围追堵截，李云则是敷衍应付，磨磨蹭蹭，所以，他每次的作业都没有达到老师的要求。

这位已经心力交瘁的母亲在办公室里欲哭无泪，"老师，拜托您想想办法，救救我孩子。"

（刘令军提供）

 临场应变

目的：培养李云做作业的习惯。

应变策略："管理"不行用"训练"。

我很冷静，对李云的母亲说，要解决问题，首先得找到产生问题的根源在哪里。李云的母亲拭干了眼泪，眼里有一丝亮光闪过，她似乎看到了一线希望。

我让李云的妈妈讲述他以前的老师是怎么教育的，根据她的讲述，我分析总结出以前的老师曾对李云用了四种方法：

第一种是感化。

首先，老师们都坚信"爱心无敌"，所以从生活上和学习上处处关心李云，老师们的本意是用博大的师爱去感化李云，让李云觉得自己不努力学习就对不起自己的老师。

第二种是教育。

这种方法主要采用说服的方式，比较温和。比如，对李云进行不做作业的危害教育，理想前途教育等。

第三种是打击。

这种方法主要是采用惩罚的方式，一般都很严厉。比如，对李云进行埋怨训斥、批评处罚等。甚至当老师觉得自己"势单力薄"的时候，还会邀请家长"共同参战"。试图用一种比较凶猛的方式一下子将李云的"顽症"剔除，其结果是事与愿违，不但"顽症"没有剔除，反而将李云赶到老师和家长的对立面，追讨学生作业成了一场永远不会结束的"持久战"。逼急了，李云就敷衍应付一下；不逼了，李云也就"优哉游哉"了。

第四种是放弃。

这是最后一招了，应该说是"无招之招"。感化、教育、打击都不成，那老师们就只好放弃了。

李云的母亲连连点头，"刘老师，您分析得太正确了，李云这孩子还有救吗？"

我微笑着说："当然有救。以前你们用的这四招都是在'管理'思维指导下采取的措施。方法都用尽了，还是没有效果，说明这种思路是无效的，应该换一种思路，那就是'训练'。"

李云母亲一听，脸上写满期待，"刘老师，快说说您的方法。"

我故意卖了一个关子,"您知道李云为什么不做作业吗?"

母亲一脸迷惑,"孩子太懒呗。"

我摇了摇头,"不对,您确实冤枉了孩子。李云不做作业,至少有三个原因。"接着,我详细地分析了这三个原因:

第一,李云自身的习惯问题。

李云应该是有很长一段时间不做作业了,老师和家长已经花了很多时间和他"斗智斗勇"了。多年以来,李云已经"习惯"了不做作业,因此一下子改变他的这个习惯会让他觉得难受。

第二,李云的知识漏洞太多。

实际上,这才是核心问题,由于长期以来李云学习不扎实,其知识链条多处断裂,漏洞太多,他根本就不能独立完成作业。实际上,他不做作业并不是纯粹由于懒惰,最根本的原因可能是他实在无能为力。但老师和家长却没有这么"体谅"他,一看他不做作业就"诊断"为懒惰,并想法设法根治他的懒惰,弄得他越来越烦。他是属于典型的"不知道做也不喜欢做"的那类学生,老师和家长的"误诊",已经让他厌烦透顶,而他又不善于把自己的烦躁用语言向家长和老师表达。当然,还有一种情况是,李云已经用语言向老师和家长表达过自己的烦躁,但他们根本就没有"理睬"他的表达。

第三,教育的过渡太生硬。

学校和家庭都试图一下子就使李云从"不做作业"过渡到"做作业",这种教育方式的"管理"色彩太浓,过渡太生硬,是没有人能适应这种过渡的。难怪李云这么多年一直"不屈不挠"地"坚持战斗",都没有被打垮。

"那么,怎样才能让李云做作业呢?"显然,李云的母亲已经有点迫不及待了。

我胸有成竹地说:"我想对他进行一种循序渐进的训练。"

这种训练的总的原则是"小步子、低台阶、勤帮助、多照应"。一步一步训练,在巩固第一阶段的成果以后,再推进到第二阶段。

我将这种训练方法命名为"得寸进尺作业训练法"。

美国社会心理学家弗里德曼做了一个有趣的实验：他让助手去访问一些家庭主妇，请求被访问者答应将一个小招牌挂在窗户上，她们答应了。过了半个月，实验者再次登门，要求将一个大招牌放在庭院内，这个牌子不仅大，而且很不美观。同时，实验者也向以前没有放过小招牌的家庭主妇提出同样的要求。结果前者有55%的人同意，而后者只有不到17%的人同意，前者高达后者的3倍。后来人们把这种心理现象叫做"得寸进尺效应"。

上述心理效应告诉我们，如果要让他人接受一个很大的甚至是很难的要求，最好先让他接受一个小要求，一旦他接受了这个小要求，他就比较容易接受更高的要求。

具体来说，训练分四步走：

第一步，要求他抄题目。

这一步的目的是解决"动笔"的问题。李云长期不做作业，老师和家长又是反反复复"围追堵截"，已经让他对"动笔"形成了消极的条件反射，他一拿笔就心情不好，心生厌恶。所以，要让李云做作业，就必须先去掉他内心对作业的厌恶感。

这一步至少要训练一个月，才能把他多年来形成的"条件反射"去掉。

第二步，要求他抄作业。

这是书法中"摹"的方法。以前李云的习惯是不做作业，现在我要改变他的这个习惯，培养一个新的习惯，让他知道做作业是怎么操作的，为过渡到下一步做好准备。

在这一步中，教师对李云只提一个要求就可以了，那就是：尽量把作业"抄"工整，不能马虎潦草，应付老师和家长。

在实施的过程中，老师最好调查一下学生最喜欢干什么，如果他坚持做好了，可以奖励他喜欢的东西，以使他的内心有成功的喜悦，培养他坚持下去的毅力和耐心。

这一步也要训练一个月，才能推进到第三步。

第三步，借鉴学习法。

这是书法中"临"的方法。你要让学生从"抄"作业，一下子过渡到做作业，实践证明，这样过渡还是太生硬，很多学生都适应不了。因为"抄"作业不需要独立思考，而自己做作业则需要进行独立思考，从"不思考"到"独立思考"也需要过渡。

这种方法的操作程序就是：让那些学习障碍生先把优秀学生的作业看几遍，看懂了，再还回去，然后自己再做。这一步也要训练一个月。

第四步，要求他独立自主地完成作业。

这一步的目的是训练学生独立思考的能力。当李云逐渐形成了做作业的习惯时，我要求他能够自己解决的习题尽量自己解决，不到万不得已，不要使用借鉴学习法。

这样一步一步，一般训练四个月后，学生新的习惯就会形成。

有点遗憾的是，经过四个月的训练，李云虽然已经形成了做作业的习惯，但是他还是不能彻底摆脱借鉴学习法。这说明他知识链条的断裂，还没有完全修复。

 **案例反思**

对于我的"借鉴学习法"，在论坛上，很多网友给予了很高的评价，有人称为"神来之笔"，有人称为从"摹"到"临"的软过渡。很多教育专家在著作中都引用和介绍了这种训练方法，《"得寸进尺"作业训练法》这篇文章在《班主任之友》发表以后，很多网站进行了转载。我自认为这种训练方法其实是很简单的一招，遵循的就是一个"循序渐进"的原理，并没有多少智慧。别人可能都做过，但由于我是第一个总结出来的，所以就得到了很多赞誉。

第五章 学生危机的化解 189

53．学生将课本一页页撕毁怎么办？
——对学生实施必要的心理疏导

遇到这样的学生怎么办？

2005年9月，我接手了一个新的初一班，其中有一个学生叫李敏。

这个学生有一个最大的特点，就是下课的时候，跟同学在一起玩有话说，但只要走进办公室，他就成了"闷葫芦"，无论老师问什么问题，他都很少回答，老师逼急了，他才吐一两个字。

很长一段时间以来，李敏一直很少做作业，数学老师又是一个非常负责的女老师，她根本就不能容忍自己的学生上完新课不做作业。

但每次问李敏，他都是一言不发，数学老师无可奈何，只好向我求救。

我找了一个机会，把李敏叫进了办公室。问了他大半天，他就是不吭声，我有点恼火，语气有点重了："李敏，老师好心找你谈话，你怎么不说话呢？老师看你下课跟同学在一起话还挺多的，怎么在老师面前就成哑巴了？"

双方僵持了将近10分钟，我看实在问不出什么东西来，只好放行。

没想到，才过了一会儿，学习委员张丽就风一样地跑进办公室："老师，李敏在教室里把数学书拿出来，一页一页地撕了。"

我心里一惊，连忙跑进教室，果然，李敏正在一页一页地撕书，谁也劝不住。

我走过去问："李敏，你干嘛呢？"

李敏还是一声不吭，也不抬头看我，继续撕他的书。

老师们，遇到这种情况，我该怎么办呀？

（教育预案草根研究QQ群　陈艳华）

 **临场应变**

目的：对学生实施必要的心理疏导。

应变策略：不要用任何方式阻止学生撕书，更不要用说教的方式批评教育学生与老师对抗，等他情绪冷静下来以后，再及时对其进行心理疏导。

批评和说服都属于第一序改变，已经不适合这个学生，老师要尝试第二序改变。

有些老师会认为，学生撕书就是与老师对抗，老师批评他，他就撕书，这还了得？老师以后还怎么教育学生？我想说的是：人家撕的是自己的书，又没有违纪，你批评他干什么？

心理学研究表明，人的情感有三种表达方式：

第一种：语言表达。

第二种：情绪表达。

第三种：肢体表达。

这三种表达是循序渐进的，当语言不足以表达自己的情感时，人就会用情绪来表达；当情绪表达不足以表达自己的情感时，人就会用肢体来表达。

在这个案例中，李敏的行为就属于第三种表达方式——肢体表达，看得出来，他内心已经积蓄了太多的不平和愤怒了。

根据我的经验，当学生内心的愤怒得不到宣泄时，他就会采用三种方式进行"自残"：

第一种：残物件。譬如，李敏将自己的数学书撕毁。

第二种：残生活。拒绝进食或者拒绝睡觉。

第三种：残肢体。用暴力的方式弄伤自己的肢体。

李敏的做法还只是一种轻微的自残行为，但班主任如果不在这个轻微的阶段对其进行心理疏导，而是任其发展下去，这个学生终有一天会发展到"残肢体"。因此，对这件事情正确的处理方法，就是等李敏安静下来以后，当他能听得进老师的话时，班主任再及时对他进行心理疏导。

那么，怎么对学生进行心理疏导呢？

我认为，有四种理论：

第一种：发泄理论。

撕书就是一种愤怒的发泄。如果班主任看学生撕书了，就想当然地认为这是学生"自毁前程"，因此对学生进行一番理想前途教育，这样的教育看似苦口婆心，其实根本就没有一点实效。因为学生得的根本就不是这种病，老师"胡乱抓药"，当然不会有什么效果。

第二种：诉说理论。

根据我的教育经验，有很多学生讷于言而敏于文，不善于言语表达的学生可能有比较强的文字表达能力，甚至有很多学生还会写日记和随笔，班主任如果发现学生的文字表达能力还不错的话，就可以通过文字对话的方式对其进行心理疏导。我是一个数学老师，我的习惯就是经常在数学本上与学生进行交流，经常与学生进行对话，学生与我的感情很好，学习数学也很"卖力"。还有一个母亲，她的做法就是每天在孩子的床头放一个本子，母亲将孩子这一天的表现以及家长的期望写好以后，在孩子临睡前把本子放在床头，孩子阅读完母亲的文字以后，也会回复几句话，通过这种方式，孩子养成了很多好的习惯。

第三种：交往理论。

孩子内心封闭，与其朋友太少有关联。而那些朋友多的学生，往往都心胸开阔，善于表达。因为交往的过程就是一个言语表达的过程。这个时候，班主任可以秘密"安排"几个学生，与李敏交朋友，接近他，然后再用这些学生的阳光心态影响他。班主任自己也可以在适当的时候，请李敏"帮忙",比如制作一个小小的教具,帮助搬作业本什么的,帮完了再感谢他,一来二去,孩子的心扉就打开了。

第四种:运动理论。

不善于言谈的孩子内心都有一点自卑。而从我多年的教育经验来看,运动是一剂良药。

治什么?治"自卑",治"迟钝",治"狭隘",治"纨绔",治"好逸恶劳",治"依赖",等等。尽管运动不能包治百病,但确实能解决很多问题。

对于李敏,我建议班主任教他打篮球。篮球是一个集体项目,李敏可以在打篮球的过程中学习与人交流、与人合作。

 **案例反思**

对于学生的情绪表达,"以自我为中心"的老师,容易把学生的行为定性为"对抗老师"。老师总认为自己是对的,学生撕书,就是对老师的不满,因此对这样的学生必须进行严肃批评,让他下次不敢再这样。但是我们经常看到的是,下次学生的情绪表达会更为强烈,让老师越发难堪。心病还需心药医,对于学生的心理障碍,老师如果不进行疏导,仅靠一些外在的压力来使学生臣服,虽能暂时解决问题,但终究会埋下隐患。学生如果觉得外在压力在不断增大,他会通过不断提高自己行为的损害力度来进行抗拒,这次是残物件,下次可能就是残生活了。在我们成人看来,孩子的行为简直不可理喻,其实孩子的行为完全符合孩子的逻辑。要反思的是我们自己。

第五章 学生危机的化解

54. 学生酒后辱骂班主任怎么办？
——抓住难得的教育契机

 **教育现场**

某某某，我早就看不惯你了

秦虎是一个很聪明的学生，但也是一个习惯很不好的学生。

接手这个班后，从前任班主任那里我了解到秦虎的一些"壮举"：打架、抽烟、吃槟榔、偷东西、怂恿人家做坏事，除了他的体育成绩拔尖外，我听到的都是有关秦虎的不良反映。

为了转化秦虎，我绞尽脑汁，先是个别谈心，鼓励秦虎参加体训，争取初中毕业的时候以特长生考上高中。当然我对他也免不了严厉批评，指出秦虎存在的问题，接下来什么家访、学生结对互助、课余时间开小灶等方法我都用上了，我觉得自己是使尽了浑身解数。

还好，任课老师反映良好，都感觉秦虎收敛了许多，特别是在我面前，秦虎变得很老实，有时候还老躲着我，对我有种敬而远之的感觉。以前天不怕、地不怕的秦虎，看来真的意识到了老师的良苦用心，意识到了学习的重要性，准备改头换面了。我开始有点沾沾自喜，觉得自己的教育已初见成效。

那是一个风和日丽的日子，我的心情也出奇的好，坐在办公室里一边哼着小曲一边批改作业。班长急匆匆地跑进办公室，说秦虎一个人在寝室里喝了很多酒，现在正在教室里说胡话。我急忙冲出去，把秦虎叫到办公室，我明显地感到酒气熏人，我强忍火气批评了秦虎几句，并毫不犹豫地拨通了他家长的电话。一切都很正常，秦虎很安静地坐在办公室里，表情木然。可就在秦虎家长到来的一刹那，他突然发疯似的站起来，大声地对着我咆哮起来："某某某（直呼我的名字），我早就看不惯你了，我恨死你了，我不读书了，你以后不要再管我啦！"说完，他一转头欲冲出办公室。我惊出一身冷汗，还好，家长和办公室的同事迅速拦住了他。

老师们，在这种情况下，我该怎么办？我为他付出了那么多心血，他居然还这样对我。

（教育预案草根研究QQ群　雨霏霏）

临场应变

目标：帮助学生真实地成长。

应变策略：避免与学生对立，先让家长带学生回家，放学以后，班主任到这个学生家里做一次家访。

此次家访，班主任一定要明白自己去的目的：

了解秦虎为什么喝酒

喝酒只是表面现象，有可能老师成了他发泄的一个临界条件，是他借此机会来发泄自己的情绪，但是关键不在老师这里，是其他一些事情。我分析，秦虎喝酒至少有下面这样几种情况：

（1）无意喝酒，只是在"样板效应"的带动下，看到别人喝酒，就跟着喝了。

（2）有意喝酒，内心郁闷或者压抑，想喝酒解愁。

（3）有意喝酒，为的是借酒发疯，由于班主任老师长期管束较严，想发泄一下。

班主任一定要了解清楚秦虎属于哪一种情况，才好"对症下药"。

跟秦虎交流一下自己的教育方法

总的来说，我认为这是一个比较复杂的案例，有多方面的原因造成了这个事件。可以肯定一点，班主任的教育方式有失误：

（1）班主任临场处理的方式不妥当。班主任不要在学生犯错误时动不动就通知家长，根据我的经验，学生都忌讳这一点，觉得老师在通过家长来要挟自己。而且，通知家长的频率越高，教育的效果越差。

（2）这个班主任比较"强势"，他一直在用一种"高压"的方式逼迫秦虎。师生之间只有很严格的"管理"，没有情感的交流和想法的沟通，导致学生在想什么，学生有什么诉求，老师一概不知，因为老师需要的是秦虎"循规蹈矩"、"老实听话"，由于老师与秦虎的交流并没有发自内心的关爱，所以老师所谓的爱，反而成了一种对学生的伤害。老师是用"关爱"、"好心"的名义逼迫人，控制人。老师自认为已经把学生"驯服"得规规矩矩，却浑然不知自己的"步步紧逼"已经使学生的内心极度不满，这种不满累积到一定程度，就会"爆炸"，而家长的到来，正好点燃了导火索。

（3）班主任和秦虎的沟通始终存在问题。这个班主任所谓的关心只能说明他在这个孩子身上花的时间比较多，打交道的次数比较多。从案例中可以看出，其实老师一直没有站在秦虎的角度来思考问题。班主任以前的教育并没有真正走进孩子的心理，秦虎借酒发疯其实是长期受压抑的一种必然结果。

坚持让秦虎为自己的行为负责

班主任虽然有失误，但学生该承担的责任必须要承担。学生做错了事就得为自己的行为买单，严格就是要严而有格，严就是原则，格就是方法。

学生做错了事一定要受到惩罚，不能因为他的苦肉计就放弃处罚。但在处罚之前班主任要做好沟通，让学生心甘情愿地接受。

在心理学上，短时间内的情绪发泄称为"激情爆发"，当人的大脑被某种不良情绪控制的时候，往往会做出一些傻事来：有人"激情杀人"，有人"激情跳楼"，这说明人已经失去了理智。但过了这个时间段，人就会开始反思,发现自己真的错了。案例中的学生秦虎就属于这种"激情爆发",只要他回到家中,他就会知道自己错了。

我一直坚持这样的观点:学生的"爆发"不见得完全是一件坏事,很有可能这个事件会成为一个转折点,标志着一种管理方式的结束,另一种管理方式的诞生,或者是师生之间一种沟通方式的结束,另一种沟通方式的诞生。在现实生活中,我们经常见到这样的事例,某地突然爆发了一个"公众事件",后来这个事件就成了一个转折点,直接促成了一个新的政策或者新的制度的诞生。

今晚去做工作,不是迁就学生,而是为了走近学生。有的老师会认为,明明是学生错了,老师还去家访,这样是向学生妥协,老师颜面上过不去。老师当然可以置之不理,在办公室里等着秦虎和他的家长来道歉。但是,等到第二天或者几天之后学生来道歉的时候,教育的良机已经错失了,学生仍然会像以前一样,貌恭而心不服。

案例反思

虽然班主任自己说已经为这个学生"呕心沥血"了,但班主任在关爱这个学生的过程中,仍然多多少少地夹杂了一些自己的功利心。这一点,尽管一般老师不愿意面对,但它却深深地存在于一些老师的内心深处。其实说没有一点自己的功利心也难,但是老师应该让自己的这个想法和学生的想法对接,不要让学生感到老师只关注自己的成绩,并不是真正关心自己。上述案例是一个很好的教训,老师们要吸取。

55. 性情孤僻的学生不想读书了怎么办？
——尊重其选择

 教育现场

如何挽救这个学生？

我班里有一个男生小康，性格内向，学习成绩较差，父亲和叔叔因打架伤人被判刑，家里仅剩身材矮小、半残疾的母亲和年迈的爷爷奶奶。一家四口全靠种地和村里救济。班里的助学金名额也给了他。按理说，穷苦人家的孩子早当家，但他却不是这样：学习不用功，家务活也不爱干，还拿长辈省出的钱去上网玩游戏！（这些是我后来才知道的）

前两个星期有两次小康说家长不想让他上学了，没给中午的饭钱，我拿钱给他并说有空会去他家家访。后来我才了解到，小康跟他妈说老师批评他了，他才不想上学。

我一听很是生气，他自己不想上学了还让我背黑锅。没想到他妈妈走了一个多小时的路来到学校，哭诉着请老师帮忙教育小康，让他来上学。

我走进那间破旧的房子，看到小康正趴在炕上看电视，我非常生气，给他关上电视，让他穿上鞋下来，他下炕后就站在边上，头压得很低，不敢看我。我先严厉地批评他，讲到他的家庭状况，讲到他的父母、爷爷奶奶对他的关心与期望。我批评他不懂事，批评他不知道感恩，批评他不知道节俭，并鼓励他争一口气，把学上好，等着父亲回来，也让家里的老人放心。小康只是哭，什么也不说，任凭我怎么问，他就是不说一句话甚至是一个字。

一个小时过去了，硬的软的招我都试了，就是得不到一句回答。他

爷爷终于愤怒了，冲了过去，打了他后背两下，疼孩子的奶奶赶紧拉开了。他爷爷又出来，看到这种情况，浑身气得只打哆嗦，上来就打。我一下没了主意，不知是否该阻止愤怒的老人。

（"教育在线"班主任论坛网友　swzd2000）

 **临场应变**

目标：打开学生的心扉，了解学生不想进教室的真正原因。

应变策略：迅速出手，阻止爷爷的打骂教育。同时教给家长一些专业教育知识，最大限度地改变家长的教育观念，说服家长，强扭的瓜不甜，一定要尊重学生的选择。

对于小康这个孩子，班主任如果想为其提供一点实质性的帮助，应该将帮助其释放心理压力作为工作重点。

第一，尊重其选择。

如果这个孩子坐在教室里跟不坐在教室里没有什么两样，那么我们为什么非要他坐在教室里？我认为，让他在外边散散心也好，因为网吧里没有压力，没有打骂，没有"厚望"，他可以完全放松。我如果是这个孩子的班主任，可能会有更出格的举动，在课余时间，我也去同一个网吧，跟孩子一起上网玩游戏，如果这个学生没有钱，我还会送一点钱给他玩。这个孩子，与那种有网瘾的孩子不一样，他玩游戏只是为了逃避压力。

第二，跟孩子一起参加体育活动。

如果这个孩子在外玩了几天，再回到学校，班主任要调查一下，看他喜欢什么体育活动，如果没有喜欢的，再看看他会什么活动，老师可以带着他一起参加。奖励作为赏识教育法的最重要的内容，它对孩子积极的作用已经反复得到了验证。但是，赏识的对立面并不是惩罚，而是不被重视。班主任如果带着"放大镜"去发现孩子的正确行为，并予以重视和嘉奖，孩子就会更加努力，由此爆发出来的热情和动力，往往会令人惊叹。

第三，安排学生与其交朋友。

在教育实践中，我们经常看到这样一种现象：有些学习成绩很差的学生依然很喜欢来学校上学。其主要的原因就是学校里有课间十分钟，有志同道合的朋友，虽然上课很枯燥，但因为有朋友的存在，所以校园生活依旧充满乐趣。小康这个孩子，宁愿去网吧也不愿来学校，这说明校园生活已经对他没有什么吸引力。要帮助这个孩子释放心理压力，班主任可以安排几个热心助人的同学走近他，邀请他参加他们的活动，比如打乒乓球、做游戏等。有同伴的友谊温暖着他，他就会打开心扉，逐步学会与人交往。

只要学生愿意跟班主任讲话，以后的教育就可以对症下药了。

这个孩子的主要问题在哪里？在他的心理。他孤僻、自卑、没有朋友，同时在成长的过程中没有得到过真正意义上的关心和呵护。

由于家庭的变故，这个孩子从小就生活在阴霾之中，他不善言谈，其实就是自卑的外在表现。他逃学，其实就是一种心灵的叛逃，这个孩子承受的压力太大了。因为家庭贫穷，母亲和爷爷奶奶都生活得很艰难，所以在旁人的逻辑里，成长在这样家庭里的孩子，就一定要"卧薪尝胆"，才对得起年迈的爷爷奶奶和身患残疾的母亲，一旦孩子不愿意"卧薪尝胆"，就是不争气。这样的学生如果还拿长辈省出的钱去上网玩游戏，那简直就是大逆不道。老师，你是否想过，他还是一个孩子，他也有与同龄人一样的兴趣和爱好，那么多孩子都可以上网，为什么他上一下网就成了大逆不道呢？

因为社会给过孩子的家庭一些帮助，所以就要求孩子一定要心存感激，懂得感恩，而在旁人的眼里，感恩最直接的体现，就是"好好学习，天天向上"。当然，这样的事例有没有？有！但那是个别案例。我们应该实事求是地承认，优异的成绩，并不是谁一勤奋就可以获得的。在农村其实不乏刻苦耐劳的孩子，而且由于从小所处的环境，农村孩子普遍要比城市孩子坚忍一些，但为什么农村孩子普遍要比城市孩子的学习成绩差一些（我这里强调是普遍现象，不指个别案例）？这说明影响学习成绩的因素是多方面的。

家长的教育缺乏耐心，也给孩子造成了一定的心理压力。爷爷的内心积郁着怨气，儿子不听话，现在连孙子也这样不听话，老人的内心有着太多的焦虑和郁闷。爷爷的打骂增加了孩子内心的压力，使他更加孤僻、自卑。在这来自四面八方的压力包围之下，孩子还能怎么样？他只有"突围"而出，逃出课堂这一条路了。

因此，孩子逃学完全符合他自己的逻辑，并不是我们大人想象的那样"大逆不道"、"不思上进"。

 **案例反思**

"强势者"总喜欢用一种"强势者"的心理定势，忽视弱势者的自尊和需要。他们认为，弱势者接受了强势者的帮助，就必须要知恩图报，奋发图强。如果不这样，就是不争气，不自强，强势者就会"哀其不幸，怒其不争"，对弱势者进行指责。其实，弱势者也是普通人，他们也有普通人的自尊和需要，甚至还有普通人的懦弱、惰性，不会因为接受了别人的帮助，就把骨子里的这些"劣根"全部拔掉。小康这个案例，提醒强势者，对弱势者用一颗平常心对待就行，不要期望太高！

第五章　学生危机的化解　　201

56. 学生以治病的名义外出上网怎么办？
——辅导矫正训练

 **教育现场**

一个以治病的名义外出上网的学生

这是初二一个男生的故事。

下午第六节课的时候，李冰说他头疼，要回家去治病。

我就打了家长的电话，家长在第七节课下课以后赶到了学校，由于我们学校是寄宿制学校，学生出校门都必须由家长来接。

李冰第二天很早就到了学校，上课的时候，我发现李冰有点异样，精神萎靡不振，一副没有睡醒的样子，他虽然努力想把眼睛睁开，但好多次他都是脑袋忽然一偏，砸在了课桌上。

下课后，我怀疑李冰昨天晚上在网吧玩了一个通宵，马上拿出电话与家长联系。家长说，昨天下午带孩子看完病以后就把他送到了校门口。

昨天下午就送到了校门口？李冰明明是今天早晨才到校的呀！

我一脸惊愕，看来，问题很严重。

我走进教室，把李冰叫出来，我问他昨天晚上干什么去了，他开始还想抵赖，但我把家长的原话告诉他以后，他不得不承认，昨天晚上自己确实是在网吧度过的。

"你这是严重违纪！学校要记大过的！"我怒不可遏。

李冰拉着我的手，痛哭流涕，苦苦哀求我不要告诉学校，保证以后坚决不再犯。老师们，遇到这种情况，我该怎么办？是报告给学校还是自己处理？

（教育预案草根研究QQ群　肖辉）

 **临场应变**

目标：通过辅导矫正训练转化这个学生。

应变策略：商谈条件，自己处罚。

李冰为什么要苦苦哀求老师不上报学校？这说明他非常惧怕学校的处罚。这是一个教育契机，班主任可以乘机问他为何上网吧，生活和学习中有什么困扰，问他需要什么帮助，还可以跟他"谈判"，就今后的教育提出目标、要求，为转化他做好铺垫。当然，这些都是后话，当务之急还是先解决谁进行处罚的问题。

在班级管理中，处罚绝对是一把双刃剑，它在遏制学生行为的同时，也会伤害到师生关系。在教育实践中，经常有这样的实例：学生处罚完了，这个学生也走到了老师的对立面，从此处处与老师针锋相对或者一蹶不振。这些状况都违背了我们教育的初衷。

如果转化这个学生，班主任还有一种方法没有尝试过，那么可以试试这种方法，即由学生自己处罚自己。

那么，老师该怎么应对李冰的请求？

澄清李冰犯的错误

李冰犯了两个错误：

第一，撒谎。

从案例中无法看出李冰是否真的生了病。因此只能进行分类分析：

（1）真生了病。家长在送李冰返校时，没有送进校园，李冰发现了可乘之机，转身去了网吧。

（2）没有生病，只是以生病的名义欺骗家长和老师，借机外出上网。

但不论是哪种情况，都说明网络对李冰的诱惑很大。

说谎是当今中小学生中的普遍现象，甚至有些学生说谎水平之高让人难以意料。案例中的李冰就是例证，如果不是他上课实在打不起精神暴露了谎言，老师和家长都会一直蒙在鼓里。事实说明，无论你如何教孩子，他们迟早会对你说谎。孩子愈大，谎话越多越高明。孩子说谎得逞且逃过处罚，谎也就越扯越多。因此，从遏制说谎这个角度出发，老师必须对李冰进行适当的处罚。

第二，通宵在网吧上网。

这个学生是寄宿生，因此他至少违反了学校的住宿管理条例，还有学校的学生管理制度。从管理的角度来看，也要对学生实施必要的处罚。处罚是一种负强化，目的是为了强化学生的行为，因此，班主任老师如果希望以后这样的事越少越好的话，也不要放弃处罚。

约定管理目标

机会是自己创造的。我有一次乘坐出租车，我们经过的那个路段有三个红绿灯，但我们居然一路绿灯，没有耽误时间。一同乘车的人对司机说："今天的机会真好！"出租车司机说："机会要靠自己去创造。看到前方的红绿灯，你要根据灯牌显示的时间做出准确判断，并且立即行动。如果时间可能不够，那么你就要加快速度，如果时间有剩余，那么你就要限制车速。"出租车司机的这句富有哲理的话给我的启发很大，老师也需要为自己的教育创造机会。案例中的李冰哀求老师，老师把握好了就是为自己创造了机会。

班主任应该先提出自己的管理目标，然后问李冰能做到什么程度，双方可以就今后的教育管理约定一些事项。

老师千万不要以为，处罚完了，教育就完成了，这个学生就会"痛改前非"、"洗心革面"，从此不再上网吧。没有这么好的事！处罚只能说是教育的开始，更艰难的过程还在后头。

对学生进行辅导矫正训练

辅导矫正训练实际上是一种第二序改变，学生能想出"头疼"这么一招来，说明第一序改变——批评和处罚都没有效果，而且他能在网吧里"奋战"一个通宵,足见网吧对他的诱惑已经非常大,或许以前他就这样做过,只是没有被发现。

辅导矫正训练的思路是放弃外力"施压",促其主动改变。

具体策略有二:

(1)自我暗示鼓励,让学生的内心形成改变的内驱力。所谓暗示就是不加批判地接受一种意见或信念,从而导致自己的判断、态度及行为方式改变的心理过程。积极的自我暗示能产生巨大的内驱力,使人自信、自强不息。一般的做法是:把自己的优点、长处写在纸上,激励自己去完成目标或改正行为。如每天打开书包的时候,大声对自己说"我是一个上进的学生","我有自己的理想和目标"等,不断鼓励自己坚持良好的行为。坚持自我暗示,就能逐步改掉坏习惯。

(2)实施行为疗法。这种行为疗法就是与学生"谈判"约定的条件。班主任与学生通过协商,以签订合约的方式,直接帮助孩子自我观察、自我管理,消除、纠正不良行为,建立良好行为。学生出现良好行为时,及时给予奖励和肯定的评价,使之保持、巩固、发展;未能完成目标,则按约定进行自我惩罚,以示警醒。学生可制定"每天目标行为自评表",自己如实填写,教师、家长或同学负责督促。持之以恒,定能改变。

 **案例反思**

辅导矫正训练的本质是人际沟通的艺术,要求辅导者全神贯注地倾听,设身处地地感受对方的体验,并做出积极、恰如其分的反应,所以无论运用什么方法辅导矫正学生的不良习惯,都应注意:"辅导者的态度比知识、理论和技巧更加重要。"(美国辅导专家科利语)也就是说,心理辅导教师要对受导学生有极大的热忱与真诚,具有爱心、耐心、诚心、细心和虚心。能否具备和熟练运用"五心"是心理辅导成败的关键。

57. 遇到打架了还满不在乎的学生怎么办?
——帮助学生观察自己

 **教育现场**

那个家伙太张扬,就是欠揍!

我们班有一个顽劣的学生,大家都叫他"愣头",因为他做事总是不计后果,大错小错源源不断,一副满不在乎的样子。比如,做操要排队,他总是窜来窜去,惹惹这个,逗逗那个,搞得整个队伍不得安宁。上课的时候,学生都在老师的安排下朗读,他要么高声怪叫,要么夺掉别人的书,搞得别的学生读不成。老师批评他,他会收敛一点,但嘴里却说:"又不是我一个人在玩。"

"愣头"江湖习气特别重,无论是在高中部,还是在初中部,甚至在校外,都有一帮"江湖"朋友。只要有点什么事,他都会冲锋陷阵,大打出手。高一上学期,"愣头"就因为打架被记过。奇怪的是,他怕受处分,也怕叫他的父母来学校,但只要有架打,他就不计后果了。

今天,他又打架了,他和朋友打了另外一个班的学生,德育处来人找我,我才知道。

我把他叫到办公室里,问他是怎么回事,他的回答真是匪夷所思:"被打的那个家伙,平日里太张扬,特有派头,我们看不惯,就打了他一顿。"看不惯竟然也是一个理由!

我跟他说:"你知不知道,你把别人打得流血了,多痛苦!还要耽误学习。你们这些打架的,家长要被叫过来,还要赔医疗费,你们还要受处分。你不是怕家长来学校吗?怎么就这么容易忘事呢?"

他涨红了脸,头摇过来,摆过去,一副懊恼的样子,问我:"可不可以不通知家长?"

我说:"你打的是别班的同学,德育处要严肃处理,怎么可能不叫家长?"

他突然昂起头来:"叫就叫,处分就处分,反正那个家伙太张扬,就是欠揍!"

我又吃了一惊,现在的孩子怎么这样?

(方庆提供)

 **临场应变**

目标:让学生看到未知的自我。

应变策略:用"第二位置法"引导学生进行自我观察。

处在青春期的孩子,荷尔蒙分泌旺盛,做事不顾后果,或者说在他们的观念中,朋友的看法和"江湖"的规矩比学校的规章制度更重要。在"愣头"这个孩子的身上,他的叛逆和肆无忌惮的行为表现比较严重,而且持续的时间比较长。在这个时候,他的世界观和价值体系比较混乱,他看不清自己在做什么,他还没有学会观察自己。

"第二位置法"就是站在不同的时空角度看自己。

放两把椅子,让"愣头"坐在其中一把椅子上,想象自己5岁的时候什么样子,10岁的时候什么样子,现在什么样子,看清楚现在的自己。然后,让他仔细想象自己24岁时的样子,越具体越好。想好后,让他坐到对面的椅子上去,从24岁时的角度看现在的自己。

当他看到自己5岁时的样子,就会体会到自己的成长与可爱,以及父母的期望。

当他看到自己10岁时的样子,就会体会到独立意识苏醒时的生命拔节。

当他看看现在的自己,就会觉得自己依然处在茫然的状态,依然没有找到人生的方向，依然没有对自己的良好定位。

当他看到24岁的自己时，他已经长大成人了，已经读书毕业了，已经参加工作了，已经要作为一个"绅士"进入社会了，这时他就会看到自己的成长方向和目标。

当他坐到24岁的椅子上，再回过头来看现在的自己时，他就会看到自己的混乱，看到自己的叛逆，看到自己的不成熟，于是，他就知道该怎么做了。

在这个操作过程中要注意的是，尽量让他进入状态。无论看哪一个阶段，都要求他闭上眼睛，尽力去想象细节，越详细具体越好，甚至想到自己衣服的款式、颜色，想到周围的人、物以及声响。

"第二位置法"操作难度不是很大，但需要一个前提，即学生对老师有基本的信任。如果老师的辱骂和鄙夷已经导致孩子不信任，这种方法就无效。

如此路不通，老师还可以用其他方法。比如，让孩子把事情发生的过程详细写下来，他写的时候，就跳出了原来的时间、原来的位置做出了一些客观的观察，这种观察让自我成为被观察的"客体"。不在此山中，就有可能看到原来看不到的自己。另外，老师也可以引导他的几个朋友一起写过程，不要求写反思和以后怎么改正错误，而是客观描写他们几个在事发现场做了什么，几个人的描述综合到一起，可以让孩子全过程、多方位地了解自己当时的举动，观察到在那些场合中"令人惊讶"的自己。

另外，如有可能，老师可随身携带一个相机，随时偷拍这个孩子，收集大量素材之后，找一个没有其他人在场的机会，放给这个孩子看。让孩子静静地独自观看自己，他就会醒悟。

案例反思

"不识庐山真面目,只缘身在此山中。"面对"愣头"这个顽劣的孩子,最有效的教育措施不是外在的惩罚,而是帮助他认识自己。"第二位置法"就是想办法引导他把自己的注意力从对外在事物的关注转到对自己的关注上来。让孩子站在不同的角度审视自己的成长,跳出现在的局限性,从人生整个过程去观察现在的自己。

58. 遇到想学韩寒不想听讲的学生怎么办?
——点燃学生的激情和梦想

教育现场

把对手当孩子

福建省西山教育集团高薪招聘高级语文教师,校方开出了年薪15万元的天价。前来应聘的选手经过几轮淘汰,只有3人进入决赛。特邀的考官经过商议,出了这样一道题:

"当班上的一名学生要以韩寒为榜样,在课堂上拒绝听讲、拒绝学习时你怎么办?"

这是一道考验教师应对教学过程中的突发事件时的随机应变智慧的题目。选手们都知道韩寒是"80后",他厌恶校园、中途退学,据说他每次理科考试都是只写几个字就交卷,他的语文老师说韩寒听写的时候都交白卷,可他却在1999年获得首届新概念作文比赛一等奖,2000年出版长篇小说《三重门》,他的书一度创造了国内文学类书籍销售的最高纪录。

"我会告诉他,不能学韩寒,韩寒是天才,而他不是!"1号选手胸有成竹地抢先回答。她来自上海,毕业于名校,青春美丽,能用双语教学,一度被考官看好。"你怎么知道他不是天才,如果他认定他就是天才,他要超越韩寒怎么办？"1号选手在一名考官连珠炮似的发问下，最终没有答上来。

2号男选手来自北方某文化名城。他自信地答道："我会打电话告诉这名学生的家长，请专家做好他的心理矫治工作。因为他可能有心理问题。""可是你不要忘了，作为一名人民教师，心理学是必修课，你有义务为学生提供心理矫治服务啊！"评委立即反驳。2号选手哑口无言。

观众与评委把目光聚集到3号选手的身上。3号选手是一名来自西部某省的女孩，年轻朴素，大学毕业后曾自愿到一所乡村小学任教一年。前几轮测试她的成绩不算最好，考官们并不看好她。

"你能回答吗，3号？"考官们打算换一道题来考。3号沉默了一会儿，急中生智："能，我有办法……"所有人都安静了下来。

"我会肯定地告诉他，也许他的确是个天才，但他还是没办法超越韩寒。"

"为什么？"

"因为他不可能比韩寒考的分数更少了。"

"为什么？"

"因为韩寒考试经常都是0分，他要超越韩寒，就要考得比0分更少才行。可考试根本没有负分！"

一语惊四座。在场的选手们愣住了，观众愣住了，考官们也愣住了。

接着现场是一阵小声的议论。尽管这个答案看上去有些诡辩的色彩，但由于考官实在拿不出反驳她的论据，最后一致裁定：3号选手胜出。她获得了让众人羡慕不已的年薪15万元的小学语文教师任教资格，从而获得了堪称中国小学语文教师最昂贵的待遇。

3号选手获胜后发表了简短的感言："我在乡下任教时，经常遇到孩子们在课堂上问各种无法解释的古怪问题。他们的想象力一点也不比城里的孩子差，有的甚至更具有叛逆性。教育这样的孩子，仅仅拥有丰富的知识是不够的，还必须具备孩子般的思维，先肯定他的部分观点，让他露出且翘高尾巴，忘乎所以，再找出他表达中的漏洞，割掉他的尾巴。

在生活和工作中，我们常常遇到拿个案说事、做文章、钻牛角尖且自以为是的人，战胜对手的方法很简单，把他当孩子一样就行了。"

（摘自：《作文周刊·初二年级版》2009第22期）

 **临场应变**

目标：打破学生的思维定向，点燃学生的激情和梦想。

应变策略：我会说："好！有勇气，有志向！相信你有写出《三重门》的天赋，当你的大作写成，我希望是第一个读者。"

这个教育案例之所以能在网络上流行，是因为临场应变十分棘手。哪里棘手？主要是这个学生"非同一般"，竟然敢挑战韩寒，挑战课堂，拒绝学习。

这个孩子显然已经做好了对付老师的准备，一般的教育无效。如果用一般的教育方式去应对，肯定会"碰钉子"，这个孩子的"惊人之语"肯定会源源不断。必须跳出学生设计的"第一序"，用"第二序"去实现突破。

"第二序"在哪里？我们首先站在学生的角度想一想。

由于背景交代并不清楚，学生的情况可能有两种：

一种是学生厌学，不愿意待在课堂，想出去"活动活动"，借韩寒之说找个借口。

另一种是学生真的有韩寒之潜能，他厌倦课堂之平庸，想走独特的成长之路。

无论是哪一种情况，有两点必须做到：

第一，必须跳出这个孩子的思路。在学生的思路和设计中转，老师就被学生掌控着，还哪里谈得上教育？

第二，老师不是孩子的敌人，与学生交流要达到教育的目的。我们的教学不是"鸿门宴"，师生关系不应该在"唇枪舌剑"中相互伤害并敌

第五章　学生危机的化解

对起来，那样，无法实现有效教育，有违帮助孩子成长的教育目的。

可以看出，案例中前两位老师都采用了否定式。这种反应有什么问题呢？第一，这种反应肯定在学生的预期之内，孩子说出"学韩寒，不听讲"的惊世之语之前，早就做好了遭到老师批评的准备——"我这样想，肯定会受到这个平庸的老师的否定。"要让学生改变对老师的印象，老师必须有所改变，变得不同寻常。第二，两位老师的否定式教育，会降低孩子的自我评价，会让孩子更加不信任老师，这样，后面的教育自然无效，这不符合教育目的。

第三位老师的回答，实现了第二序改变，但这种改变没有起到教育作用，未能达到教育目的。

韩寒经常考0分，这肯定是这个学生没有考虑过的问题，这在他的意料之外——只有跳出他的预期，改变才有可能。第三位老师的话把这个学生"震"蒙了，其内心有所震荡，改变就有可能。一个老师总在学生的预期之内，学生就会感到厌倦，如果老师突然有预期之外的表现，学生就会"刮目相看"，老师的话看样子得掂量掂量一下了。

但是，老师与学生的交流，不是相互羞辱，不是你输我赢，老师应该给学生以方向感。学生表达了不一样的志向后，老师要看到孩子语言背后的情感情绪。

如果孩子是故意挑衅，老师要避开锋芒，不要恋战。否定他，羞辱他，将挑起他更强的斗志。

如果孩子是心存梦想，老师要理解他，无论他能不能实现，孩子的出发点是好的，老师要抓住契机帮助其点燃人生梦想。

因此，老师可以豪迈地回答学生："好！有勇气，有志向！相信你有写出《三重门》的天赋，当你的大作写成，我希望是第一个读者。"

对学生如此看重，肯定在学生的预期之外，这样的回答提升了学生的自我评价，让学生获得了高度自尊，增强了学生对老师的信任，让学生在讶异中获得了信心。无论他有没有写出《三重门》的潜力，他都会意识到"我很重要"、"我有无限可能"，尽管他没有这个方面的潜力，但他可能有那个方面的潜力,无论如何,他都会反思自己以后的发展方向。这个时候,听不听这位老师的课已经不是最重要的事情了——有了方向感,其他的就都是手段或过程。

 **案例反思**

临场急智,仅仅是临场教育的一个要件,舍教育目的图一时口舌之利,于教育无用。如果临场急智形成对学生的贬损,伤害了学生的自尊心,造成师生关系的疏离,还不如不要急智。仁者宽厚,教育不在一时,这也是一种选择。

所以,我们希望,既要有所改变,更要起到教育作用,谋求共赢。

59. "招安"的副班长极不称职怎么办?
——"育人"才是教育的根本

 **教育现场**

"招安"的副班长

我是一个初三的班主任,在接这个班之前,我向前任班主任了解情况,得知班上有一个叫刘蛟的男生,一直是前任班主任的心病。

这个刘蛟,一直是班上那群问题学生的"老大",刘蛟干什么事,总有人跟着他一起去做。有一次自习课上,班主任实在受不了刘蛟总是旁若无人地讲话,就请刘蛟到另一间空教室里去看书,刘蛟也不反抗,就出了教室,没想到,仅仅过了一分钟,就有五位同学来跟班主任请假,到空教室里去自习,理由就是空教室里安静,可以更好地学习。这不明摆着是跟班主任过不去吗？

我接手这个班级以后心想，擒贼先擒王，只要能搞定刘蛟，班上的那帮问题学生就不成问题了。于是，我开始主动跟刘蛟接触，跟他讲："很多老师都认为你是一个问题学生，但我不这样认为，如果辩证地看，你是一个很有组织能力的学生。"刘蛟听我表扬他，就有些沾沾自喜，我趁热打铁，"老师想委任你一个职务，就是我们班的副班长，专门负责管理我们班的纪律，老师相信你能胜任这个工作。"

刘蛟看我一开始就肯定他，听多了别人否定评价的他心情愉快，很高兴地接受了我的委任，并表示一定会把班上的纪律管好。

刘蛟上任以后，班上的纪律果然有了明显的好转，首先是刘蛟自己违纪的次数减少了，更重要的是，班上那些原本"不务正业"的学生，现在看是刘蛟监管纪律，都不敢太放肆了。听着任课教师的赞扬，我内心里也充盈着喜悦，庆幸自己找到了一条治班之道。

但这种喜悦仅仅维持了一个月的时间，问题就一个接一个的来了，首先是班长抱怨，说刘蛟无论做什么事，都是唯我独尊，班长的意见都置之不理；接下来是八个女生联名上书，说刘蛟监管纪律时厚此薄彼，跟他走得近的男生违纪了也不处罚，但是对于给他提意见的女生，班规班纪就成了他挟私报复的工具，她们有一点点违纪情况就被放大；有一些成绩好的男生也提出了意见，说刘蛟从来不做作业，他的作业都是别人代做，谁不帮他代做，就会遭到他的报复，谁帮他代做，违纪了就能"从轻处理"……

我一听，头都大了，这个小兔崽子，怎么改不了他的臭毛病呢？

我把刘蛟叫进办公室，心里头窝着火，语气就有点严厉。没想到这小子不但不虚心接受批评，反而跟我顶撞了起来，最后，这小子撂下一句话："这个副班长我不当了！"说完他就冲出了办公室。

真是郁闷呀，我好心想拉他一把，可这个刘蛟就是不往正路上走啊！对于这个副班长，我是换人还是不换人呢？

（刘令军提供）

 **临场应变**

目标：化解班级管理危机。

应变策略：继续留用刘蛟，帮助刘蛟真实地成长，提高其管理水平。

综合各种情况，我决定继续留用刘蛟。

我现在面临的难题是，民怨沸腾，怎么办？经过反复思考，我决定分三步来化解眼下的危机：

第一步，澄清与反思。

问题已经摆在面前，我非常清醒地意识到，越是遮遮掩掩，学生越会对我和刘蛟失去信心。自己只有拿出勇气来坦然面对，才能解决问题。我决定将刘蛟的去留问题提交给班级公开讨论，为了留用刘蛟，我适当进行了引导：

（1）刘蛟并不是"不负责"，事实上他对工作是相当负责的，他的缺点在于"徇私舞弊"，没有做到公平公正，跟自己关系好的就放过，跟自己关系不好的就执行制度。

（2）刘蛟执行制度是他的职责所在，那些"被执行"的同学应该承认，你们确实违纪了，刘蛟并没有冤枉你们。

（3）刘蛟是有管理能力的，大家可以对比一下，刘蛟上任以来班级纪律是好转了还是恶化了。

我悉数了刘蛟上任以来带给我们班的变化，很多同学都认同我的观点，表示人无完人，一个人在成长过程中难免会犯错误，应该给刘蛟一个改正错误的机会。这为我下一步工作的推进营造了很好的氛围。

第二步：批评与自我批评。

我首先就自己工作中的失误做了自我批评。

（1）教育缺乏前瞻性。作为班主任，我没有预见到刘蛟会在管理过程中出现失误，因此也就没有提前做好预案，没有想过要如何帮助刘蛟提高班级管理水平，而是等问题到了不可收拾的地步，再来责怪刘蛟不争气，或者考虑用撤职的办法进行惩罚。

（2）教育方法不当。刘蛟出了问题，在刘蛟最需要我帮助的时候，我却把刘蛟叫进办公室，劈头盖脸就是一顿训斥。我的这种处理问题的方式，直接导致我和刘蛟之间由合作变成了对抗，我向刘蛟同学真诚地道歉。

刘蛟听我这么一说，就主动站了起来，也当着全班同学的面进行了一番自我批评："刘老师的批评是对的，副班长的职责我没有履行好。第一，在监管纪律的过程中，我没有做到一视同仁。第二，我请他人代做作业。作为一名班干部，太不应该。我以后一定尽量改正，请同学们监督我。"

由于我和刘蛟的以身示范，其他同学也纷纷站起来开展批评和自我批评。这样一来，班级就出现了一种都找自己原因的氛围，原先那种针锋相对的对抗情绪逐渐消退。

出现这种氛围之后，我趁热打铁问刘蛟，"为了班级的发展，你能够做到哪些？"刘蛟回答说，他可以做到不偏不倚、办事公正；不再请同学抄作业，努力提高学习成绩。我很满意，接着问那些反对刘蛟的"激进分子"，"你们又能做到什么程度？"他们回答说，继续支持刘蛟的工作。

第三步，消除与修复。

由于在前一阶段，同学之间闹"对抗"，心理上产生了一些隔阂，为了修复关系，我及时组织了一些集体活动以融洽同学之间的感情。在班队活动的选择上，我有意选取了刘蛟的优势项目：第一是班级联欢活动，刘蛟喜欢唱歌，音色优美。在歌声中，刘蛟和他的"反对派"们一笑泯恩仇。第二是组织了一场年级篮球赛，这次我选了一支弱队，刘蛟带领我班篮球队员出征，为班级赢得了荣誉。

在开展了这些活动以后，我很高兴地看到，刘蛟工作更积极了，班级内部也更团结了。

案例反思

王晓春老师说:"管理"的问题用"管理"的方式解决,"教育"的问题用"教育"的方式解决。一线教师最容易犯的毛病,就是把这二者弄混了,"教育"的问题用"管理"的方式去解决。转化刘蛟是一个"教育"问题,不假思索的"招安"和愤怒之下撤职的行为,都是试图用"管理"的方式来解决"教育"问题,这样很容易导致教育失败。

60. 学生用自残的方式威胁老师怎么办?
——谨慎智慧地实施教育转化计划

 **教育现场**

一个喜欢威胁师长的学生

高天是初三才转到我这个班的。他初一、初二的班主任是一个年轻的女教师,一次,高天上课扰乱课堂纪律,班主任把他叫到办公室里进行批评教育,他竟然用头猛磕办公桌,磕得鲜血直流,班主任吓得手足无措,从此再也不敢惹他。

后来还有一次,政教处的贺老师把他叫到政教处的办公室,没想到他突然从办公室里冲出来,径直冲上三楼,一只脚跨出栏杆外,威胁说自己要跳楼,幸亏被旁边的学生死死拽住,全校师生都惊出一身冷汗。

年轻的女班主任实在管不住这个"刺儿头",学校不得已将他转入我班。

接手高天之后,我做过一次家访。高天的父亲已经五十多岁了,他是四十得子,高天有三个姐姐。因此,高天从小就备受溺爱,现在每月要400元零花钱。具有讽刺意味的是，赚钱的父亲抽两元钱一包的劣质烟，花钱的儿子却要抽十元钱一包的中档烟。高天学会了赌博，打麻将、玩纸牌，一输就是几十元。

我问高天的父亲："您怎么不整治整治他？"

高天的父亲叹了一口气，"整治不了啦！他动不动就训斥你，'老家伙，滚开些！'你不给他钱花，他就威胁你，一会儿说离家出走，一会儿说要跳楼。我都一大把年纪了，经不起他折腾了。"

看来，高天是在家里多次威胁得逞，所以才会不断故伎重演。他已经能非常熟练地运用这种技巧了。

我跟高天的父亲分析说，孩子其实并不是真正想跳楼，政教处的贺老师已经详细向我介绍了他亲历的那次跳楼事件，他周围的同学其实拦截并不及时，事实上是高天自己死死拽住了楼梯的扶手，然后才把一只脚伸出去的。这说明跳楼只是他的一种行事方式，他无非就是想借此威胁学校和老师，达到自己的某个目的。

老人说，经常遭到自己儿子的威胁，他早就已经不厌其烦了，但自己又实在没有办法，不迁就他又怕发生事故。

我心中忐忑，不知道高天会给我惹出什么乱子来。

这一天，班长报告说，高天擅自将座位搬到了小杰的后面。

小杰也是一个"问题学生"，两个无所事事的人凑到一起，他们之间是有了共同语言，但班级的课堂纪律就可想而知了。

我走进教室，高天正兴高采烈地和小杰在比划着什么，很多学生都斜眼望着我，等待着一场"好戏"。

（刘令军提供）

临场应变

目标：守住教育的底线。

应变策略：大题大做。

我马上叫过小浩和小伟,附耳安排了几句,教他们如此如此。

两人连连点头,跟在我身后,走进教室。

我走到高天的面前,大声命令道:"高天,把课桌搬回原处!"

高天并不理睬我,照样跟小杰说笑着,根本就不把我放在眼里。

到了该出手的时候了,我反复权衡了一下,现在真的是一个契机。因为这是高天在"制造事端",班级舆论会站在我这一边。但是,我不敢想象有什么意外发生。

我做了两次深呼吸,心想,哪怕是捅出一个天大的"漏子"来,我也必须坚持班级管理的原则。但我深信自己已经做好了一切准备,应该会万无一失。

我一脸寒霜,再次提高了声音的分贝:"高天,把座位搬回去!"

高天很木然地坐着,嘴里仍然很强硬:"不搬!"

"不搬也得搬!在这个教室里,暂时还轮不到你来做主!"

高天将书包往地上一摔,"我不读书了!"说完就冲出了教室。

虽然在预料之中,但我还是有一点紧张。

我身后的小浩和小伟根据我的安排,早已做好了准备,一左一右,马上跟了上去。意外的是,高天这回没有冲向栏杆,而是向校门冲去。难道他想玩出走?我心里骤然紧张起来。

我紧跟其后,我们学校一出门就是一条省道,还好,我派出去的两个学生已经跟上了高天,他们三个并排走在公路上。这个方向,正是高天回家的方向。

高天猛一回头,发现了我,他突然对我大吼一声,"你不要跟着我,你再跟着我,我就从这里跳下去。"

他的前方是一个池塘,高天指着那宽阔的水面,情绪很激动。

为了缓和矛盾,我放慢速度,与高天他们保持着近500米的距离。小浩和小伟很得力,一左一右,护送着高天,一直到了他的家里。

高天一到家,就冲上楼去了,他的父母正好都在。

我将发生的事情与老人做了详细的交流,并当场表明了态度:第一,学校是不受任何人威胁的，为了维护大多数人的学习权益，我们必须坚持原则。第二，对于今天发生的事，高天必须写出检讨书，承认错误，在他承认错误之前，他不要来学校上课。

出门的时候，我指着楼上说，"现在，我们已经将高天安全护送到家了，您看着他一点，别出什么意外。"

第三天，高天的父亲来找我，说孩子已经承认错误了。老人抖抖索索地从衣兜里掏出一张纸，确实是高天的笔迹，但只有六个字，"刘老师，我错了！"

我对老人说，"这是一个很好的教育契机，在这个时刻，您一定要坚持住，再让他在家里'待'一周，他内心回到学校的渴望越迫切，教育的效果就会越好。"

第七天，老人带着高天再次来到了我的办公室。高天在递上检讨书的时候，很真诚地鞠了一个躬，说："刘老师，对不起！"

我看着高天："你知道自己犯了哪些错误吗？"

"知道！我不该冲出教室，还威胁您！"

我盯着他的眼睛，"高天，经过老师的调查了解，到目前为止，你已经犯下了五个错误。第一，未经老师允许，擅自搬动座位。第二，老师执行班级管理制度，要你把座位搬回原处，你不但不服从管理，还冲出教室，把学校当'自由市场'。……"

高天的嘴巴动了几下，好像嘟囔了几句，但声音很小，我没有听清。看来他的内心还有怨气，并没有真正认识到自己的错误。

我提高了嗓门，"你写的这封检讨书，老师要在全班宣读一遍，现在你要想好，如果到时你接受不了，又冲出教室，就不如现在不进教室。"

高天很尴尬地僵持了一会儿，最后还是勉强地点了点头。

我继续分析，"假如我容忍你为所欲为，会有很多害处：第一，害了你以及你的家庭。如果你实施'威胁'时，度没把握好，或者旁人拦截不及时，稍有疏忽就会造成严重后果，给你及你的家庭带来终生遗憾。第二，给学校管理带来很大的困难。如果学校因为害怕学生威胁就屈服让步,那么其他的同学想达到自己的目的,就可能以你为榜样向学校发难:'为什么不答应我的要求,难道是因为我没有跳楼吗?我现在跳楼,你们是否会答应我的要求?'此风一旦蔓延,整个学校的管理体系就会崩溃,所有的纪律、规章、制度就会成为一纸空文。"

高天的父亲频频点头,而高天则垂头丧气,当初冲出教室的义无反顾一扫而光。

我绷着脸对高天说:"当初你冲出教室的时候,是由不得我,但今天你想重回教室,那就由不得你了。我们之间必须签订一个君子协议,咱们以后一切都按协议办事。"当着父子俩的面,我迅速拟就了一份协议。

君子协议

甲方:55班班委会

乙方:高天

经甲乙双方友好协商,达成如下协议:

第一,甲方同意接收乙方在55班继续学习。

第二,乙方必须就威胁班主任事件检讨自己的错误,写出1000字的说明书,并在班级当众宣读,自己将座位搬回原处。

第三,乙方必须按时完成各科作业,不得在课堂上干扰他人学习,每违反一次,写500字的说明书一次。

第四,乙方不得用任何自残的方式威胁任何人,乙方自残造成任何后果,学校不承担任何责任。

甲方签字:　　　　乙方签字:　　　　乙方家长签字:

我之所以将"按时完成各科作业"和"不得在课堂上干扰他人学习"抽出来,单独作为一条,主要是因为高天在这两个方面的问题特别严重,而这也可能是最考验他的意志的问题,我得为今后的教育埋下伏笔。

协议书写好以后,我一条一条地解释给高天父子俩听。

高天的父亲二话不说,拿起笔来就签了字。高天则站在办公桌旁,不肯拿笔:"刘老师,1000字的说明书字数太多了,能不能只写500字?

还有，按时完成各科作业，能不能删掉这一条？"

我眼睛盯着高天，表情严肃，吐出两个字："不行！"

高天一听，猛然甩出一句话，"我不签这个字！"然后头也不回地出了办公室。

我坐着没动，高天的父亲连忙追了出去。

我非常清楚一点，高天的威胁其实并不是"真心实意"，他只是想用这种方式来达到自己的目的。只要我追出去，他就会"嗅"到妥协的信息，那么一切都会前功尽弃。

第十天，我正在上课，忽然发现高天和他父亲站在教室门口。下课铃响了，我走出教室，高天的父亲迎了上来。

我说："到办公室谈。"

高天尾随着我进了办公室，我问他："高天同学，你有什么事吗？"

高天双手紧贴裤缝，站得笔直，"刘老师，按您的意思办，我签字。"

我的声音提高了八度，"你可要想清楚，签字可不是闹着玩的。"高天态度很诚恳："刘老师，您放心，我知道。"

我拿出协议书，高天迫不及待地拿起笔，很快就签好了字。从他的站姿以及签字的动作来看，他受到的心理煎熬已经产生了切实的效果。我心中暗喜，但仍不动声色。

高天签好字以后，我代表班级在协议书上签字，协议书一式三份。

我将协议书收好，微笑着站起来跟高天的父亲握了握手，"好了，高天我已经接收了，您回家吧，这些天您也够劳累的了。一切我都自有安排。"

老人握着我的手，涌出两行浊泪："刘老师，给您添麻烦了。"

 **案例反思**

班主任管理一个班级，他当然要有智慧，但与智慧同等重要的，是他的意志。意志属于"情商"的范畴，智慧属于"智商"的范畴。意志之

所以重要,是因为成功取决于行动,而行动则取决于意志。班主任能否始终如一地坚持教育原则,遇到困难不退缩、不动摇、不放弃,是班级管理取得成功的一个非常重要的因素。

61. 学生用极端手段欺负弱小怎么办?
——用制度制衡强者,保护弱者

两个人的战争

三年前小聪才来我们班的时候,是一个非常腼腆的男孩。后来我才知道小聪的性情有点特别!他受到老师的表扬也会面红耳赤,甚至会很生气。我印象最深的一次是,他的一篇作文受到了我的表扬,我请他上讲台当众朗读自己的作文,他不肯,我只好降低要求,请他来讲台领走他的作文本,可任凭老师和同学怎样热情地鼓励,他都不肯上台……

因为他的孤僻,他在班上的朋友也越来越少。

可是,他却要寻找一个人来证明他并不懦弱。他选定的这个人就是我们班另一个比较特殊的学生——小涛。

小涛在班上是典型的没娘的孩子形象:脸上永远是脏兮兮的,头发因为许久没有洗过而呈现出爆炸式的样子,身上永远是那一套黑乎乎的衣服,许久没有洗过,也很少洗澡,别人走过他的身边就会感到一股难闻的气味。小涛爱讲脏话,不讲卫生,喜欢一个人躲在被窝里大吃特吃麻辣烫,就是不愿意和别人分享,其他同学馋得口水直流,对他怒气冲冲。他爱哭,软弱,常常被低年级的同学欺负……

小聪开始时并没有明目张胆地欺负小涛,而是暗暗地"陷害"小涛。

小涛和小聪都在食堂打饭吃,有一段时间,小涛的饭碗经常不见了,不是从犄角旮旯里找出来,就是从桌子底下找出来,或者小涛的饭碗里会被人盛满一碗脏水。后来,当发现这样的小动作越来越没有杀伤力时,小聪终于跳出来了。

他先是在下课时故意辱骂小涛,等到上体育课教室里没人的时候,他将小涛的课桌推翻,书撒满一地。小涛回来一看,十分生气,也将他的桌子推倒,书也是撒满一地。这下可惹恼了小聪,他再次将小涛的课桌推倒在地上,还用桶提来水,将水泼到小涛的书上。一次午间休息的时候,小聪在寝室吃饭,将饭泼在小涛的床上,还将洗碗水倒在小涛的被子上。学校对这件事非常重视,做出了非常的决定:要求家长将小聪带回家去停课几天,好好进行教育,同时建议家长带小聪去看心理医生。

可是,只过了两天,小聪就哭闹着要来读书了。他的父母非常害怕学校趁此机会将他们的孩子开除,也不愿意带他去看心理医生。

可是,小聪对小涛的伤害却没有停止过。

如果我对小聪进行批评教育,他事后会对小涛进行更加严厉的报复,当面的辱骂,偷偷的陷害,简直是无所不用其极。小涛悲痛欲绝,甚至向我提出退学回家的无奈要求。

今天早晨,我路过寝室,又听见小聪在咆哮:"小涛,你等着,等到中考之后我一定会踩死你!"小涛默默地坐在床上,面无表情。寝室里的其他同学则见怪不怪。

面对这样一个不可理喻的学生,我真想对他大吼一声:"你去呀,你去踩死他呀!"但是我也知道,这样的话是多么苍白无力。老师们,我该怎么办?

(教育预案草根研究QQ群 刘燕山)

临场应变

目标:制裁小聪,保护小涛。

应变策略：在班级开展专题研讨，制定出一个关于弱者如何维权的制度来。

要从根本上解决弱者的权利被践踏的问题，唯一真正能够依赖的就是制度和法律。

这个制度怎么产生？

班主任要组织全班同学开展大讨论，然后集中全班的智慧，制定出一个管理制度。这个制度至少要涵盖这么几个方面的内容：

第一，对欺负弱小的行为进行界定。也就是说，小聪对小涛的"陷害"，达到一个什么样的标准，就可以确定为实施了陷害行为。这叫"有法可依"。

第二，设立接受弱者诉求的专门机构。这个机构要在全班同学中选举产生，让那些有正义感的同学站出来，参与维权。这叫"违法必究"。

第三，设立维权的执行机构。由班主任牵头，在班级选举有影响力的学生，合力保障小涛在班级永远公平的权利。这叫"执法必严"。

现代法治社会，目的就是用法治的方式建立一种公平的社会秩序。其目的是保障社会公平，尽管现在还有很多不如人意的地方，但不容置疑的是，这是现代文明发展的方向。任何人，都可以拿起法律武器来维护自己的权益，哪怕你属于生活在社会最底层的"弱势群体"，社会也应该保证你有"说话"的地方和"说话"的权利。

班主任应该告诉小涛，现在在学校，他可以用班级的管理制度来保护自己。将来有一天，他离开了学校，脱离了老师的保护，他可以拿起社会的制度——法律来保护自己。

在这个案例中，由于班主任一直用"人治"管理思维来处理两个人的"战争"，所以才会形成死结，永远也解不开。

人治思维，就是解决问题依赖"人"，像案例中的小涛，受到了同学的欺负，他只能依靠班主任来保护自己。小聪处处用极端手段来"陷害"小涛，班主任知道了，怒斥小聪，反反复复对其进行批评教育，不

但没有从根本上遏制住小聪的"陷害"行为,反而加剧了小聪的报复行动。小聪如此嚣张的原因在于:

(1)小涛根本不知道如何保护自己。他判断不清怎样的具体行为就是对自己的伤害,受到了伤害该向谁申诉,具体由谁来保障自己的权利,等等。他唯一能依赖的就是班主任,当班主任也无能为力的时候,他就只能忍气吞声,受尽欺负。

(2)其他同学也不知道该怎样帮助小涛。因为没有一个具体的制度,同班同学中即使有一些看不惯小聪行径的同学,也不知道该如何帮助小涛。

你看,如果不形成一种常规保护机制,单靠班主任一个人来保护小涛,终究是保护得了一时,保护不了一世。能保护他一世的,只有制度和法律。

只有制度才可以永久地保护弱者。

 **案例反思**

有一种教育,像我们解鞋带,一不小心拉错了带子,结果,越用力结越紧,最后弄成了死结。这种死结的产生,不一定是由于学生过于顽劣,而是由于我们的教育貌似正确,具有相当的欺骗性和隐蔽性,老师乐此不疲,持续用力,这是导致结越拉越紧的关键因素。

62. 学生向老师表达爱意怎么办？
——让学生将情感转化

 **教育现场**

老师，我喜欢的是你

张旌是个聪慧漂亮的高三女生。记得她头一次来办公室问问题，我解释的时候发现是我的学案编写有误，后来她第二次来办公室问问题，结果还是我的学案编写有误。

学校搞成年宣誓活动，我问她能不能代表我们班参加宣誓仪式，她说："老师，我听从您的安排，如果需要我的话。"后来参加仪式的代表在全校进行投票，她凭优异的成绩和靓丽的外表获得第一，为我们班争得了荣誉。

她的家在千里之外，半年才能回去一次，学校是封闭式管理，她的活动范围主要是校内。有一次，她在校园里边荡秋千，边向我喊道："老师好，送你一朵花！"于是，一朵粉红的芙蓉花飘落到我的手上。

我的家也离学校很远，周末没事时我只好待在办公室里。她端着米粉来我的办公室吃，边吃边说着其家乡的民俗，她如此迷恋她的家乡、她的亲人，犹如一面明镜，里面映射着苗家风情，我既被苗族风情吸引，又不知被什么困住。

有一个已经毕业的男生一直在默默地对她好，经常送东西给她，可是她一样都不要，她说这些男孩子什么都不懂，她不想被男孩子干扰学习。我不知道什么叫懂，什么叫不懂，我只知道一些我经历过的事情，当我说起这些的时候，她总是很投入地听，常常是下晚自习的铃响后她才说"老师，拜拜。"

办公室里的老师有时开我的玩笑:"你呀,总是这么年轻,不会老,很讨小姑娘喜欢。"我口里说着哪里哪里,心里却想到了张旌。我有一些事情没有想清楚,有点乐不思蜀。

有一天晚上,她突然来到我的办公室,拉起我就走。我有些不好意思,怕被人看见,丢开了她的手。走到宣传栏后面,她停住了,看着高大茂密的芭蕉树一分钟之久,才慢慢开口:

"他过来了。"

"谁?"

"就是他。"

"哦,是不是很喜欢你的那个男孩子?"

"是的。"

"他从那么远的地方专门来看你?"

"是的。我不要他来,可是他一定要来。"

"那你怎么办呢?"

"我也不知道怎么办。"她停了停,慢慢地说:"可是,老师,我喜欢的是你。"

老师们,遇到这样的学生,我该怎么办呀?

(方庆提供)

 **临场应变**

目标:让学生将情感转化。

应变策略:第一,致谢;第二,珍藏感情;第三,保守秘密。

在这个案例中,作为学生这一方,已经正式向自己的老师表白,她这样做的目的可能有两个:

第一,学生想告诉老师她的这份感情——我喜欢的是你,不是那个男生。学生知道自己应该做什么,没有别的要求。

第二，学生向老师表示爱意，希望老师也爱她，相当于追求老师。

但从案例描述的情况来看，这个女生应该是属于第一种情况，她只是向老师表达她的爱意、她的情感，或许她也希望老师爱她，但她心里还是明白自己的身份，自己处在一个什么关键时期，她这只是一种感情的自然流露而已。

那么，此时老师为什么要致谢呢？

学生喜欢自己的老师，甚至爱上老师，首先说明这位老师很优秀，至少在某一方面很优秀。学生喜欢你、爱着你，就会更努力地学习你、模仿你，从思想上、知识上，更努力地充实自己，更努力地发展自己。

因此老师应该致谢。感谢她如此地喜欢你、信任你。

为什么说要珍藏这份感情呢？

因为老师是无论如何不能在现在这种情况下接受学生的爱的，至于以后可不可以，那是以后的事情。从目前来看，老师接受学生的爱有两个不当之处：

第一，时机不当。女孩现在正在读高三，繁重的学习任务不允许她分心，这个时候只要老师这一方稍稍主动一点，就会导致师生恋迅速发展，从而影响这个学生的学业。

第二，身份不当。作为老师这一方，可能有两种情况：①已经结婚或者有了女朋友。②还没有女朋友。但是，无论哪种情况，都不允许老师现在接受这个女生的爱。

学生爱上老师，一直是一个很尴尬的问题，一不小心，老师就会变成舆论里的"流氓败类"。就算是学生的错，舆论也会想当然地认为这是老师引诱的结果，不管怎么说老师都会变成"披着羊皮的狼"。

为什么要保守秘密？

既然不能爱，那就断然拒绝好了，老师这样做也不好。你想想，作为教师，你希望出现什么结果？

当然是这个女生不受伤害，一如既往地爱上你的课，继续努力学习。

老师应该诚恳地告诉学生自己的难处，如果自己已结婚或有女朋友，这就是最好的理由。如果没有女朋友,也要把现在不合适的理由讲清楚。

这样,学生就会很愉快地接受你的理由,也不会影响她的学习。

案例反思

对于爱自己的学生,老师切忌用老学究的语气对学生进行思想品德教育,这样很容易就此损害老师在学生心目中的形象,同时还会打击学生美好的情感和心理承受能力。这样学生会疯狂或者一蹶不振。这样的案例在现实教育中实在太多了。

学生爱上老师,老师不要大惊小怪,这是再正常不过的事了,关键在于怎么去处理、怎么去引导。一名优秀的教师会有很多学生喜欢,有很多学生爱;一名优秀的教师也会真诚地去爱他的学生们,努力地把他们推向人生的高峰。

第六章

同事关系协调

以班主任为中心，任课教师以及相关的服务人员组成了一个小团队，在这个小团队内部，只有肝胆相照，互相激励，互相信任，才能成为一个坚强有力的集体，内部才会形成"你建议，我听取"，"你批评，我改进"的和谐氛围，心往一处想，劲往一处使，为共同的目标而奋斗。

班主任在行政当中实质上是一个承上启下的关系，但这种关系在教育系统中的行政性大大弱化，因而强制和命令都不太适合作为班主任协调同事关系的手段。班主任与任课老师更多的是沟通、妥协。如果班主任与任课老师之间缺乏沟通，就会存在隔阂，甚至产生对立情绪，相互斗狠，关系紧张，以致把消极情绪带到班级工作或所教课程上来。

63. 校长要我改变教学模式怎么办?
——无法换校长就适应校长

 **教育现场**

校长要我改变教学风格怎么办?

我们校长前一段时间外出学习,回来以后就雷厉风行地搞教学改革。

首先,校长在全校教师大会上介绍了他的改革设想——在全校推行一种全新的课堂教学模式,打造学校的教学品牌。据校长介绍,这种教学模式是国内某个专家最新的研究成果,我们学校是专家经过多次调研以后选中的实验学校。当时,很多听会的教师都对此嗤之以鼻,认为又是"热热闹闹走过场,扎扎实实抓成绩"。没想到,这一回校长动真格的了,用行政手段强力推行这种课堂教学模式,要求所有的文化课老师都采用这种模式教学,而且在会上扬言,拒不配合学校品牌建设的老师,下学期将会被学校拒聘。

这样一来,教师们怨声载道。就以我自己为例,经过多年的辛苦实践,我在教学中逐步形成了自己的教学风格,现在,校长一声令下,就要我改变自己的教学风格,我哪里受得了?这样,我以前的探索不都白费力气了?再说,校长提倡的那一套也是从别人那里学来的,我们为什么一定要复制别人的经验?我们为什么不自己进行创新?为什么要全校文化课老师都采用这种课堂教学模式?这不是搞"一刀切",管理粗暴吗?

但是,校长说,统一课堂教学模式,是学校打造教学品牌的需要,学校要发展,要做大做强,就必须走品牌之路。

真是郁闷,老师们,遇到这样强悍的校长,我该怎么办呀?

(教育预案草根研究QQ群 笑傲江湖)

 **临场应变**

目标：保持自己的教学风格。

应变策略：你如果无法给自己换一个校长，那么就只能适应校长。

适应有两种：

第一种，消极适应，趋利避害。

"趋利"可以理解为吸收好东西。外界智慧和专家模式必然有其合理性，没必要全盘否定，所以，当专家来做讲座或者安排我外出学习，我没必要抵触，好好学，看看哪些东西对我的教育教学发展是真的有益。

"避害"可以理解为化解强制行为的弊端。你校长不是喜欢强制吗？我不认同的东西就从形式上做得像模像样就行，而从内涵上还是专注于自己喜欢的教学风格，保持自己的人格独立，保持进行学术研究的热情和自主性。

第二种，积极适应，融入团队。

积极适应校长，需要老师转变观念、调整心态：

（1）教学风格与教学模式并不矛盾。

一种教学模式恰恰需要多种教学风格去阐述，这才是教学的丰富多彩。老师完全可以按照自己的既定风格去"阐述"新的教学模式，如果两者之间能找到一个较好的结合点，不仅对个人成长是一种突破，更是对学校教学品牌的一种创新发展。

（2）团队的业绩不需要团队成员牺牲自我成长。

团队要创造团队业绩，可团队业绩来自于哪里？从根本上说，首先来自于团队成员个人的成果，其次来自于集体成果。一句话，团队所依赖的是个体成员的共同贡献，而得到的是实实在在的集体成果。这里恰恰不要求团队成员都牺牲自我去完成一件事情，而是要求团队成员都发挥自我去做好这件事情。

在品牌创建的起步阶段，用管理的方式推行某种教育模式有积极作用,就是让团队中的每一个成员"先体验,后认同"。强制性地让大家去做,做了之后,大家觉得蛮好,于是就一直这么做下去了。个别老师有发展惰性,强制他体验一下先进的东西,可以用实践的方式促发他的反思和觉悟,从而提升自己的专业水平。

引入外界智慧、专家经验是对的,这也是一种引领,需要老师们的认同,认同之后,这些学术经验可以影响很多人。

真正的教育研究,对于一线教师来讲,都是一个成长平台。

案例反思

有些一线教师,心理上总是存在这样一个误区,希望自己成长在一个优秀的集体中,却从没有考虑怎样去营造一个优秀的集体,怎样去建设一个集体,或者当面对一个集体的困难时,不愿意去承担责任。从根本上来讲,这是没有把集体的利益真正融入到个人发展当中去,还没有正确的团队观念。显然,案例中的老师就有这个倾向。

64. 政教处领导小题大做怎么办?
——提出自己的质疑

教育现场

我们就这样磨灭了孩子的创造性

我是一个高二的班主任。

每天晚上七点到七点半,是我们学校规定的学生看新闻联播的时间。今天晚上七点钟,我从办公室里准时出发,往教室走,去我们班教室恰好要路过学校政教处,刚走到政教处门口,我就被政教处的老师给叫了进去,"快点过来看看你班的那个孩子手里玩的是什么。"我来到学校监控器前面(我们学校的各个教室里都装有摄像头),监控器里最大化的画面显示,我班的学生小贾正拿着剪刀修理一个小玩意儿,一张硬纸剪成了一个圆盘,中间钻了一个孔,穿了一根绳子,盘的一侧粘了四根圆珠笔芯,绳子的一端绑了个小玩具,另一端拎在手中,那小子正玩得起劲。

我一脸尴尬,马上对政教处的老师说:"我去教室收拾他。"撂下这句话,我拔腿就往教室走去。

到教室的路程很近,3分钟就到了,但我有意识地把脚步放慢,想给自己怎么处理这件事多留出一点思考时间。

我想出了两种方案:

第一种方案是走进教室,二话不说,把小贾的"玩具"从他手中拿过来,叫他到教室外面,接下来一本正经地给他"强调"一遍纪律的重要性,然后拿着孩子的玩具到政教处交差,人家还在那里等着结果呢,最后郑重地把这件事向领导汇报一遍,重点强调我的处理结果等,取得领导的谅解。

因为我如果不这样做,恐怕明天学校领导就要找我谈话了,更恐怖的是学校每周还要统计各个班级的问题个数,每周公布出去。

第二种方案是不批评学生,政教处要扣分就扣吧,爱咋的就咋的。在这段路上,我满脑子只有一句话:"我们就这样一次次'积极'地纠正了孩子的'错误',同时也打击了孩子的动手热情并磨灭了孩子们的创造性。"

但是……没办法呀,我如果不给政教处一个交代,班级就又要被扣分了,还要在全校公布,作为班主任,我面子上挂不住呀……我突然发现自己很自私。

老师们,我该怎么办呀?

(教育预案草根研究QQ群 双尾鱼儿)

 **临场应变**

目标：处理好领导、班主任和学生三者之间的关系。

应变策略：有四种方案——较真，置之不理，应付，解释。

较真

直接对政教处的领导提出自己的反对意见，不接受他的安排，不处理学生。

看电视都要统一看的姿势吗？我喜欢边玩边听，可不可以呀？我喜欢边看电视边看书，可不可以呀？政教处的领导，说不定你自己在家里吃饭的时候，还要打开电视机呢，或者边备课边听音乐呢。当年李镇西就较真过：没买学校要求学生必须穿校服的账，也没有让他的学生按学校的要求混编考试。

但是，较真要分析较真的成本，人家李镇西较真，是碰上当年的领导比较宽容，能容忍老师的个性行为，你如果没有这样的较真环境，就会给自己带来很多麻烦，比如领导会给你来一个小题大做。

置之不理

就像案例中的班主任自己预设的那样，对政教处的要求不理不睬，我行我素。但置之不理要考虑其消极影响，可能会给学生留下不好的示范。"身教重于言教"，班主任平时"谆谆教诲"学生要遵守纪律，效果尚且不一定理想，如果老师"以身示范"要他们不遵守纪律，就会产生立竿见影的效果。老师的这种"身教"，就会教会学生消极对待学校的管理。这种结果应该不是案例中老师的初衷。

应付

班主任在校领导和学生之间，表现得"圆滑"一点，把学生叫到教室外，教室外没有了监控。告诉学生，看新闻要专注一点，教室里有摄像头啊,你刚才的行为让老师很为难的,政教处要求严肃批评你,但我认为你没有什么大错,希望你以后注意一点,但你玩的那个东西必须交给我,因为我要到政教处交差。然后老师回到政教处,把收缴来的"战利品"交到政教处,说自己已经严厉地批评了学生。这种方法虽然能应付领导,但老师总觉得心里不踏实。陶行知老先生说:"千教万教,教人求真",现在"教人求真"的老师自己弄虚作假,总觉得愧对"学高为师,身正为范"这句话。

解释

(1)向领导陈述自己的观点。"我们就这样一次次'积极'地纠正了孩子的'错误',同时也打击了孩子的动手热情并磨灭了孩子们的创造性。"案例中的老师不是满脑子都是这句话吗?这句话不要憋在心里,憋在心里容易憋出心理毛病来并容易走两个极端:第一是"积极抗争",隐蔽的抗争就是对领导心生怨恨,外显的抗争就是对抗领导;第二是"消极抗争",置之不理,敷衍应付,等等。这些都不利于问题的解决,也不利于自己的专业成长。领导的话不一定只能服从,你还可以质疑,虽然质疑领导要冒一点风险,但也可能会有意外收获,如果你的话能得到领导的认同,假如还进一步,能引起领导的共鸣,领导会认为你人才难得。

(2)坦诚自己的处理计划。把你的处理计划告诉领导,如果你的处理方法跟领导的处理方法有所不同,那只是观点上的"争锋",不能作为否定班级管理成效的依据。学校既然委派我当班主任,那么班主任在处理学生问题上应有自己的自由。

对比以上四种方案,我们认为前面三种都是"被动应对",只有第四种方案是"主动出击",体现了班主任自身的能动性和创造性,这是一种积极的人生态度,适合采用。

 **案例反思**

我们教师经常参加各种教育培训,一次培训下来,真正优秀的学员不是那些一味叫好的老师,而是敢于提出质疑的老师。任何一个对培训内容一无所知的老师,都可以说出一大堆吹捧之词来,但要提出质疑,则必须认真理解培训内容,辨析他人观点。同样的道理,敢于对领导提出质疑的老师,才是真正优秀的老师,这样的老师有独立思考能力,能够进行教育创新。

65. 校长要我"改行"怎么办?
——对"改行"的意义进行重新框定

 **教育现场**

校长要我改行怎么办?

我本来是一名初三化学老师,在师范院校学的也是化学教学专业。没想到,这一学期开学,校长找到我,竟然要我改行去教初一的数学。

事情的原委是这样的,由于县教育局调整学校布局,我们学校与临近的一所初中合并,我们学校原本有两名化学老师,合并过来的学校也有两名化学老师,这样一来,学校就有了四名化学老师,但新学校的班级最多只能安排三个化学教师岗位,而数学教师却少了。

今天早晨,校长找到我,希望我改行去教数学。可我从来没有教过数学呀,在师范院校学的也不是数学专业。校长说,这些情况他都清楚,但这是学校的工作需要,四个化学教师中,只有我最年轻,转行可能适应期要短一些。

第六章　同事关系协调 239

教化学我已经轻车熟路了，教数学我还得从头学起，说实话，要我改行我很有抵触情绪，但校长的话好像又没有商量的余地。老师们，我该怎么办呀？是该接受学校的安排，还是抗拒学校的安排？

（教育预案草根研究QQ群　一介书生）

 **临场应变**

目标：教师本人的专业水平不断获得提高。

应变策略：如果老师还没有做好离开这所学校的准备，那么就愉快地接受学校的安排。

接受这个安排，教师首先要根据自己的实际情况，预设会遇到哪些困难：

（1）不熟悉教材。

由于对教材体系缺乏整体把握，所以对教材设计者的意图不能做到"心有灵犀"，也就不能站在一个全局的高度来把握教材。

（2）学生容易厌学。

由于没有"厚积"，所以不能"薄发"，教师大多数时候都只能照本宣科。虽然自己还比较"糊涂"，但学校要进行各科成绩的检测和排名，所以老师就只好强迫学生死记硬背公式、定理、概念，以提高学习成绩。而这种枯燥的重复性劳动，极有可能让学生心生厌恶。

（3）影响个人教学业绩。

原先教化学驾轻就熟，指导学生学习游刃有余，如今教数学，可能自己都还要跟着学生一起来学习，不能对学生进行有效的指导，教学业绩会受到影响。

这些都是不利因素。

但如果用第二序改变的"意义重新框定"技术，对"临时顶替"这个事件的意义进行重新框定，有利因素还是有很多的。

(1) 原有的专业素养可以迁移。

虽然教数学属于跨入一个新的学科，但是老师的专业素养还在，他知道怎样去组织教学，怎样鼓励和引导学生，这些是完成教学任务的基本保障。所以，化学老师临时顶替初一数学老师，也不是不可以逾越的鸿沟。我认识一个"怪才"，一个高中班主任，他能教语文、数学、外语、物理、化学五门学科，而且科科都可以教好，实际上有些学科他的知识刚刚够，但他就是比专业的学科老师教得还好，没办法呀，人家是"教学素养"不够"教育素养"补。年轻教师自觉接受一点挑战，对自己的专业成长有好处。

(2) 提高教师个人的专业素养。

经验证明，这种"临时顶替"的教学经历，有助于教师提高个人的专业素养。由于走进一个自己还不熟悉的领域，所以老师就会对学生观、教师观、教育观等进行重新认识。更重要的是，这是一种主动改变，是你自愿转变思维。不换学科，那些教育专家和行政领导逼迫你转变思维，就达不到这种效果。

如果教师抱着"教学相长"的态度，重新跟学生一起学习数学，会有很多意外收获。教师教本专业的知识，容易产生唯我独尊的思想，但转了行，就会从外行（学生）的角度来认识学科，这样教师对自己的教育行为就不会自负，就会更重视学生的主体地位，而这种方式更有利于理解学生，更有利于培养学生的自主学习能力。我在K12教育论坛上看到这样一个案例，一个老师临时顶替教历史，结果他自己也是一张白纸，所以就只好跟着学生一起学历史，他找到了很多学习方法，结果其学生的历史成绩比专业老师教的还好。

(3) 数学教学经历能"反哺"化学学科教学能力。

经历可以优化我们的思维方式，在现实生活中，那些经历丰富的人，表现出来的睿智、理性，是其思维方式优化之后的外显。新课标响亮地提出了要培养学生的知识素养，当数学老师的要培养学生的数学素养，当语文老师的要培养学生的语文素养，教美术的要培养学生的美术素养，反正每一门学科都有自己的专业素养培养任务。你想想，当数学老师致力于培养学生的数学素养，"致力"一段时间以后，其自身的数学素养还会在原地踏步吗？案例中的老师，如果有一天再根据"工作需要"回到化学教师队伍，他具有的数学素养，能帮助他提升化学学科的教学能力。

案例反思

在一所学校工作，教师"被改行"的事情常有发生，有些老师认为这会影响自己的专业成长，于是抵制学校的安排。抵制或许能保全自己专业教学的延续性，但也因此错过了站在另一个"山头"观看自己的机会，其实这种机会如果把握得好，可以更好地实现我们的目标：教师本人的专业水平不断获得提高。

66. 学生对抗年级组长的教育怎么办？
——先平息学生的愤怒情绪

教育现场

喊我出来做什么？

这个星期天，学生从家里回来上晚自习。我看班很松，基本上只要学生不喧哗，就可以做他们自己的事。晚上8:00，年级组长巡查时发现吴越在玩魔方，就从窗外把他叫了出去。

吴越："喊我出来做什么？"

年级组长："你在干什么？"

吴越（脸色通红，十分大声地）："在玩魔方。"

年级组长："晚自习不能玩魔方，你不知道吗？"

吴越（十分激动）："晚自习是我们自由支配的时间，可以玩魔方。"

年级组长看他十分激动，控制住自己的情绪，一直是笑着说话（年级组长45岁，是一个教育经验丰富的政治老师）。

吴越竟然板着脸对年级组长说："收起你的笑口！"

年级组长自己都很激动了，对我说："你看看，你看看，他什么态度！"他被气急了，身子左一摆，右一摆，说："你跟班主任说。"他抑制住自己的怒火走开了。

吴越大约身高1.73米，成绩中等偏下，但他有进取心，上学期入团了。平时，要他义务扫地啊，搬个凳子啊，他都愿意去做。就是他有时对老师说话很"冲"，容易造成对立。不过，事后我跟他分析形势，讲清道理后，他都能接受并承认错误，他平时也不爱发什么牢骚，只是偶尔面红耳赤地反对老师。这次他特"冲"。

我微笑着看了他10来秒钟后说："首先，你的观点是有道理的——"

"不要跟我说这个！"他打断我的话，教育陷入僵局。

（方庆提供）

 **临场应变**

目标：打破僵局，对学生实施教育。

应变策略：让学生回教室冷静地反思半个小时。

此时，很多老师希望能够趁热打铁进行教育，期望学生马上能够认识到自己的错误。但是学生现在的情绪十分激动，他的头脑被情绪控制着，充满了委屈和愤怒。他的大脑CPU空间已经被不良情绪填满，理性程序无法运行，他无法觉察到自己正在做什么，更无法思考自己的行为有什么后果，因此，他无法对自己的情绪进行控制和管理。

老师的教育等于又开启了新的程序，这样，极容易导致死机——学生的大脑无法再做出理性反应，反而可能情绪失控、行为失控。

这时容易造成两种结果：一是学生失去理智，爆发更大的冲突，两败俱伤，我们常劝别人说"狗急了还会跳墙"，结果一到自己头上，就忘记了这句话蕴含的人生哲理。二是学生意识到更大的危险，暂时收敛，紧闭心门，导致自我观察无法发生，老师的后继教育无法深入。

当前，老师的首要任务是解决学生的情绪问题。

我们知道，情绪是暂时性的。过一阵子，学生的情绪就会像茶杯里的热水一样慢慢凉下来。这样，他大脑里的CPU就有空间运行其他程序了，理性的思考才有可能性。

当学生冷静下来后，他会回顾今晚发生了什么，因什么而发生，自己的行为导致了什么反应，等等。如果他还无法这样反省自己，老师就可以帮助他反思，提示他朝这个方向反思自己，帮助他客观分析自己的行为。这时候的教育才是有效的。

当然，情绪管理只是第一步，是临场应急技术。这个孩子一直比较"冲"，为了避免同样的事情继续发生，我们事后还要找一下原因。

不良情绪的爆发是一种心理宣泄。他可能是在家里受了委屈，把愤怒转移到另外一个刺激他的人身上，年级组长可能更委屈："我去督促你好好学习，你竟然如此愤怒！你这不是狗咬吕洞宾，不识好人心吗？"这个学生也可能是有其他心事或者不适，比如说生病或身体不舒服，也许是由于同学之间人际关系紧张等原因，人家正心里郁闷着呢，你这个年级组长还来烦人，一下就点燃导火索了。所以，教育者应该蹲下身来，站在对方的立场上，多问几个为什么，解决了这些问题，才能从根本上疏通他的不良情绪。

不良情绪往往源于观念对立。观念的冲突导致行为的冲突。在这个案例中，我们可以看出，班主任比较随和，管理比较松，学生在晚自习的时候可以做自己的事情，包括玩魔方——学生是这么理解的。而年级组长的要求不是这样，他禁止学生玩魔方，老师们的分歧让学生不知所措。班主任觉察到这个问题后，可以让学生自己思考：如果班主任与年级组长或者校长的观念、要求有差异，怎么应对？学生要学会洞察这个差异，并寻找辨识办法和应对策略。

让学生冷静下来，找出学生情绪不良的原因，和学生一起探讨解决之道和实施办法后，就可以带这个学生去找年级组长，给领导一个比较满意的交代了。

案例反思

临场应变的第一步是判断事件的性质：是情绪问题、认识问题，还是行为习惯问题？是学习问题，还是品德问题？是家庭问题、社会问题，还是学校问题？是生理问题，还是心理问题？是意识问题，还是潜意识问题？是纪律问题，还是违法犯罪问题？

这至关重要。只有先做出较为准确的判断，才能顺利地进行下一步，否则南辕北辙，各自在自己的轨道上行驶，找不到交集，也就无法形成共识，更多的时候是贻误最佳时机，造成更大的伤害。

67. 遇到了暴力的任课老师怎么办？
——慎重稳妥地施加自己的影响

教育现场

遇到了暴力的任课教师怎么办？

英语老师和我已经合作三次了，她的教学成绩是出了名的一流。每次她和我合作的班级英语都是全年级第一名，而且她能将倒数第一名直接教到第一名。她就是我们学校英语教学的传奇人物!

可是,我对她的教育方法却不敢苟同。她如果来上课,教室里连一根针掉在地上都能听见,学生形容她是"连关门的气息都是可怕的"。孩子们对于她除了畏惧没有别的感情了。其实她提高学生成绩不是靠专业能力,也不是靠教学智慧,而是靠题海战术,让学生反反复复地练习,反反复复地背诵,反反复复地默写。

今天早晨我一走进办公室,就看见数学老师正在与几个学生谈话,看见我进来,数学老师马上站了起来:"贺老师,你这个班主任,管不管你的学生呀?你看看他们,数学家庭作业都不做了。"

我把这几个学生拉到一边,问是怎么回事,学生泪流满面:"贺老师,昨天我做英语作业做到晚上十二点,实在太困了,就没有做数学作业了。"

我感到很奇怪:"英语作业要做到十二点吗?"

"昨天默写英语单词,我错了12个,英语老师罚我每个抄写500遍,我不敢不抄,因为每过一天就要加一倍。"

数学老师一听,生气了:"英语老师的作业你就做了,数学老师的作业你就不做,是不是看我软弱,不处罚你们,就不用怕了?"

批评完学生,数学老师转身又对我提起了意见:"贺老师,你是班主任,你得管管这件事呀。"

我马上应承下来:"一定管!一定管!"

老师们,作为班主任,我该怎么管呀?英语老师和数学老师,我都不想得罪呀。

(教育预案草根研究QQ群 雨霏霏)

 临场应变

目标:改变英语老师的教学方式。

应变策略:做好数学老师的工作,承诺一定会尽力去处理好这件事情,但是不可能做到"立竿见影",因为班主任需要寻找恰当的时机,才能慎重稳妥地施加自己的影响。

英语老师因为长期能把"倒数第一"变成"顺数第一",这种"骄人的业绩",已经强化了她的暴力行为。你想想,案例中的英语老师,领导倚重,同事羡慕,所获奖励还挺丰厚,有了这么多的正强化,人家早就在心里沾沾自喜了:经过这么多年的修炼,终于炼成了自己的"独门武器"。

因此,班主任必须慎重稳妥、有计划地对英语老师施加自己的影响:

(1)带着她一起读书。以前我有一个年轻的同事也很暴力,我送了几本王晓春老师的书给他看,后来,又将他带入一个论坛,大家在论坛里研讨,一个学期以后,这个老师就不暴力了。他自己说:"走进论坛最大的收获,就是看到学生违纪不容易动怒了,心里想着,遇到这样的学生是我专业能力成长的一个好机会,我该好好想想怎么办。如果我能处理好,就证明我的专业能力又增长了。"

(2)在批判的语境下提出自己的质疑。对这样的任课老师,班主任不要贸然提出批评或者质疑,而应该寻找合适的语境。有一个任课老师,我对她那种只注重考试成绩不注重培养学生素养的"填鸭式"教学方法有意见,但我一直没有表露出来。一次她上公开课,教研组长要求大家多提意见,机会来了,在前面很多同事已经对这位老师的课提出了一些质疑之后,我再对她的这种"填鸭式"教育进行批判,她就能接受了,因为教研组长已经给我创造了批判的语境。这样的语境还会出现在教师同行之间的任何一次讨论里,如果大家都坦诚相见,肝胆相照,就事论事,此时提出质疑,教师也能理智地接受批评。

(3)让英语老师进行自我观察。英语老师在上公开课的时候,班主任可以以"学习借鉴"的名义把她的课录下来,然后再放给她自己看。这种观察最能有效地引发人的自我反思,也最能使人发现自己的缺点。

教师的暴力有什么作用?

教师暴力的最大作用就是争夺学生的学习时间。在应试教育的背景下，谁能更多地占用学生的学习时间，无疑这门学科的成绩就会好。案例中的那位英语老师，看来已是深谙此道，所以她才有那样的本事，将倒数第一名教成顺数第一名。

教师暴力的另一个作用是纪律很好，学生在暴力的威慑下，不敢越雷池半步，一切都秩序井然。这样的教师很多都成了"优秀教师"，学生成绩好，课堂纪律好。如果只从教学成绩来看，这样的老师当然是领导倚重的对象。

教师的暴力有什么弊端？

第一，对其他不暴力的教师来说不公平。因为学生的学习时间都让暴力的教师夺走了，所以那些不暴力的教师所教的学科，学生花的学习时间就会被压缩。学生的学习时间是一定的，并不因为某个教师暴力一些，学生的学习时间就会多出来一些，在时间总量一定的情况下，学生就只好压缩那些不暴力教师所教学科的学习时间。

第二，加速学生厌学情绪的产生。学生之所以厌学，首先是他苦学，学得苦，学得累，然后才厌学。暴力的教师越努力工作，学生的学习就越是一件又苦又累的事情，对一件又苦又累的事情，谁会对它充满热情呢？因此，学生的厌学情绪就产生了。

 **案例反思**

班主任与任课老师是班级管理共同体中的合作伙伴。班主任与任课老师的关系处理得好，就能创设班级育人的和谐环境，形成教育合力。对于任课老师的"过分行为"，班主任不能无原则地迁就，而应该用合理的方式对任课老师施加影响，促使其主动转变。

68. 学生与门卫发生冲突怎么办？
——控制现场，避免事态扩大

 **教育现场**

学生与门卫发生冲突怎么办？

中午，我正向校门走来，发现情况不对劲，有一堆人在拉扯，应该是门卫和学生。

我走近一看，学生竟然是我们班的小石，他头发凌乱（本来就长），衣衫都被撕破了，他大叫："保安打人啦，保安打人啦！"

保安扯着他，质问："我们哪里打你了？哪里打你了？是你不遵守校规校纪。"

小石大声说："就是你打的，我记着你，我一定喊人打死你！"

我忙冲上去把小石拉出来，与保安分开。接下来，我问小石是怎么回事。

小石气势汹汹地说："我忘记带校卡，直接进了校门。门卫问时，我回答说'没带'就走进来了，走了几步，有人拉我的肩膀，我以为是同学，甩开了，还来了'扫堂腿'，发现踢中的是保安。然后，他们几个人就冲过来围攻我，踢我，还要把我拉到门卫室里边去。我怕他们继续揍我，就不肯进去。老师，保安打人啦，侵犯我的人身权利啦，把我打伤啦，我要打电话给我爸和我叔，要他们来保护我！"说完，他马上拿出手机准备打电话。

遇到这种事该怎么办？

（方庆提供）

 **临场应变**

目标：息事宁人。

应变策略：拿下小石的手机，对他说："家里的事情，你父母负责，学校的事情，我负责。保安打没打人，我要校长看录像，现在，我们就去医院检查。"

当时的第一要务是阻止学生打电话给家长，这个电话一打，冲突会迅速升级，甚至造成流血事件。

学生在气头上，说话自然会渲染，一个电话打给家长，扯了说成打了，打了说成重伤了，打流血了就说成快打死人了。家长一听，定会暴跳如雷，聚众而来，围攻保安，大打出手，造成两败俱伤，教学秩序随之受到冲击和影响。这样的校园冲突很常见，处理起来也非常棘手。

所以，关键是要在事端爆发前尽力控制住局势，避免冲突升级。

要阻止学生打电话，就要出手快，果断有力。否则，学生电话打出去了或者跑掉了，就无法控制了。

学生不冷静下来，事态仍然有爆发的可能。要控制住学生，让学生冷静下来，可以从以下几个方面入手：

第一，远距离隔离冲突双方。

这个时候，首先要将学生和保安隔离开来，最好是转移到双方彼此看不见的地方。学生只要看到保安，就仿佛是斗牛看到了红布，在刺激之下，他会亢奋好斗，情绪控制着他，他就无法理性地思考危险和后果。

第二，声明学校里的事情由班主任全权负责，不需要家长马上参与。

老师站在学生的立场上，捍卫学生的权利，保证学生的安全，这样的表态让学生得到保护、安慰和支持，他的紧张和亢奋情绪可以得到缓解，就不会那么冲动了。

当然，班主任还可以让他做深呼吸，把注意转移一下，从冲突中摆脱出来，当他的注意转移到呼吸上来的时候，血液就没那么沸腾了，慢慢地他就会冷静下来。

这个时候，班主任划出界限：家长是学生的监护人，但是在学校里还是应该听班主任的。学生就没有理由再去叫家长了。同时，班主任会让校长来看录像，帮他"申冤"、维权，表明老师对学生权益的重视。

事实上，当时谁是谁非，很难说清楚，双方对质，肯定是公说公有理，婆说婆有理，反而有可能激化矛盾。校长来看录像，直接获取现场的视频，就能做到客观公正了。他没有被打，看录像可以看出来，看录像会让他心虚，不再扩大事端；他真的被打了，看了录像，校长定会主持公道，应该不会偏私。这是用权威的力量、有效的证据来制止他的报复行动。想想我们社会上的冲突斗争，如果没有警察、法官、法律、监狱等第三方来制止、审判和惩罚，那么社会上就到处是血雨腥风了。

第三，带学生去医院检查伤情。

这么做有三个好处：一是，表示班主任确实是关心学生的身体有没有受到侵害，是真心维护学生权益的，让学生心服，降低学生喊家长来报复的动机。如果孩子受伤了，可以把伤害减轻到最低限度。二是，获取证据，让家长信服，为后续的妥善处理打下基础。到底打没打，伤到什么程度，这需要医学证明。现在不让孩子去喊家长，那么，老师就要代行家长之责。老师在这里做得好，家长的愤怒和埋怨就会大大减少。三是，转移孩子的注意力，把孩子从当前的冲突亢奋中拉出来。在冲突之后，学生即使待在教室里，也会心神不宁、蠢蠢欲动的，到了医院，他就只能安心接受检查了，这也意味着，事情的后果到此为止。

事情得到控制后，班主任应该在事后与学生深入进行交流，了解他的想法，深入了解他的思想和行为，并想办法化解他内心的暴戾之气。

事情的处理，可以请校长、德育主任、门卫、家长、学生一起参与，尽量用文字材料反映当时的情形，并获得录像证据，在客观证据面前分析前因后果、孰是孰非，一起讨论事情的处理以及怎样对孩子实施教育等问题。

把事情消灭在萌芽状态,需要老师具有突发事件的敏感性和处理问题的周详性。

如果老师没有意识到问题的危险性,事情就可能引爆,一发不可收拾。多年的经验告诉我们,调皮的学生、冲动的家长参与冲突事件会导致事件迅速升级,问题变得异常复杂,社会影响很坏。

如果老师不能周全地想出应对之策,任何一个环节的疏漏,都可能导致场面失去控制,也可能失去教育孩子的良机,失去取得家长支持的机会,后面的沟通将变得十分艰难。

69. 任课老师埋怨学生的评教分数不高怎么办?
——引导其反省自己

学生给数学老师的评分不高

本周学校对教师进行了评教活动,也就是让学生给任课的老师打分。结果,我们班的数学老师得分不是特别高,93分多,语文老师是91分多,本年级最高的是96分多。

数学老师很生气,认为自己对学生不错,学生不应该出现这种情况。她去查了底,发现她任教的两个班,她自己做班主任的1班给她的分数几乎都在96分以上,我们班的学生有一部分给她打了80多分,所以她的分数才下来了。

刚才她告诉我这件事,说自己很生气。我无语。不知该怎么说,只是说下周看看底再说。

我们班学生的基础比较差，数学成绩没有1班好（我们是2班），期中考试刚过去，我们班的平均数学成绩与1班差8分。学生大概对数学学习有点犯怵。说实话，我们班的学生刚来的时候学习习惯、行为习惯什么的都不好，经过一个学期已经有进步了。他们的特点就是不爱表现，不爱说话，自己有自己的主意，如果不和他们交流，你永远猜不到他们在想什么。

呵呵！我以前也告诉过他们，给老师打分不要打低了，影响老师的情绪，影响上课什么的。没想到这次……不过，这里面肯定也有数学老师的原因吧？

不知道怎么才能处理好这件事，希望得到大家的指点。

（K12网友　qao爱生活）

 临场应变

目标：引导数学老师反省自己。

应变策略：数学老师跟班主任生气地说这件事的时候，班主任可以这样应对："是啊，分数低是让人郁闷，但是，你们班的学生给你的分数很高啊，96分呢，差不多是年级最高分了！两个班的评分像两面镜子，照出了很不同的你啊！"

两个班的评分像两面镜子。见，或者不见，都在那里。

无论老师主观上愿不愿意面对评教分数，它都客观地存在着。当我们看到镜子里的自己气色很坏的时候，是去调节自己，还是把镜子砸烂？

道理似乎很明白。可是，人最难认识的是自己。临到自己头上，就没有这样的反省能力了，想砸镜子、埋怨镜子、不承认镜子存在的大有人在。

为什么会有这种不理性的情况存在？因为，我们容易被情绪控制。当糟糕的情绪弥漫全身的时候，它的云山雾罩就形成了我们观察自己的障碍。

所以，第一步就是"清雾"——驱散那些弥漫的糟糕情绪。站在数学老师的角度感同身受，和她一起倾诉、发泄心中的不满，有利于消减这些不满，但弥漫的情绪被清理后，庐山真面目就显现出来了。

有了理性，才有客观观察的可能，才能去寻找造成这一评价的原因。

第二步是树立信心，增强战胜自己的勇气。

当然，数学老师看起来似乎很自信——何况她在自己班获得了很高的分数。但她到底自信不自信？

从心理学来看，她是不自信的。一个自信的人是不会太在意外部评价的，他会注重内心的感受。但这并不等于不在意外部评价，一个自信的人看到外部评价的时候，已经能做到淡定，他会看到这些评价与自己观察到的事实的差异，从而寻找造成差异的原因。更多的时候，他会从自身找原因——因为他很自信。他是开放的、豁达的，能够容忍自己的不足和缺点，能够改善自己。而不自信的人，为了避免心理负荷过重，对于自身的缺点是很难容忍的，他一般选择无视或否定。哪怕再优秀的人，都有可能是不自信的。而那些不断用外部成绩来证明自己的人，一般是不自信的，案例中的数学老师就是这样。

"你们班的学生给你的分数很高啊，96分呢，差不多是年级最高分了！"班主任这样说，就是给予数学老师信心，让她清晰地看到自己的优点，增强她内心的能量，从而从容地面对自己的缺点。

第三步是呈现客观事实，让她看到差异，让她看到自己平时看不到的真相。

班主任要告诉她这个真相是客观的。像镜子一样，不是幻觉，不能轻轻抹去。

从案例中可以看出，这个班的学生给老师的评分都不高。语文老师的分数比数学老师还低两分。这说明了什么？怎么面对这个结论？

不同的老师肯定有不同的看法。有的老师会认为自己做得比其他老师还好一点点，有这样的评价就可以了。有的老师会反思：我对优生和差生是不是有分别之心？我是不是要改善对差生的态度？我是不是要改善与差生的交流和沟通方式？我是不是要更切实地帮助差生成长？

以人为镜，可以引导我们对客观事实的思考由外在转向内在。

案例反思

如何对待评教分数，在论坛讨论中有很大的分歧。我们赞成让数学老师客观地对待分数，吸取经验教训。但也有很多老师认为，不要把分数看得那么重，不要增加自己的心理负担，要提防有的领导以此为把柄整人。

这就涉及两个前提性问题：一个问题是，你是否有足够的自信。如果你有足够的自信，那么你就可以坦然面对评教分数，寻找问题根源，并解决之；如果没有，那么你还是回避一下，免得心神不宁，增加心理负担。另一个问题是，学校是怎么运用这个评教分数的。如果学校采取比较和缓、客观的态度，那么你就多反思自己；如果学校看得比较重，你就要看得轻一点。

70．任课老师对学生过于苛刻怎么办？
——改变恶性教育模式

教育现场

数学老师要求太严格了

张强有着劣迹斑斑的过去，初中时他经常和同学斗殴，受的处分不计其数，最后一次，他在校门口把一个"仇人"的头打破了，他父亲领他离开了那所学校。

到了高中后他收敛了很多。尤其是高三，他拼命学习，他说他原来"猫屁不通"，现在渐入佳境。

第六章　同事关系协调 255

一天晚上，张强找到我，向我诉苦："班主任，我现在很痛苦。数学老师要求苛刻，我受不了她了。"

我问他："数学老师是临聘老师，年龄也比较大，是有点急。她是对你要求特别严格，还是对大家都一样？"

张强说："只是对我。说来真是气人。我以前嚣张的时候，她不敢惹我，我横着竖着，她都不说我一句。专业考试上线以后，我改邪归正，开始认真学习了，她却对我越来越苛刻，作业有一点没做，她就大骂我；有时候我太累了趴到桌子上，她就打电话给我爸。"

"这是严格要求你啊！"

"哪里是严格，分明是看不惯我，她对别的同学宽宏大量多了。可能是我跟李俊谈恋爱，她看不惯，可是我们两个已经很收敛了。"

"看来这是主要原因。"

"也许是吧，可是我已经改了很多。今天上课，我只是向李俊借了一支笔。教室里有那么多同学，我们又不可能干别的什么，她冲过来破口大骂，说我影响他人学习，说我厚颜无耻。老师，谁能听得这样的话？我当时火气很大，恨不得把她捶一顿。她就是对我有成见，眼睛里容不下我。她看我不反抗，就步步紧逼，我都快要被她逼出心理问题了。今天这一天，我就一直想着这件事。我烦死了，老师，你总是有办法的，你说怎么办？"

这个问题十分棘手。

(方庆提供)

 **临场应变**

目标：突破第一序，打破恶性教育模式。

应变策略：可以跟张强设计这么一个大胆的方案：上数学课时，故意犯一点小错让数学老师看见，可批评可不批评的那种。当数学老师严厉批评时，张强猛地站起来，把桌子一拍，冲出教室但不冲出校园。这一天，张强都不要主动找数学老师。第二天，再平静地回教室继续学习。

为什么要设计这种激发冲突的方案？

因为师生二人现在进入了一种恶性教育模式：教师紧逼，学生后退；步步紧逼，退无可退。学生的心理承受力已经达到极限，已经到了某个临界点，他可能会突然爆发，猛然还击；也有可能会心理崩溃，得抑郁症之类的心理疾病。但是，无法改变的是，无论学生怎么尊重教师，忍辱负重，二人都处于第一序。

这就像一对夫妻，有一方步步紧逼，必有一方步步后退，为什么？双方都想维持婚姻的稳定。所以，在维持婚姻稳定这个前提下，双方的关系不仅没有好转，反而会恶化，更无法维持婚姻的稳定。

只有走向第二序，才可能改变当前糟糕的局面。也就是说，要想办法打破师生二人形成的恶性教育模式。

打破模式的方法有两种：

（1）学生反击，这意味着他不再为维持师生关系而步步后退。

（2）教师撤退，这意味着老师察觉到自己不断进攻的危险，悬崖勒马。

我建议学生适当反击。

学生的反击一定要有相当的力度，否则，老师感觉不到危险，继续紧逼。学生的反击也不能太具破坏性，否则年级组长、校长都知道了，事态扩大，无法控制。当学生表现出老师意想不到的有力反击后，老师会意识到，自己的教育已经导致这个孩子负荷过重，失衡或者失态了，再加大力度会两败俱伤。作为一个心智正常的成年人，她一定会考虑适时地撤退，改变自己的教育方式。

我为什么不建议采用温和一点的方法，先让教师撤退？这主要是基于对老师自我认识能力的判断。这位老师显然缺乏清晰的自我认识能力，缺乏对事情爆发前兆的敏感性。如果班主任跟她谈她教育方法的不当，她未必能心悦诚服地接受，这种老师比较自我，较难听得进他人的建议，也很难听得进学生的想法和感受。用温和的方法解决问题，无效的可能性很大。而猛烈的事实会让她大吃一惊，击破她的教育幻想，将她打回现实，让她猛醒：改变教育方式是必需的。

学生方面，尽管这个孩子有着劣迹斑斑的过去，但他现在却有着顾全大局、勤奋学习的姿态，他不是那种彻头彻尾胆小怕事的人，而是有无畏之心的人，这个方案他有能力实施，也不会过火。

老师方面，数学老师是临聘老师，她尚未得到学校认可，未拿到正式编制，她希望自己出成绩，不希望学生出大乱子，不希望与学生发生冲突，影响领导对她的看法，她一定会控制好自己，适可而止。

这个方案的行动一定要把握好分寸，一定要把握好反击的力度。学生的反击既要震撼班主任，又不能造成过大的破坏和影响。不能给老师以痛定思痛的力度，就起不到冲垮她原来的错误教育理念的作用，如果造成过大的破坏和影响，会引来其他干涉力量，事情变得不可控。所以，这个孩子只是拍桌子，冲出去，而不能打破电视机或电脑，不能冲到校外去。"度"一定要把握好。

这种解决问题的方式看起来是在害数学老师，但事实上不是，这是采取呈现危机的方式警醒这位执迷不悟的老师，是帮助她认清自己，走出可能导致恶性事件发生的模式。

采用这种激烈的改变问题的方式是在对疑难问题比较精通，对前提条件比较清楚的情况下的审慎出手，必须确保事情的可控性。就如医生割喉救人一样，是在对师生状况十分清楚的情况下采取的决然措施，不可轻易模仿。

后来，张强告诉我，第二天上课时，他故意画画，不听课。数学老师脸色变得铁青，大骂："张强，上数学课画什么画，你怎么这么不要脸？"张强把桌子一拍："我是美术班学生，我这两天心里特烦，不愿意看书，就想画画，怎么了？！"数学老师当即蒙了，晕了几秒钟后，她狠狠地把垃圾桶踢了一脚，没有说什么了。后来，数学老师也没有找其他人说这件事。

晚上，我散步时收到了张强的短信："老师，你是神仙。"

中学班主任的72个临场应变技巧

 **案例反思**

很多简单的问题在"第一序"里就能够实现改变,"第二序改变"擅长改变疑难问题。它既适用于教育领域,也适用于婚姻家庭等其他领域。

当我们的教育行为不断地收获失望和沮丧的时候,这就需要我们深入观察师生双方的互动模式,看看我们师生双方是如何在一个模式里转的,看看有什么办法走出这个"怪圈",而这个"办法"往往是不同寻常的、匪夷所思的、出人意料的,拘泥于常规定势是走不出"第一序"的。

71. 任课老师不满班主任占用她的时间怎么办?
——上课优先,首重合力

 **教育现场**

我还怎么上课?

我们学校要求高中住宿生早上天气热的时候做操,天气冷的时候跑步。但是学生不愿意跑步,尤其是天气有点热的时候。

今天早上跑步,居然有十多个学生没有来,我气急败坏。

等到早读时,这些学生才陆陆续续到班。今天是英语老师的早读课,我到班上等着那些学生到来,早读到一半的时候,这些学生才陆陆续续到齐。

我把迟到的十多个学生叫到一间空教室,问他们为何这么迟才进教室,他们居然各有各的原因。

正调查时,第一节课的上课铃响了。

我严肃地对学生说:"如果大家都有原因,我们还能作为一个班整体跑步吗？生病的可以理解，这个需要我确定；由于其他原因迟到的，要接受处罚。现在，你们马上去操场补上跑步！"

说话间，英语老师冲了进来，愤怒地说："方老师，你把学生都叫到这里，我的课堂上稀稀拉拉的怎么上课？"

遇到这种情况，我该怎么办？

(方庆提供)

临场应变

目标：尽力团结任课老师，保持良好的合作关系。

应变策略：当时，我很尴尬，有点恼火，心想，英语老师怎么那么不给面子啊？语气不能缓和一点吗？但是，恼火归恼火，我还是冷静地向英语老师道歉，并让学生马上回教室上课，跑步的事以后再说。

下课后，英语老师又跑过来给我道歉了，说怕耽搁上课，自己也是太着急了，希望我谅解。

相互恭谦，和好如初。

事后想来，有这么几点感受：

（1）同为消化，牙齿和舌头也有打架的时候。班主任想及时批评教育学生，而英语老师想上好自己的课，二者在共同目的上是一样的，但在时间上发生了冲突。冲突是难以避免的，只要这个冲突不是大是大非的问题，都不要太计较。在这个案例中，英语老师上早读课和第一节课。早读课时，我就把部分学生喊出了教室，导致她的早读课受到影响。尔后，我的教育延续到第一节课。英语老师心里本来就不快，发现第一节课上课后，学生仍然没有回来，她的情绪受到冲击，她精心备好的课又受到了影响，可能难以完成教学任务。总归一句话，她之所以发脾气，是因为心疼她的课，而不一定是对我有成见。无论是班主任，还是任课老师，都是为了把工作搞好，有情绪有意见，都是对事不对人。

(2) 班主任要"补台",别"拆台"。任课老师临时有事,让班主任看看班,或者任课老师忘记有课了,班主任悄悄顶上,这样的班主任是最让任课老师舒心的,这是"补台"。任课老师要上课,班主任把学生拉出去教育了,这就是"拆台",这样做,任课老师会比较难受。正常的上课时间,班主任还是要多维护秩序,教育学生可以选择其他不妨碍上课的时间。

(3)"一个篱笆三个桩,一个好汉三个帮。"班主任工作要有成效,需得到任课老师的支持。班主任管理班级,要有大局意识,团结各科任课老师。任课老师也要支持班主任的工作。双方多沟通,多体谅。有了问题多商量,有了矛盾不要捂在心里,要主动沟通、化解。发生冲突后,双方心里都有意见和情绪,产生了隔阂,这样不利于合作。我道歉,英语老师也道歉,这样就化解了矛盾。后来,我还就跑步的事情征询她的意见,她也为班级建设出谋划策,这样裂缝得到弥补,走向一致。相互体谅,共同化解问题,这样才会合作愉快。

案例反思

班级不可能没有矛盾和冲突。一个好的班主任,要学会拨开迷雾,辨识方向,找到合理协调各方力量的办法,积极与任课老师交流,形成高效的教育团队,将各科任课老师和学生的积极性调动起来,让大家心往一处想,劲朝一处使,协调出良好的集体节奏,形成合力,乘风破浪。

第六章 同事关系协调 261

72. 任课老师罢课怎么办？
——指导学生自己解决问题

 教育现场

任课老师罢课怎么办？

上课铃声已经响过一阵了，我正在办公室里改作业。

突然，班长小芬闪了进来。"刘老师，李老师不给我们上生物课了，您去劝劝她吧！"

我一惊："李老师为什么不上课了？"

"都怪小峰！"小芬有点气愤。

"小峰怎么啦？"我越发感到奇怪。

"小峰说今天上午九点有场NBA的球赛，所以就在下课的十分钟里打开了电视机。结果，大家看得太投入，连上课铃声响了都没有听见，等到李老师走进教室，电视机都还没有关。教室里乱糟糟的。李老师连叫了几声，让关掉电视机，小峰都没有动，他说最精彩的时候就要到了，请李老师宽限一分钟，李老师就等了一分钟，结果小峰还是没有关电视机，说再宽限一分钟，李老师又等了两分钟，小峰还是没有关电视机。最后，李老师就说了一句，'这节课你们看电视！'然后就走出了教室。"

"哦，是这么回事呀，小峰也太不懂事了！"我思考着自己该怎么办。李老师是我们学校生物科的把关教师，经验丰富，教学严谨，她是不会轻易停学生的课的。现在生物科马上就要进行中考了，她应该知道时间的重要性。

小芬在催促我："刘老师，您帮我们去说说，把李老师请回来上课吧。"

我的大脑飞速旋转,思考着对策。

(刘令军提供)

 临场应变

目标:把生物老师请回教室。

应变策略:不宜直接介入,暗中指导学生自己去解决。

我思考了一分钟,马上做出判断:

第一,这是李老师在用自己的方式教育学生,我的职责是配合她实施好这次教育,而不是"破坏"她的教育。因此,我不能直接介入,再说,任课老师独立处理问题,她有她的方法和原则,忌讳班主任介入,介入就是对任课老师的轻视和不信任,容易引起反感,影响同事关系。

第二,如果学生无法解决问题,我可以暗中点拨,给他们一些策略上的指导。

主意打定,我对小芬说:"这是小峰闯的祸,你回去跟小峰说,让他自己去解决,不要什么事情都来麻烦我。"

班长小芬回到教室,五分钟以后,小峰和几个班干部进来了,围成一圈,个个都是一脸的沮丧。"刘老师,我们已经向李老师道歉了,但是李老师还是不肯原谅我们,怎么办?"

我问:"你们是怎么处理的?"

"我们是这样做的:由小芬代表班级,小峰代表个人,向李老师道歉,结果李老师根本就不接受我们的道歉,反问我们,'球赛就完了?可千万别错过了机会,看完了再来找我。'把我们晾在一边,专心备她的课。"

我说:"没问题,你们再去道歉。为了表示你们的诚意,最好写成书面文字。李老师这次一定会来上课的。"

班干部们满意地去了。

过了十分钟，小芬一脸灿烂地回来了，"李老师同意回来上课了。"

我说："那好呀，你赶紧上课去吧。"

"但是，李老师提了一个条件，就是要我们班干部组织全班同学讨论三个问题，必须要做出回答。"

我问："哪三个问题？"

小芬打开笔记本，"我都记好了：第一，以后的生物课如何上？第二，如何避免类似的事情再次发生？第三，如果万一再发生了怎么处罚？要我们迅速制定出一个制度来。"

我一听这三个条件，内心立刻对李老师又多了几分敬佩。这确实是一个很好的教育契机，李老师把握得很好。

小芬还在翻看她的笔记本，我抢过来一把合上，"你还等什么？既然李老师已经提出了条件，你快去组织全班同学进行商讨呀。"

小芬也还算机敏，接过笔记本，转身去了教室。

十分钟以后，李老师回到了课堂，开始组织教学。我心头窃喜，这个事件让学生获得了真实的道德成长，我自己的临场应变能力也得到了锻炼和提高。

事后，我跟李老师交流的时候，李老师说："当我走出教室的时候，其实心中忐忑不安，担心您会直接介入。这样一来，不但不能教育学生，而且可能会闹到学校教务处那里，没准我还会受到批评。刘老师，谢谢您，您配合得真好。"

我一脸真诚，"李老师，从这件事情的处理上，我也学到了很多东西，我的专业能力得到了增长。我也要谢谢您。"

案例反思

任课老师罢课了，当时我的第一反应就是：这怎么能行？老师怎么能在教学时间里丢下学生不管呢？如果我要迅速解决问题，让生物老师回教室，只需给校长打一个电话就行了，生物老师不但会迅速回到教室，而且还会受到学校管理制度的处罚,估计生物老师以后再也不敢罢课了。但是我并没有这样做,因为我很清醒,如果我这样做了,问题是暂时解决了,隐患也埋下了:第一,会损害我和生物老师之间的关系;第二,会损害生物老师与班级学生之间的关系;第三,学生的任性行为会得到"负强化"——我们怎么闹都没关系,生物老师不敢把我们怎么样。我很庆幸自己采取了正确的方法,虽然耽误了学生的一点上课时间,但与他们获得的道德成长相比,这点损失还是值得的。

万千教育 基础教育类书目

书号	书名	著、译者	定价(元)
中学/中职班主任专业技能			
0938	好班是怎样炼成的——中学班主任班级建设之道	谢 云 主编	38.00
0061	中学班级心理辅导活动60例	杨敏毅 等 著	35.00
9882	初中主题班会设计技巧与优秀案例	郑学志 主编	34.00
9056	高中主题班会设计技巧与优秀案例	郑学志 主编	32.00
9557	打造高中卓越班级的42个策略	覃丽兰 著	38.00
9990	打造中职卓越班级的41个策略	李 迪 著	32.00
9905	中职主题班会设计技巧与优秀案例	李 迪 著	35.00
9604	中学德育问题与对策	李 季 贾高见 著	35.00
8463	中学班主任的72个临场应变技巧	刘令军 等 著	34.00
中学/中职班主任专业技能合计			313.00
中小学学科教学系列			
9884	阅读教学设计的要诀——王荣生给语文教师的建议	王荣生 著	36.00
9573	名师课堂教学细节设计艺术	徐 杰 等 著	36.00

编号	书名	作者	定价
9114	中小学实用教学策略	宋秋前 著	26.00
9007	语文综合性学习教学设计方案40例	赵水英 王林发 编著	36.00
8949	语文口语交际教学设计方案40例	王林发 主编	36.00
8582	智力发展与数学学习	林崇德 著	50.00
7483	走进快乐语文课堂	潘继云 著	26.00
7320	语文课如何是好	王晓春 著	28.00
中小学学科教学系列合计			**274.00**
教育教学心理系列			
2106	写给教育者的积极心理学（第二版）	任俊 著	48.00
1791	理解0—12岁儿童的学习	赵琴 译	36.00
1057	应用学习科学——心理学大师给教师的建议	盛群力 等译	38.00
0675	积极心理学走进小学课堂	任俊 译	56.00
0056	抓住学生注意力的176个课堂小活动	张乃柬 译	28.00
0799	激发学生的成就动机——引导学生迈向成功的策略	吴艳艳 译	35.00
9922	小学生学习习惯培养方案	黄波 著	35.00
9358	中学生心理学	林崇德 著	60.00
教育教学心理系列合计			**336.00**
中学生心理健康教育主题课程设计丛书			
0059	中学生心理课——生涯发展	廖丽娟 等编著	28.00

编号	书名	作者	定价
0060	中学生心理课——情绪管理	杨红梅 等 编著	32.00
0185	中学生心理课——综合篇	中学生心理课综合篇教研组	52.00
中学生心理健康教育主题课程设计丛书合计			**112.00**
课堂管理系列			
9193	让教师都爱上教学——307个好用的课堂管理策略	罗兴娟 译	34.00
7312	让学生都爱听你讲——课堂有效管理6步法	屈宇清 等 译	20.00
7697	课堂管理，会者不难	王晓春 著	26.00
0800	中小学生纪律教育——全方位解决纪律问题的策略	陆如萍 等 译	42.00
0673	透视小学生课堂行为——小学教师的课堂管理指南（第九版）	赵琴 译	48.00
0674	透视中学生课堂行为——中学教师的课堂管理指南（第九版）	陈彩虹 译	46.00
课堂管理系列合计			**216.00**
中学学科教学指导			
8632	王莉的初中作文教学创意	王莉 著	36.00
0671	余映潮中学语文精品阅读课教学实录	余映潮 著	42.00
8562	余映潮的中学语文教学主张	余映潮 著	32.00
8548	不拘一格教语文	史金霞 著	38.00
8758	语文教师的八节必修课	刘祥 著	35.00
8772	中学阅读教学设计方案40例	李浩 王林发 编著	36.00
0143	王雄的中学历史教学主张	王雄 著	36.00

0088	王永元的中学物理教学主张	王永元 著	32.00
0161	龚海平的中学英语教学主张	龚海平 著	38.00
中学学科教学指导合计			**325.00**
班主任工作理念与方法			
2877	班主任工作的60个"鬼点子"	刘坚新 郑学志 编著	52.00
2879	班主任与家长沟通的艺术 ——创建优质家校关系的60个策略	郑学志 著	52.00
2204	做一个会"偷懒"的班主任（第二版）	郑学志 著	48.00
1708	怎样教授道德才有效 ——德育心理学家给教师的建议	杨韶刚 等译	48.00
1709	学生特殊问题发现与应对 ——给普通教师的建议	昝飞 等著	48.00
7316	把班级还给学生 ——班集体建设与管理的创新艺术	郑立平 著	26.00
7344	遭遇问题学生 ——问题学生的教育与转化技巧	万玮 编著	25.00
7317	魅力班会是怎样炼成的	杨兵 著	25.00
8631	家校沟通，没有痛过你不会懂 ——知名班主任梅洪建的心路历程	梅洪建 著	32.00
0539	如何上好班级心理辅导活动课 ——钟志农答疑50问	钟志农 著	42.00
9902	德育主任新方略	丁如许 著	32.00
8611	班主任工作中的心理效应	刘儒德 主编	35.00
1135	班主任有效沟通的艺术与技巧	李进成 著	36.00

……

欲了解更多图书信息，请登录：www.wqedu.com
联系地址：北京市西城区三里河路6号院2号楼213室　万千教育
咨询电话：010-65181109，65262933

*本目录定价如有错误或变动，以实际出书为准。